Jahrbuch des Historischen Kollegs 1997

JAHRBUCH
DES HISTORISCHEN
KOLLEGS
1997

R. Oldenbourg Verlag München

Anschrift:
Historisches Kolleg, Kaulbachstr. 15, 80539 München
Tel. (089) 28 66 380, Fax (089) 28 66 38 63

Die Stiftung Historisches Kolleg hat sich für den Bereich der historisch orientierten Wissenschaften die Förderung von Gelehrten, die sich durch herausragende Leistungen in Forschung und Lehre ausgewiesen haben, zur Aufgabe gesetzt. Sie vergibt zu diesem Zweck jährlich bis zu drei Forschungsstipendien und ein Förderstipendium sowie alle drei Jahre den „Preis des Historischen Kollegs".

Die Stiftung Historisches Kolleg wird vom Stiftungsfonds Deutsche Bank zur Förderung der Wissenschaft in Forschung und Lehre und vom Stifterverband für die Deutsche Wissenschaft getragen.

Die Deutsche Bibliothek – CIP Einheitsaufnahme
Historisches Kolleg [München]
Jahrbuch des Historischen Kollegs ... – München: Oldenbourg.
Erscheint jährl. – Aufnahme nach 1995 (1996)

1995 (1996) –

Umschlaggestaltung: Dieter Vollendorf
Gesamtherstellung: R. Oldenbourg Graphische Betriebe GmbH, München

Gedruckt auf säure- und chlorfreiem, alterungsbeständigem Papier

ISBN 3-486-56375-0

Inhalt

Zum Geleit

Mit dem Jahr 1997 endet für das Historische Kolleg ein Abschnitt, der auf das engste mit dem Namen Horst Fuhrmann verbunden ist. Nach dem Tod Theodor Schieders, des Gründungsvorsitzenden, wurde Horst Fuhrmann im November 1984 vom Kuratorium der Stiftung Historisches Kolleg zu seinem Vorsitzenden gewählt. Diesem Gremium gehörte er seit dessen Errichtung durch die Gründer des Historischen Kollegs, den Stiftungsfonds Deutsche Bank und den Stifterverband für die Deutsche Wissenschaft, im Jahre 1978 an, zunächst als Persönliches Mitglied, ab 1992 als Mitglied kraft Amtes in seiner Eigenschaft als Präsident der Bayerischen Akademie der Wissenschaften. Mit dem Ausscheiden aus diesem Amt endete auch die Tätigkeit Horst Fuhrmanns als Vorsitzender des Kuratoriums des Historischen Kollegs.

Das Historische Kolleg schuldet Horst Fuhrmann in vielfältiger Weise Dank. Für die neue Einrichtung, zum Zeitpunkt seiner Übernahme des Kuratoriumsvorsitzes gerade fünf Jahre alt, war es von eminenter Bedeutung, daß sich wieder ein Gelehrter von internationalem Rang für diese Aufgabe zur Verfügung stellte. Daß sich in seiner Person Verhandlungsgeschick mit Integrationskraft, Überzeugungsfähigkeit mit Humor und Charme, Gelehrsamkeit mit rhetorischer Brillanz, Farbigkeit in der Formulierung und Lebhaftigkeit im Ausdruck verbinden, gab dem Wirken für das Kolleg Grundlagen, wie man sie sich geeigneter kaum vorstellen kann. Das Historische Kolleg seinerseits bot Horst Fuhrmann reichlich Gelegenheit, diese Gaben zu entfalten: in einer Vielzahl von Sitzungen des Kuratoriums und der Auswahlkommission für den Historikerpreis, bei mehr als siebzig offiziellen Vortragsveranstaltungen, die in seine Amtszeit fielen, ebenso wie bei ungezählten „Kelleressen" in der Kaulbach-Villa mit den Stipendiaten des Kollegs. Soweit es ihm irgend möglich war, hat es sich Horst Fuhrmann nicht nehmen lassen, die zu den internationalen Forschungskolloquien aus nah und fern angereisten Gäste persönlich zu begrüßen. Seine Einführungen zu den öffentlichen Vorträgen der Stipendiaten verliehen diesen Veranstaltungen zusätzliche Attraktivität – gewiß auch ein Grund dafür, daß sich bald eine zahlreiche „Kolleggemeinde" in München bildete. Sie konnte immer wieder von neuem erleben, daß sich Horst Fuhrmann nicht nur als ein – bewunderter, teils auch gefürchteter – Meister der Einführung ins Mittelalter, sondern überhaupt in die Geschichte erwies.

Das Historische Kolleg in seinem Wirken „sichtbar“ werden zu lassen, war Horst Fuhrmann stets ein besonderes Anliegen. Daß bald nach seinem Amtsantritt der Wunsch, dem Kolleg eine wirkliche Heimstatt zu geben, in Erfüllung ging, schenkte dieser Forschungseinrichtung eine Sichtbarkeit, die sich niemand hatte träumen lassen. Die Kaulbach-Villa, seit Herbst 1988 Sitz des Kollegs, ließ die „Residenzpflicht“, die von Anfang an Teil des Förderungskonzeptes war, zu einem Privileg der ins Kolleg berufenen Stipendiaten werden. Horst Fuhrmann war und ist sich wohl bewußt, daß die Überlassung und Wiederherstellung dieses Hauses für das Kolleg zu einem Glücksfall wurde. Gerne spricht er davon, daß dieses als Künstlervilla gebaute Haus eigentlich erst durch das Historische Kolleg seine wirkliche Bestimmung gefunden habe. Der Band „Die Kaulbach-Villa als Haus des Historischen Kollegs“, der die Reden zur Eröffnung, die Referate des ersten Mitgliederkolloquiums über „Bedingungen geschichtswissenschaftlicher Arbeit“ sowie eine vom Herausgeber Horst Fuhrmann historisch kommentierte Bilddokumentation der Villa enthält, legt Zeugnis davon ab.

Sichtbarkeit für das Historische Kolleg muß aber vor allem bedeuten, daß die von ihm gewährte Förderung der berufenen Wissenschaftler sich zum Nutzen der Geschichtswissenschaft in Büchern manifestiert. Horst Fuhrmann ist nicht müde geworden, die sogenannten „Kollegobliegenheiten“ – Opus magnum, Kolloquium, Vortrag – den Forschungs- und Förderstipendiaten in Erinnerung zu rufen und die Publikation ihrer Forschungsergebnisse anzumahnen. Die „Leistungsbilanz“ seiner Amtszeit kann jeder nachprüfen, der die in diesem Jahrbuch enthaltenen Schriftenverzeichnisse studiert. Ich denke, es ist eine Bilanz, auf die der ehemalige Kuratoriumsvorsitzende mit Stolz zurückblicken kann, eine Bilanz, die dem Kolleg den Ruf eines „center of excellence“ eingetragen hat.

Eine wissenschaftliche Würdigung des Gelehrten Horst Fuhrmann kann nicht Gegenstand dieses Dankwortes sein. Sie ist aus berufenem Mund – 1991 bei der Feier des 65. Geburtstages durch Dieter Simon, 1996 zum 70. Geburtstag durch Johannes Fried – wiederholt von Mitgliedern des Historischen Kollegs in der Kaulbach-Villa gegeben worden. Die Laudatio, die Johannes Fried, Träger des Preises des Historischen Kollegs 1995, zuletzt dem Jubilar dargebracht hat, ist auf den folgenden Seiten abgedruckt. Sie sei nur durch einen Satz aus dem Zitat ergänzt, das Horst Fuhrmann seiner kleinen Geschichte des Ordens „Pour le mérite“, die den Untertitel trägt „Über die Sichtbarmachung von

Verdiensten", vorangestellt hat: „Der Mann ist nicht euresgleichen: er hat Verdienste." Was Arthur Schopenhauer 1851 schrieb, gilt auch 1998 für Horst Fuhrmann.

Hoffen wir, daß das, was Horst Fuhrmann mitgeschaffen hat und wofür wir ihm zu aufrichtigem Dank verpflichtet sind, für die Zukunft Bestand haben wird. Das Kuratorium des Historischen Kollegs steht noch vor der Aufgabe, den Fortbestand des Kollegs über die großzügige Förderung hinaus zu sichern, die der Stiftungsfonds Deutsche Bank und der Stifterverband für die Deutsche Wissenschaft dankenswerterweise für zwanzig Jahre bis zum Kollegjahr 1999/2000 gegeben haben. Wir sind zuversichtlich, daß es gelingt, für das Kolleg eine neue Finanzierungsbasis herzustellen. Das Ansehen und die Bedeutung, die das Historische Kolleg unter Horst Fuhrmann erlangt haben, werden helfen, dieses Ziel zu erreichen. In diesem Sinne sei das Jahrbuch 1997 Horst Fuhrmann gewidmet.

Im März 1998

Lothar Gall
Vorsitzender des Kuratoriums

Horst Fuhrmann*

Ihr Lächeln betört, ihr Lächeln in dunklem Blau: das Lächeln Clara Schumanns, oft hingenommen, oft fortgegeben, achtlos befingert; betört in mancherlei Weise. Wem gilt es? Und: Was hat Horst Fuhrmann mit ihm zu schaffen? Nun, er hat darauf hingewirkt, daß dieses Bild uns lächle; fast täglich, fast überall – auf der 100 DM-Note der Deutschen Bundesbank. „Überall ist Mittelalter", auch hier. Oder genauer: Hier nicht. Denn Horst Fuhrmann, der Mediävist im Beratergremium der Geldschein-Designer, hat hingenommen, daß gerade kein mittelalterlicher deutscher Potentat auf einer der neuen, seit 1989 ausgegebenen Banknoten erscheine, kein Heinrich, Friedrich oder Rudolf, auch keine Adelheid oder Hildegard von Bingen, kein Albertus Magnus, Johannes Gutenberg, Parler oder Fugger, überhaupt kein mittelalterlicher Mensch aus Deutschland mit einem Phantasie- oder Idealbild, nicht einmal ein authentisches Bild des Reichsfreiherrn vom Stein, des an sich bedeutenden Mannes und Begründers der „Monumenta Germaniae Historica", der Gesellschaft für ältere deutsche Geschichtskunde, die sich wie keine zweite Institution der Erforschung des Mittelalters angenommen hat, und deren Präsident Horst Fuhrmann gerade war, sondern eben Clara Schumann und ihresgleichen.

Wie passen der Mediävist und die modernen Banknoten also zusammen? Genau genommen: herzlich wenig. Horst Fuhrmann selbst hat es verraten: Wie ihn Theodor Schieder vor über zehn Jahren (1984) zur Mitarbeit in diesem Geld-gestaltenden Gremium gewonnen hat, wie die Prinzipien entwickelt und festgelegt wurden, denen die mittelalterlichen Deutschen nacheinander zum Opfer fielen. Wer mag, kann es bei ihm selbst nachlesen. Man bedurfte gerade nicht des Präsidenten der MGH, nicht des Autors zahlreicher Beiträge über Fälschungen im Mittelalter oder des Editors von Texten und Büchern zur mittelalterlichen Geschichte. Schieder und die Bundesbank wollten mehr: Sie wollten – Horst Fuhrmann. Hinter diesem Wunsch verbarg sich Respekt und Anerkennung und Lob für eine Arbeit, die offenbar mehr zu bieten hatte als fachimmanente Größe. Ein wenig merkwürdig kam es dem Mediävisten

* Laudatio auf Horst Fuhrmann anläßlich seines 70. Geburtstages 1996.

wohl selbst vor. Jedenfalls schloß er die Lücke seiner Arbeitsgebiete und dachte fortan über den „schnöden Gewinn“ und das Zinsverbot im Mittelalter nach, über den mittelalterlichen Umgang mit dem Gelde also, der zuvor nicht zu seinen Arbeitsgebieten gehört hatte[1]. Der Exkurs in die Gegenwartsgestaltung trug damit mediävistische Früchte.

Über das eigene Fachgebiet hinaus und von diesem Jenseits hierher zurück – solches Hinüber und Herüber behagt dem Jubilar von heute. Doch, hochverehrter Herr Fuhrmann, damit erschweren Sie jedem Laudator die Arbeit. Zudem, haben Sie nicht selbst, als es vor Jahren hier in München, in Ihrer Akademie, Grund zu „Jubel“ gab, eine humorvoll nachdenkliche „Betrachtung über den Anlaß zu feiern“ angestellt und „vom Sinn des Jubiläums“ gehandelt? Wie also soll ich Ihnen jetzt vortragen, was unlängst von Ihnen prägnanter, würziger, unvergeßlicher zu hören war? Wie also Horst Fuhrmann loben?

Gewiß, da wären die zahlreichen Ehrungen, die Ihnen bislang zuteil geworden sind, und an die heute erinnert werden muß, der Bayerische Verdienstorden, das Bundesverdienstkreuz in einer seiner höchsten Stufen, die Aufnahme in den noch exklusiveren Orden „Pour le Mérite“, die Mitgliedschaften in nationalen und internationalen Akademien und gelehrten Gesellschaften – Gradmesser herausragender Leistung und ihrer weltweiten Anerkennung -, die drei Doktorhüte, die Sie, den notorischen Hutverweigerer, Ihr Freund Heinz Piontek selbst bei strahlendem Wetter übereinandergestülpt sich aufsetzen sieht[2], den philosophischen, den juristischen und den besonders ehrwürdigen aus Bologna, der Alma Mater Studiorum. Indes, eben diesen Cursus honorum sich vorführen zu lassen, hatten Sie schon viele Male Gelegenheit. Würde, so mußte bedacht sein, die Wiederholung Sie ennuyieren? Und wenn nicht Sie, dann Ihre liebe Frau, der ja keineswegs nur die Pflege der zu den Hüten gehörenden Roben anvertraut ist, die also irgendwie auch an deren Empfang mit beteiligt gewesen sein dürfte.

Wie also eine Laudatio auf Horst Fuhrmann halten? Zweifellos, der Anlaß, eben das Lebens-Jubiläum, legitimiert auch die Sorge um die rechte Biographie und könnte somit beispielsweise erlauben, den frühen Anstrengungen des Knaben in Richtung auf eine Karriere als Hochleistungssportler genauer nachzuspüren, als er mit Bohnenstange und Wäscheleine das Training zum Stabhochsprung aufnahm, ausgerechnet

[1] *Horst Fuhrmann*, Der „schnöde Gewinn“ oder das Zinsverbot im Mittelalter, in: *ders.*, Überall ist Mittelalter. Von der Gegenwart einer vergangenen Zeit (München 1996) 123–149.
[2] *Heinz Piontek*, Hottek, in: Oberschlesisches Jahrbuch 3 (1987) 313.

zu ihm, bevor unter dem Trainingspartner, auch jetzt Piontek, die Stange brach und Anlaß bot, das Training für immer einzustellen. Den Rat soll „der kleine, hochgescheite" Horst Fuhrmann selbst erteilt haben, wie es im „Autobiographischen Roman" Pionteks liebevoll heißt: „Fing der kleine Fuhrmann zu denken an, gelangte er meist bis ans Ende des Gedankens"[3]. Damals also schon. Immerhin, der Ratschlag legte die Basis für den einen als Dichter, für den anderen als Historiker und Träger des „Pour le Mérite" statt des „Silbernen Lorbeerblattes". Aber der Hinweis selbst, so brauchbar er den Laudator auch deucht, endet mit dem zitierten Satz. Er schließt das „Mirakel der eigenen Biographie" jenes Mannes nicht auf, der „ursprünglich nie im Sinne hatte, Historiker zu werden", und verwundert notierte: „Wie sollte man das auch wollen, wenn man aus Kreuzburg in Oberschlesien kommt?"[4]; der dann aber wurde, was er nicht wollte, und deshalb heute zu feiern ist. Das Wichtigste also läßt jener Ratschlag im Dunkeln: den Weg aus dem verklärten Ort der Geburt und der Kindheit, wo, soweit das der Krieg zuließ, das Gymnasium absolviert wurde, über Militärdienst und Gefangenenlager nach Kiel, wo, zunächst in der Juristischen Fakultät inskribiert, Geschichte, Klassische Philologie und Rechtsgeschichte studiert wurden, im Jahr 1952 die Promotion über „Mittelalterliche Patriarchate" und etwa acht Jahre später (1960/61) mit einer Arbeit über das Nachleben der pseudoisidorischen Dekretalen bis zum Beginn der Neuzeit auch die Habilitation erfolgten, weiter nach Italien und Rom, wo Bibliotheken besucht und Handschriften eingesehen wurden, alsbald nach Tübingen, wo 1962 das erste Ordinariat übernommen werden konnte, und schließlich nach München, das Fuhrmann 1971 zwar nicht erstmals, dafür aber um so dauerhafter erreichte.

Gewiß doch, eine Laudatio hätte auch das reiche Opus mit seinen weit über zweihundertfünfzig größeren und kleineren Einzelarbeiten Revue passieren zu lassen: neben Dissertation und Habilitationsschrift das Wunderwerk der Edition des „Constitutum Constantini", die konzise „Deutsche Geschichte im Hohen Mittelalter"[5], die weitschauende Geschichte des Papsttums „Von Petrus zu Johannes Paul II.", die Fülle der Aufsätze, die für ein breites Publikum bestimmten Zeitungsartikel, die wissenschaftliche Herausgeberschaft, nicht zuletzt auch die 35 Würdi-

[3] *Heinz Piontek*, Zeit meines Lebens. Autobiographischer Roman (München 1984) 199.

[4] So *Horst Fuhrmann* in seiner gedruckten Dankadresse aus Anlaß der Glückwünsche zu seinem 65. Geburtstag.

[5] *Horst Fuhrmann*, Deutsche Geschichte im Hohen Mittelalter. (= Deutsche Geschichte Bd. 2, hrsg. von *Joachim Leuschner*) (Göttingen ^{2}1983).

gungen und Nachrufe, die mit Sachkunde, Verständnis und Einfühlungsgabe das Werk von Kollegen beschrieben. Ein Leichtes wäre es ferner, durchgehende Interessen und Forschungsschwerpunkte und ihre konsequente Öffnung zu immer weiteren Horizonten aufzuzeigen. Die zwischen Kirchenrecht und Geschichte angesiedelte Erforschung von Inhalt, Verbreitung und Wirkung jener monumentalen Dekretalenfälschung aus dem zweiten Viertel des 9. Jahrhunderts, die unter dem Namen des Isidor Mercator verbreitet wurde, steht am Anfang. Wie von selbst lenkten sie den Blick auf die Konstantinische Schenkung, das „Constitutum Constantini", die angebliche Schenkungsurkunde Konstantins des Großen, die auch jener falsche Isidor sich nicht entgehen ließ. Sich der Geschichte des Papsttums, zumal des Reformpapsttums, Gregors VII. und Urbans II. zuzuwenden, lag angesichts des Gegenstandes der falschen Dekretalen auf der Hand; durch sie war zudem der Weg zum Fälschungsproblem als solchem gewiesen, dem gleichfalls eine Reihe von Studien gewidmet wurde, dazu der einzige internationale Kongreß, den die MGH bislang ausgerichtet haben, der Weg zu Umberto Eco und zum Nachsinnen über eine Welt, die sich betrügen will. Daneben öffneten sich ganz andere Themenbereiche, der zeitenübergreifende „Jubel", „Begrüßungs- und Abschiedsrituale", „Aufstieg und Fall des Rittertums"[6], die Pfarrersfrau, immer weiter, bis in die Gegenwart hinein: ein Buch über die oberschlesische Heimatstadt, ein weiteres über „Gelehrtenleben im 19. und 20. Jahrhundert", ein anderes „Über die Sichtbarmachung von Verdiensten"[7].

Ich wüßte dabei nicht, was ich mehr zu preisen hätte: die mediävistischen Fachstudien, den die Jahrtausende überschauenden Blick auf die Welt oder die Art, wie beispielsweise aufgrund von ein paar vergessenen Briefen Jacob Oeris, des Neffen Jacob Burckhardts, munter plaudernd und detailreich geschrieben, die Lebenswelt eines deutsch-polnisch-jüdischen Städtchens um 1870 gezeichnet wird, eben die Geschichte von Kreuzburg in Oberschlesien, des „gänzlich langweiligen Nests" „an der Schwelle von der Postkutschenzeit ins Eisenbahnzeitalter", von seinen „Gesellschaftsthieren", auch vom tristen Leben des Seminardirektors Alfred Jaenicke, promoviert und dem Trunke verfallen, der sich und seine Familie auslöschen ließ, nachdem er vom Dienst suspendiert wor-

[6] *Horst Fuhrmann,* Aufstieg und Fall des Rittertums. Vom Glanz und Elend einer mittelalterlichen Lebensform, in: Damals 16 (1984) 39–54.

[7] *Horst Fuhrmann,* Pour le Mérite. Über die Sichtbarmachung von Verdiensten. Eine historische Besinnung (Sigmaringen 1992).

den war[8], oder die Geschichte von Simon Cohn, dem größten Wohltäter der Stadt. All dies ist mit dem geforderten wissenschaftlichen Beiwerk erfaßt, aufgrund von Archivalien und Bibliotheksstudien, mit langen Fußnoten und Exkursen versehen, auf den Typus des Kleinstadtbürgertums im 19. Jahrhundert gerichtet, geschildert in einer Weise, welche Historiker und Nichthistoriker zu atemlosem Lesen verleitet – ideenreich, farbig, amüsant und nachdenklich.

Mancherlei Lobenswertes wäre also in eine Laudatio auf Horst Fuhrmann zu packen. Und doch verfehlte das alles die Originalität, die seinen Arbeiten innewohnt, und ließe das Besondere, das ihn umgibt, vermissen. Die Suche nach ihnen lenkt immer wieder zu ihm selbst zurück. Zum Beispiel zu jener beiläufig eingestreuten Erinnerung an das Leben im heimatlichen Kreuzburg, einem der wenigen autobiographischen Sätze übrigens, die ich habe finden können, ein Leben, das ausgezeichnet war durch „ein in früherer Zeit gewiß nicht reibungsloses, aber geduldetes Neben- und Miteinander, von Deutschen, Polen und auch Juden, wie es unsere Stammbäume ausweisen". Auch schrieb er, daß zum Oberschlesier „die Bewährung, ganz gleich wo" gehöre. Und schließlich: „Vielleicht ist dieses durch Abstammung und Einübung vermittelte Gefühl, auf sich allein angewiesen zu sein, ein Ansporn gewesen zu Anstrengungen auf sehr verschiedenen Feldern."[9]

Die Erinnerungsbilder der oberschlesischen Herkunft, die Vielfalt der kulturellen Traditionen und die Bereitschaft oder Notwendigkeit, jede Aufgabe als Herausforderung zu betrachten, diese drei Wurzeln seiner historischen Existenz hat Fuhrmann also selbst namhaft gemacht. Unschwer lassen sich zwei weitere hinzufügen, auf die er ebenfalls hinwies, wenn auch versteckt. So bewundert er bei Adolf von Menzel, dem im Kreuzburg benachbarten Breslau geborenen Maler, die Genauigkeit beim Erfassen des Ganzen und seiner Details; und ganz oben rangiert auch Gustav Freytag, der ältere Mitkreuzburger, der Autor der „Bilder aus der deutschen Vergangenheit", dessen epochenübergreifende Erzählkunst sich Fuhrmann zum Vorbild genommen und dessen „Erinnerungen" er unlängst herausgegeben hat[10]. Genauigkeit und Erzählkunst also, neben Herkunft, Vielfalt und harter Arbeit, keines von ihnen auf

8 *Horst Fuhrmann*, „Fern von gebildeten Menschen". Eine oberschlesische Kleinstadt um 1870 (München 1989) 171 Anm. 243.

9 *Horst Fuhrmann,* Dankesrede, in: Oberschlesisches Jahrbuch 6 (1990) 263.

10 *Gustav Freytag*, Erinnerungen aus meinem Leben. Hrsg. von *Horst Fuhrmann* (Deutsche Bibliothek des Ostens) (Berlin 1995).

sich selbst beschränkt – das sind zweifellos wichtige Schlüssel zum Verständnis des Geschichtsforschers und Geschichtsschreibers von heute.

Genauigkeit: Überaus sorgfältig etwa betrachtet Fuhrmann die Pergamente, die er zur Hand nimmt, und entdeckt, wo sämtliche Vorbenutzer, darunter auch Monumentisten, nur irgendeine Abschrift zu erkennen vermochten, das Original einer im Jahre 865 verschickten Propagandaschrift[11]; Genauigkeit auch, wenn eintausend Jahre nach dem Geschehen mit geradezu kriminalistischem Scharfsinn der römische Kardinal Johannes der Stummelfingrige als Produzent eines auf alt getrimmten, gar als Original zurechtgemachten „Constitutum Constantini" entlarvt wird, ein Kujau des 10. Jahrhunderts. – Erzählkunst: Über Gelehrte im 19. und 20. Jahrhundert beispielsweise zu schreiben, ist heutzutage keine Kunst. Das kann jeder Mann und jede Frau, die bereit sind, sich ins Archiv zu setzen, Nachlässe zu wälzen und ein Schreibgerät zu betätigen. Bei Fuhrmann aber „Sind eben alles Menschen gewesen"; nicht nur Goethe, dem der Titel entlehnt ist; auch jene älteren Monumentisten, Leute wie Oswald Holder-Egger beispielsweise, der, als er sich einer Operation unterziehen mußte, den Schreibtisch ins Krankenzimmer stellen ließ, um die Arbeit sogleich fortsetzen zu können, doch aus der Narkose nicht mehr erwachte[12]. Wissenschaft und Leben offenbaren sich als eins. – Harte Arbeit schließlich: sichtbar bis in den unscheinbaren Alltag hinein, etwa bei einem Dinner-Empfang an einem warmen Maitag in Kalamazoo. Während die einen sich am kühlenden Sekt der Begrüßung labten, zog Fuhrmann sich in die entfernteste Ecke zurück, um eine ihm eben angetragene Rede zu entwerfen. Nichts fällt in den Schoß. Auch sein Tun ist mit Entsagung verbunden.

Der allerwichtigste jener Schlüssel aber scheint mir ein sechster zu sein: der Humor. Es darf, ergreift Fuhrmann das Wort, ungeniert geschmunzelt, ja, gelacht werden, es sei denn, die Schicklichkeit verböte es. Lachen mit Horst Fuhrmann; ihm zuzuhören, bereitet Vergnügen. Recht gut entsinne ich mich einer Laudatio auf einen sehr wichtigen, aber auch etwas schwierigen Kollegen, die der Schlesier unter das bajuwarische Motto stellte: „Tritt fest auf, reiß's Maul auf, hör bald auf". Er hielt sich daran.

[11] *Horst Fuhrmann*, Eine im Original erhaltene Propagandaschrift des Erzbischofs Gunthar von Köln (865), in: Archiv für Diplomatik 4 (1958) 1–51.

[12] *Horst Fuhrmann*, „Sind eben alles Menschen gewesen". Gelehrtenleben im 19. und 20. Jahrhundert. Dargestellt am Beispiel der Monumenta Germaniae Historica und ihrer Mitarbeiter. Unter Mitarbeit von *Markus Wesche* (München 1996) 57.

Aber – da ist noch mehr. Da ist „Die Sorge um den rechten Text". So hat Fuhrmann es selbst genannt, als er seine Antrittsrede als designierter Präsident der „Monumenta Germaniae Historica" im Jahre 1969 hielt. Unter Mediävisten ist der Titel nachgeradezu sprichwörtlich geworden, wobei der Akzent gewöhnlich auf „Text" zu liegen kommt. Texte zu hegen, das entspricht dem, was man vom Oberhaupt aller Editoren erwarten zu können vermeint. In der Tat, ein wenig handelte jener Vortrag auch davon; indes – nur ein wenig. Da ging es im wesentlichen nicht um Variante x oder y, auch nicht um die rauschhafte Leidenschaft für „diese, gerade diese Konjektur", von der das Schicksal der Seele abhinge, und die einst Max Weber hier in München zum Fundament der Wissenschaft erklärt hatte (obwohl sie Fuhrmann gewiß nicht verwirft). Da wurde vielmehr gewarnt: „Ein stark dem Technischen verhaftetes Editionsbemühen, wie das der historisch-kritischen Methode, birgt die Gefahr in sich, zu einer handwerklichen Mache zu erstarren und die Bereitstellung des Textes bereits für die historische Aussage selbst zu nehmen."

Technische Perfektion, bloß „handwerkliche Mache", „Gefahr" – das schmeckt nach Historisierung und Relativierung der historischen Methode und ist wohl auch so gemeint, jedenfalls in einem gewissen Sinne. Professor Fuhrmann, seit seiner Dissertation mit editionsbedürftigen Texten befaßt, als perfektionistischer Editor ausgewiesen, eben an die Spitze des renommiertesten mediävistischen Editionsunternehmens dieser Erde berufen, scheute sich nicht, die Skepsis eines Nicht-Monumentisten am Editionswerk, eines Mannes, der tatsächlich nie einen mittelalterlichen Text zu bearbeiten hatte, Johann Gustav Droysens, als Kronzeugen anzurufen: „Wir sind in Deutschland durch die Rankesche Schule und die Pertzischen Arbeiten (der Monumenta Germaniae Historica) auf unleidliche Weise in die sogenannte Kritik versunken, deren ganzes Kunststück darin besteht, ob ein armer Teufel von Chronisten aus dem anderen abgeschrieben hat." Der künftige Präsident hielt die Gefahr auch 1969, einhundert Jahre nach Droysen, nicht für gebannt, sondern für brandaktuell. Man solle sie für die Monumenta Germaniae Historica immerhin „kaum gefährlicher einschätzen als für die Mediävistik und die Geschichtswissenschaft überhaupt". „Die Sorge um den rechten Text bedeutet auch die Sorge um das rechte Verständnis der kritisch aufgearbeiteten Überlieferung." Und mehr noch: „Bei aller Sorge um den rechten Text sollte der Historiker nicht minder die Sorge um die Voraussetzung mitbedenken, sich um den rechten Text sorgen zu dürfen."[13] Das

[13] *Horst Fuhrmann*, Die Sorge um den rechten Text, in: Deutsches Archiv für Erforschung

klang wenig mittelalterlich, war allgemeinhistorisch und überdies: ganz gegenwärtig.

Der werdende Präsident schickte sich an, der Erstarrung in „Mache" dreifach entgegenzutreten: durch die Mehrung der Möglichkeit, sich sorgen zu können, den Ausbau nämlich der MGH zu einem großen Forschungsinstitut und weitere Ausbauten vergleichbarer Art; durch die darüber hinausgreifende Sorge um die Geschichtswissenschaft, die Geisteswissenschaften allgemein und um die Wissenschaft in Deutschland insgesamt; und drittens durch das Verstehbarmachen früherer Menschen und Zeiten und ihrer fortwirkenden Gegenwärtigkeit gerade für Nichthistoriker mit den eigenen wissenschaftlichen Publikationen. Denn die Geschichte gehöre allen, und der Historiker habe die Pflicht, sich für die Allgemeinheit verständlich zu machen, wie ein Zeitungsartikel einmal seine Ziele umriß[14]. „Einladung ins Mittelalter" und „Überall ist Mittelalter" lauten denn auch konsequenterweise die Titel zweier seiner Bücher, die ein großes Publikum ansprechen sollten. Fuhrmann verlangte vom Historiker geradezu (mit den Worten Georges Dubys), keine Gelegenheit zu versäumen, sich an andere Menschen außerhalb der eigenen Zunft zu wenden, „gut dargestellt, das heißt in der nicht leicht zu treffenden Mischung von Scharfsinn und Leidenschaft"[15].

Wer meint, dies sei einfach und selbstverständlich, der irrt, und zwar in doppelter Hinsicht. Deutschland ist heute mehr oder minder an einen eher plumpen, papierenen Schreibstil seiner Gelehrten gewöhnt. Brillierende Eleganz gilt hierzulande für dubios, kommunikative Leichtigkeit der Sprache gar für unseriös, der historische Essay der strengen Wissenschaft nicht würdig. In der Tat, an keiner Stelle der Ausbildung zum Historiker wird, ganz im Unterschied etwa zu Frankreich, Geschichtsschreibung als Kunst, der gelehrte Traktat als eine literarische Form, der wissenschaftliche Vortrag gar als Unterhaltung gepflegt oder geübt. Und daß Humor einzusetzen sei, das wird – ganz im Unterschied zu unseren englischen Kollegen – in keinem deutschen Proseminar gelehrt. Folglich wird in unseren Universitäten selten angenehme Kost gereicht, gewöhnlich schwer Verdauliches, das entsprechend müde macht. Auch wird, und

des Mittelalters 25 (1969) 1–16; zuletzt wieder in: *ders.*, Einladung ins Mittelalter (München 1987 u.ö.) 222–36, hier 235f.

[14] *Axel Winterstein*, Die Geschichte gehört allen. Für Horst Fuhrmann hat der Historiker die Pflicht, sich für die Allgemeinheit verständlich zu machen, in: Süddeutsche Zeitung vom 21. Dez. 1981, S. IV.

[15] *Horst Fuhrmann*, Das Interesse am Mittelalter in heutiger Zeit. Beobachtungen und Vermutungen (Theodor-Schieder-Gedächtnisvorlesung, Schriften des Historischen Kollegs, Dokumentationen 2, München 1987) 38 und 13.

dies ist das zweite, wer sich als Forscher um Publizität bemüht, des „Journalismus“ oder, schlimmer noch, des Populismus verdächtigt, was immer das heißen mag. Horst Fuhrmann streitet dagegen. Denn zur Belehrung gehört das Vergnügen, wie beide bereits die Antike vereinte. So lesbar und belesen seine Bücher aber auch sind, er weiß, daß ein Fuhrmann noch keine Änderung herbeizaubern kann. Darum sorgt er sich.

Im Forschen, Schreiben, Lehren und Unterhalten erschöpft sich freilich der Alltag eines Horst Fuhrmann nicht. Als Präsident der MGH war er vielfältig in die Pflicht genommen. Andere Unternehmungen kamen hinzu. Ich nenne zu allererst das „Historische Kolleg“, dessen Kuratorium Horst Fuhrmann bald anderthalb Jahrzehnte vorsaß. Denn dieses Kolleg entspricht am vollkommensten jener Sorge um das Sorgen-Können, von der die Rede war. Es ist – über alle einengenden Teilgebiete und nationalen Grenzen hinweg – ein Segen für Historiker, die in den universitären Alltag von heute eingebunden sind, ein Hoffnungsschimmer im Meer von Streß. Es erlaubt für ein ganzes Jahr unbelastet von den gewöhnlichen Verpflichtungen und im Austausch mit Kollegen aus aller Welt, bald aus Israel und den Vereinigten Staaten, bald aus Polen und Frankreich, aus Tschechien und Italien, zu forschen, Geschichte zu schreiben, ein „großes Werk“ zum Abschluß zu bringen. Es war gegründet worden, „um die Geschichtswissenschaft ... zu unterstützen“, wie es zurückhaltend vornehm Alfred Herrhausen formuliert hatte[16]. In seinem 9. Jahr konnte es ein eigenes großzügiges Domizil beziehen, die wunderschöne „Kaulbach-Villa“, deren Geschichte Fuhrmann gerne ihren Besuchern und Benutzern vor Augen stellte[17]. Um hierher zu gelangen, war mancherlei notwendig, der Geldgeber, die „Deutsche Bank“, der Treuhänder ihres Stiftungsfonds, der „Stifterverband für die Deutsche Wissenschaft“, der Schirmherr, der Freistaat Bayern. Doch was nützten alle Geldgeber, Treuhänder und staatlichen Instanzen, mangelte ihnen die Tatkraft dessen, der sich hinter die Realisierung zu klemmen bereit war, eben Horst Fuhrmanns? Ihm oblag, die Chance zu erkunden und zu nutzen, die Realisierung in die Wege zu leiten und das neue Haus in Besitz zu nehmen. Er tat es, wie der Erfolg lehrt.

[16] Zit. bei *Horst Fuhrmann*, Historisches Kolleg 1980–1990. Vorträge anläßlich des zehnjährigen Bestehens und zum Gedenken an Alfred Herrhausen am 22. November 1990 (München 1990) 10.

[17] Die Kaulbach-Villa als Haus des Historischen Kollegs. Reden und wissenschaftliche Beiträge zur Eröffnung (München 1989).

Anderes kann hier und jetzt nur erwähnt werden. Die Tatsache etwa, daß Fuhrmann neben den gleich zu erwähnenden Ämtern durch all die Jahre als ordentlicher Professor an der Universität Regensburg lehrte, sollte nicht unterschätzt werden. Auch verdienten die vielfältigen Aufgaben, die er im Zusammenhang mit der deutschen Teilung und Wiedervereinigung vor und nach 1989 wahrzunehmen hatte, eine eingehendere Würdigung. Die Mitgliedschaft und der Vorsitz in den Beiräten der deutschen historischen Auslandsinstitute in Rom und Paris, des Max-Planck-Instituts für Geschichte in Göttingen, die Zugehörigkeit zur Sachverständigenkommission des Deutschen Historischen Museums in Berlin; auch das Präsidentenamt der Bayerischen Akademie der Wissenschaften in zwei Amtsperioden, die Leitung der Konferenz der Akademien der Wissenschaften in der Bundesrepublik sind keineswegs nur Ehren bringende Ehrenämter. Zudem, Fuhrmann war und ist ein strenger Dienstherr. Die Bereitschaft zu harter Arbeit, die er selbst aufbringt, erwartet er auch von anderen. Wenn es sein muß, trennt er sich von Verlagen, die den Belangen der Wissenschaft nicht mehr dienen, und seien es Traditionsverlage der MGH, oder von Mitarbeitern, die ihrem Forschungsauftrag nicht mehr nachkommen – zum Nutzen derer, die zur Leistung bereit, und zum Wohle derer, die auf Leistung angewiesen sind. „Es grenzt", so erklärte er in seinem ersten Rechenschaftsbericht als Akademiepräsident, „ans Mirakulöse, daß der 'Betrieb' [eben dieser Akademie] ohne Beeinträchtigungen und Katastrophen läuft."[18] Dem ist nichts hinzuzufügen. Der gesamte moderne Wissenschaftsbetrieb funktioniert, weil Forscher wie Fuhrmann nicht nur forschen, sondern verwalten, organisieren, die nötigen Kontakte zu Wirtschaft und Politik herstellen und pflegen; ohne sie läge, wie die Dinge nun einmal stehen, die Forschung im Argen.

Die Zeit des engen Spezialistentums ist vorbei, auch in der Mediävistik und Geschichtswissenschaft. Wissenschaft vollzieht sich nicht mehr im sprichwörtlichen gläsernen Turm; sie ist eine Funktion der modernen Gesellschaft und verlangt „Anstrengungen auf sehr verschiedenen Feldern". Fuhrmann hat daraus früher und nachdrücklicher als andere Konsequenzen gezogen. Das alles schließt den Diskurs mit den Fachkollegen ebenso ein wie mit dem Publikum, die materiellen, sozialen und politischen Bedingungen des wissenschaftlichen Forschens und Arbeitens ebenso wie die fächerübergreifenden Perspektiven. Es bedeutet Öffnung in fremde Bereiche hinein. Wenn Sie also die nächsten Male

[18] *Horst Fuhrmann*, Begrüßungsansprache und Bericht des Präsidenten, in: Jahrbuch der Bayerischen Akademie der Wissenschaften (1992) 6.

des Lächelns Clara Schumanns ansichtig werden, dieses bezaubernden Lächelns in dunklem Blau, dann denken Sie auch an jenen Mann, der oftmals auf eigene Forschungen verzichtete, damit andere forschen können, der sein fachliches Wissen und Können hinter sich gelassen hat, um über sein Fach hinaus für alle Wissenschaften und über die Wissenschaften hinaus für diese Gesellschaft, in der wir leben, zu sorgen. Ihm selbst aber für die kommenden Jahre das Beste zu wünschen, ist, von einem Vertreter der Wissenschaft geäußert, bei aller Herzlichkeit, die sich damit verbindet, ein ganz eigensüchtiger Wunsch, dessen er sich freilich auch nicht zu schämen braucht. So sei er wiederholt und bekräftigt: das Beste für die kommenden Jahre und die Lust zum Weitersorgen!

Johannes Fried

Theodor-Schieder-Gedächtnisvorlesung

Eberhard Weis

Hardenberg und Montgelas
Versuch eines Vergleichs ihrer Persönlichkeiten und ihrer Politik

Unter den Staatsmännern der deutschen Reformzeit sind nach heutiger Auffassung Stein und Hardenberg in Preußen, Montgelas in Bayern, die bedeutendsten. Davon wurde Stein in der deutschen Geschichtswissenschaft stets gebührend beachtet und erhielt zwischen 1849 und 1931/59 drei große Biographien auf Aktengrundlage von Georg Heinrich Pertz, Max Lehmann und Gerhard Ritter[1]. Obwohl Stein nur ein Jahr leitender Minister war, sind seiner Tätigkeit und Korrespondenz außerdem drei große, in den letzten Jahrzehnten erschienene Akteneditionen gewidmet[2]. Von Hardenberg veröffentlichte bereits Leopold von Ranke einen Teil der Denkwürdigkeiten[3]. Die Memoiren Montgelas' sind in ihrem außenpolitischen Teil bereits 1887, die früher verfaßten innenpolitischen 1908 erschienen[4]. Und doch hat die deutsche Geschichtswissenschaft sowohl Hardenberg als auch Montgelas stiefmütterlich behandelt. Beide Männer paßten schlecht in das kleindeutsch-nationale Geschichtsbild

[1] *Georg Heinrich Pertz*, Das Leben des Ministers Freiherr vom Stein, 6 Bde. (Berlin 1849–55); *Max Lehmann*, Freiherr vom Stein, 3 Bde. (Leipzig 1903–05, [4]1931); *Gerhard Ritter*, Stein. Eine politische Biographie, 2 Bde. (Stuttgart 1931, 3. Aufl. in einem Bd., Stuttgart 1958, [4]1981).

[2] *Erich Botzenhart* (Hrsg.) Freiherr vom Stein. Briefwechsel, Denkschriften und Aufzeichnungen, 7 Bde. (Berlin 1931–37). – Freiherr vom Stein. Briefe und amtliche Schriften, bearb. von *Erich Botzenhart* †, neu hrsg. von *Walter Hubatsch*, 10 Bde. (Stuttgart 1957–1974); *Doris Schmidt* (Bearb.), Das Reformministerium Stein, hrsg. von *Heinrich Scheel*, 3 Bde. (Berlin (Ost) 1966–68).

[3] *Leopold v. Ranke*, Denkwürdigkeiten des Staatskanzlers Fürsten von Hardenberg (Leipzig 1877) 5 Bde. (Die Denkw. in Bd. 2, 3 und 5). Etwas verändert in: *Ranke*, Gesammelte Werke, Bd. 46–48 (Leipzig 1879–81).

[4] Denkwürdigkeiten des Bayerischen Staatsministers Maximilian Grafen von Montgelas (1799–1817) ... übersetzt von *Max Freiherrn von Freyberg-Eisenberg*, hrsg. von *Ludwig Grafen von Montgelas* (Stuttgart 1887) (zur Außenpolitik); *Georg Laubmann, Michael Doeberl* (Hrsg.), Denkwürdigkeiten des Grafen Maximilian Joseph von Montgelas über die innere Staatsverwaltung Bayerns (1799–1817) (München 1908).

des späten 19. Jahrhunderts, das bis 1945 und darüber hinaus vorherrschend war. Beide galten als nach Frankreich hin orientiert, durch die Französische Revolution beeinflußt, sich nur für den von ihnen regierten Einzelstaat einsetzend. Als Vorläufer, Vordenker oder Vorbilder der deutschen Einheit von 1871 waren sie nicht verwendbar. An Hardenberg interessierte bis 1945 die meisten Historiker nur seine Rolle in den Befreiungskriegen. Den späteren Liberalen dagegen gingen der Beamtenliberalismus beider Staatsmänner, ihre Verwirklichung bürgerlicher, rechtsstaatlicher Freiheiten, aber auch ihr Streben nach Verfassungen, die noch ein überlegenes Gewicht der Exekutive beinhalteten, nicht weit genug.

Der Zweite Weltkrieg und die anschließende deutsche Teilung erschwerten aktengestützte Forschungen über Hardenberg. Hans Haussherr hinterließ zwei Fragmente[5], Peter G. Thielen ist die vollständigste Biographie Hardenbergs zu danken, aber er konnte keine ostdeutschen Akten benützen[6], Ernst Klein[7] zur Zeit der Abfassung seines Buches keine westdeutschen, nach seiner Flucht keine ostdeutschen. Reinhart Kosellecks meisterhaftes Werk „Preußen zwischen Reform und Revolution“ behandelt unter bestimmten Gesichtspunkten den viel größeren Zeitraum zwischen 1794 und 1848[8]. In den letzten Jahren erschienen drei wichtige Spezialuntersuchungen von Barbara Vogel, Allgemeine Gewerbefreiheit, 1983[9], Bernd von Münchow-Pohl, Zwischen Reform und Krieg. Untersuchungen zur Bewußtseinslage in Preußen 1809–1812, 1987, und Andrea Hofmeister-Hunger, Pressepolitik und Staatsreform. Die Institutionalisierung staatlicher Öffentlichkeitsarbeit bei Karl August von Hardenberg (1792–1822), 1994[10]. Erstmals besteht jetzt, wie ich glaube, die Aussicht auf eine umfassende Hardenberg-Bio-

[5] *Hans Haussherr*, Hardenberg. Eine politische Biographie. I. Teil: 1750–1800. Aus dem Nachlaß hrsg. von *Karl E. Born* (Köln 1963); III. Teil: Die Stunde Hardenbergs, 2. Aufl. Aus dem Nachl. hrsg. von *E.-L. Haussherr* (Köln 1965).

[6] *Peter G. Thielen*, Karl August von Hardenberg (1750–1822). Eine Biographie (Köln 1967).

[7] *Ernst Klein*, Von der Reform zur Restauration. Finanzpolitik und Reformgesetzgebung des preußischen Staatskanzlers Karl August v. Hardenberg (Berlin 1965).

[8] *Reinhard Koselleck*, Preußen zwischen Reform und Revolution. Allgemeines Landrecht, Verwaltung und soziale Bewegung von 1791 bis 1848 (Stuttgart 1967, ³1981).

[9] *Barbara Vogel*, Allgemeine Gewerbefreiheit. Die Reformpolitik des preußischen Staatskanzlers Hardenberg (1810–1820) (Göttingen 1983).

[10] *Bernd v. Münchow-Pohl*, Zwischen Reform und Krieg. Untersuchungen zur Bewußtseinslage in Preußen 1809–1812 (Göttingen 1987); *Andrea Hofmeister-Hunger*, Pressepolitik und Staatsreform. Die Institutionalisierung staatlicher Öffentlichkeitsarbeit bei Karl August von Hardenberg (1792–1822) (Göttingen 1994).

graphie, und zwar von Thomas Stamm-Kuhlmann, der zur Zeit die teilweise erst von ihm gefundenen Tagebücher und autobiographischen Aufzeichnungen Hardenbergs publiziert[11] und auch schon 1992 die Biographie Friedrich Wilhelms III. vorgelegt hat[12].

Zur Innenpolitik Montgelas' in Bayern seien an wichtigen neueren Forschungsarbeiten nur genannt: Walter Demel, Der bayerische Staatsabsolutismus 1806/08 – 1817, 1983[13], Josef A. Weiss, Die Integration der Gemeinden in den modernen bayerischen Staat. Zur Entstehung der kommunalen Selbstverwaltung in Bayern 1799–1818, 1986[14], ferner Hans-Peter Ullmann, Staatsschulden und Reformpolitik. Die Entstehung moderner öffentlicher Schulden in Bayern und Baden 1780–1820, 2 Bde., 1986[15], die Edition von Maria Schimke, Regierungsakten des Kurfürstentums und Königreichs Bayern 1799–1815, 1996[16].

Ich betrachte es als Hauptanliegen meines Vortrages, Gemeinsamkeiten und Unterschiede in der Politik, insbesondere in der Reformpolitik beider Staatsmänner, herauszustellen. Dennoch möchte ich zunächst ihren Werdegang und ihre persönlichen Verhältnisse miteinander vergleichen.

Die Lebens- und Amtszeit beider Männer ist nicht ganz synchron. Hardenberg ist 1750, Montgelas 1759 geboren. Montgelas war 18 Jahre lang, von 1799 bis 1817, leitender Minister Bayerns[17]. Nach seiner Ent-

[11] Im Druck: *Thomas Stamm-Kuhlmann* (Hrsg.), Tagebücher und autobiographische Aufzeichnungen des preußischen Staatskanzlers Karl August von Hardenberg (1750–1822), wird herausgegeben von der Historischen Kommission bei der Bayerischen Akademie der Wissenschaften. – Ich danke Herrn Professor Stamm-Kuhlmann, Greifswald, daß er mir das Manuskript der Einleitung zu seiner Edition zur Verfügung gestellt hat, im folgenden zitiert „Einleitung". Ferner: *Thomas Stamm-Kuhlmann*, „Man vertraue doch der Administration!". Staatsverständnis und Regierungshandeln des preußischen Staatskanzlers Karl August von Hardenberg, in: HZ 264 (1997) 613–654, im folgenden zitiert „Staatsverständnis".

[12] *Thomas Stamm-Kuhlmann*, König in Preußens großer Zeit. Friedrich Wilhelm III., der Melancholiker auf dem Thron (Berlin 1992).

[13] *Walter Demel*, Der bayerische Staatsabsolutismus 1806/08–1817. Staats- und gesellschaftspolitische Motivationen und Hintergründe der Reformära in der ersten Phase des Königreichs Bayern (München 1983).

[14] *Josef A. Weiss*, (Titel wie im Text) (München 1986).

[15] *Hans-Peter Ullmann*, Staatsschulden und Reformpolitik. Zur Entstehung moderner öffentlicher Schulden in Bayern und Baden 1780–1820, 2 Bde. (Göttingen 1986).

[16] Regierungsakten des Kurfürstentums und Königreichs Bayern 1799–1815, bearbeitet von *Maria Schimke* (München 1996).

[17] Genannt sei die Neubearbeitung des Beitrages von *Eberhard Weis*, Die Begründung des modernen bayerischen Staates unter König Max I. (1799–1825) in Bd. IV/1 des Handbuchs der Bayerischen Geschichte, hrsg. von *Max Spindler* (erstmals München 1974) 3–86 (Die Neubearbeitung ist abgeschlossen und erscheint voraussichtlich 1998). Ferner der in

lassung führte er, den Hardenberg als „le premier ministre révolutionnaire" bezeichnet hatte[18], noch 21 Jahre das ruhige Leben eines Hofmarksherrn, Familienvaters und kühlen Beobachters der Weltbegebenheiten. Als erbliches Mitglied der Ersten Kammer unterstützte er aus Gründen der Staatsräson seinen alten Feind Ludwig I.

Hardenberg, der schon in jungen Jahren hoher Beamter in seinem Heimatstaat Hannover, dann Minister in Braunschweig gewesen war, stand 30 Jahre, mit einer Unterbrechung von zwei Jahren, von 1792 bis zu seinem Tod 1822, an leitender Stelle in Preußen, von 1810 bis 1822 als Staatskanzler. Bis zuletzt kämpfte er, ohne Unterstützung durch den König, um die Verwirklichung seiner politischen Ziele, vor allem einer Verfassung für Preußen. Er starb, wie man früher sagte, in den Sielen.

Beide Männer entstammten alten freiherrlichen Familien. Aber Montgelas, in München geboren, Sohn eines aus Savoyen stammenden bayerischen Generals und einer geborenen Gräfin Trauner aus dem fürstbischöflichen Freising, verlor seine Eltern in früher Kindheit, wurde in Nancy erzogen. So, wie Hardenberg zunächst an der Universität Göttingen[19] Jura und besonders Staatsrecht sowie Geschichte studiert hatte, tat dies Montgelas in Straßburg[20]. Die Universitäten Göttingen und Straßburg hatten damals die berühmtesten Staatsrechtslehrer in Mitteleuropa. Hardenberg kam aus einem reichen und einflußreichen Hause. Sein Vater war zuletzt hannoverscher Generalfeldmarschall, sein Onkel, von dem er den Familienbesitz erbte, war einer der höchsten Beamten des Kurfürstentums Hannover. Hardenberg war immer wohlhabend, zumal er später vom König von Preußen mehrere Schlösser und Güter geschenkt bekam. Trotz dieser Tatsache und seines hohen Einkommens wurde er zeitlebens immer wieder von Schulden geplagt.

Als hannoverscher junger Beamter ließ sich Hardenberg mit seiner ersten Frau, der im dänischen Holstein sehr begüterten Gräfin Reventlow, 1781 für längere Zeit in London und Windsor nieder bei seinem Landesherrn, dem König Georg III. von England und Kurfürsten von Hannover.

Vorbereitung befindliche abschließende Bd. II der Montgelas-Biographie von *Eberhard Weis* (Bd. I in ^{2}1988).

18 Nach *Julie von Zerzog* (Hrsg.), Briefe des Staatsministers Grafen M. J. Montgelas (Regensburg 1853), Einleitung. Ebenso *Marcel Dunan*, Napoléon et l'Allemagne. Le système continental et les débuts du royaume de Bavière, 1806–1810 (Paris 1942) 57, beide ohne nähere Quellenangabe.

19 Zu seinen Studien neben *Haußherr* und *Thielen* (oben Anm. 5 und 6) auch *Stamm-Kuhlmann* (Hrsg.), Tagebücher und autobiographische Aufzeichnungen (oben Anm. 11) Einleitung Kap. 7; *ders.*: Staatsverständnis 617f.

20 *Weis*, Montgelas Bd. I (wie Anm. 17) 8–16.

Hardenberg gab bewußt für diesen Aufenthalt die riesige Summe von 30000 Talern aus, um seine Karriere zu fördern[21]. Dieser Plan wurde dadurch zunichte gemacht, daß seine damals 22-jährige Frau bald ein Liebesverhältnis mit dem 18-jährigen Prinzen von Wales, dem späteren König Georg IV., begann. Die Hardenbergs gerieten in eine peinliche Situation, die britische Presse befaßte sich mit dem Fall, auch Hardenbergs Frau wünschte die Abreise. Bald darauf quittierte Hardenberg, dessen politische Vorschläge in London und Hannover kein Gehör fanden, den hannoverschen Dienst und wurde braunschweigischer Minister. Auch aus seiner Ehe, in der es weiter kriselte, stieg er bald aus. Da nach einem dänischen Gesetz sein und seiner Frau Besitz bei einer Scheidung in Dänemark bleiben mußte, brachte diese Scheidung Hardenberg nahe an den Bankrott. Sein einziger Sohn, Christian Graf Hardenberg-Reventlow, mit dem er stets in gutem Einvernehmen blieb, wurde später dänischer Diplomat.

Anders als Hardenberg mußte Montgelas als junger Beamter 10 Jahre lang unbezahlt arbeiten, obwohl er fast kein Vermögen besaß. Erst als er nach der Aufdeckung seiner Zugehörigkeit zum Illuminatenorden vom bayerischen in den Dienst des Herzogs von Zweibrücken übergetreten war, erhielt er ein kleines Gehalt, das er aber wieder verlor, als man ihn 1793 beim Herzog als Jakobiner verdächtigte[22]. Sein späterer Reichtum war ausschließlich das Ergebnis seines dreifachen Ministergehalts und der Dotationen des Königs von Bayern. Im Gegensatz zu der Schuldenwirtschaft des wohlhabenden Hardenberg hatte Montgelas als Minister immer geordnete Vermögensverhältnisse. Öffentlich bekannte Liebesaffären hatte – auch dies anders als bei Hardenberg – nicht Montgelas, sondern seine Frau, die gleichwohl viel für ihren Mann bedeutete und der er nach ihrem frühen Tod 1820 immer nachtrauerte. Ihr und ihren Liebhabern gegenüber war Montgelas stets von grandseigneurialer Toleranz. Nachdem Hardenberg Staatskanzler geworden war, berichtete 1812 der preußische Gesandte in München, König Max I. wollte seinen leitenden Minister ebenfalls zum Staatskanzler erheben[23]. Dies scheint Kronprinz Ludwig verhindert zu haben. Da er bei seinem Vater mit der Kritik an dem ihm verhaßten Minister nichts erreichen konnte, argumentierte er finanziell: Er warnte seinen Vater, wenn Montgelas Staatskanzler würde, müßte der König drei zusätzliche Minister bezahlen, da Mont-

[21] *Stamm-Kuhlmann* (Hrsg.), Tagebücher (wie Anm. 11) Einleitung Kap. 7.

[22] *Weis*, Montgelas Bd. I (wie Anm. 17) 230–262.

[23] U.a. Berlin Geh. Staatsarchiv 2.4.1 Fasz. 2461, Bericht des Gesandten von der Goltz aus München 5.1.1812.

gelas Außen-, Innen- und Finanzminister war. Diese Überlegung tat ihre Wirkung in einer Zeit katastrophaler Geldknappheit.

Hardenberg und Montgelas nehmen in den Erinnerungen des scharfzüngigen Beobachters Ritter von Lang eine Sonderstellung ein[24]. Nach dem Panoptikum von skurrilen Serenissimi, unfähigen und korrupten Beamten, das uns Lang aus persönlicher Kenntnis vor Augen führt, erscheinen Hardenberg und Montgelas als wahre Lichtgestalten. Mit Hardenberg hat Lang in Ansbach, mit Montgelas dann in München zusammengearbeitet. Der Mann bürgerlicher Herkunft stieg aufgrund seiner Tüchtigkeit in hohe Ränge der Verwaltung auf. An diesen beiden Staatsmännern rühmt der sonst stets ironische Lang die überragende Intelligenz, die weiten Perspektiven, die souveräne Beherrschung des politischen Geschäfts und zugleich die echte Freundlichkeit und Hilfsbereitschaft gegenüber ihren Mitarbeitern.

Montgelas lernte Hardenberg kennen, als dieser von 1792 bis 1805 preußischer Minister für die vom letzten Markgrafen erworbenen Markgrafentümer Ansbach und Bayreuth war. Hardenberg genoß dort – trotz Störungen durch die Intrigen unfähiger Minister in Berlin gegen ihn – eine geradezu vizekönigliche Stellung[25]. Man kann sagen, daß die Reformzeit, in der deutsche Regierungen die Konsequenzen aus der Französischen Revolution zogen, hier in Ansbach-Bayreuth 15 Jahre früher als in den preußischen Stammlanden eingeleitet wurde. In den Markgrafentümern führte Hardenberg Modernisierungsmaßnahmen durch, die in den östlichen Provinzen Preußens undenkbar gewesen wären.

Nach *außen* trieb er unter Mißachtung oder Dehnung des Reichsrechts in diesem Gebiet vieler kleiner Herrschaften mit komplizierten Rechtsüberschneidungen eine Politik rücksichtsloser Expansion. Hierdurch verwandelte er die Markgrafentümer in einen geschlossenen Staat, der um ein Drittel größer war als früher. Es gelang ihm auch, die Reichsstadt

[24] *Karl Heinrich Ritter von Lang*, Memoiren. Skizzen aus meinem Leben und Wissen, meinen Reisen und meiner Zeit, 2 Bde. (Braunschweig 1842) Faksimile mit Nachwort von *Hans von Mosch* (Erlangen 1984).

[25] *Karl Heinrich Ritter von Lang*, Annalen des Fürstentums Ansbach unter der preußischen Regierung von 1792–1806 (Frankfurt, Leipzig 1806); *Fritz Hartung*, Hardenberg und die preußische Verwaltung in Ansbach-Bayreuth von 1792 bis 1806 (Tübingen 1906); *Hanns Hubert Hofmann*, Adelige Herrschaft und souveräner Staat. Studien über Staat und Gesellschaft in Franken und Bayern im 18. und 19. Jahrhundert (München 1962); *Haussherr*, Hardenberg Teil I (wie Anm. 5); *Eberhard Weis*, Ansbach 1796. Der Aufstieg eines Staatsmannes, in: *Michael Henker, Margot Hamm, Evamaria Brockhoff* (Hrsg.). Bayern entsteht. Montgelas und sein Ansbacher Mémoire von 1796 (Ausstellungskatalog des Hauses der Bayer. Geschichte, Veröffentlichungen zur bayerischen Geschichte und Kultur 32/92, Augsburg 1996) 45–51 (siehe auch Anm. 27).

Nürnberg mit ihrem großen Gebiet zu einem Anschluß an Preußen zu bewegen[26]. Dies entsprach den Wünschen des Rates wie der Bevölkerung Nürnbergs. Sie erhofften die Eingliederung in die preußische Neutralitätszone. Hardenbergs Gegner, Außenminister Haugwitz in Berlin, veranlaßte jedoch König Friedrich Wilhelm II., die Übernahme Nürnbergs abzulehnen. Beide glaubten, Preußen solle jetzt kein Risiko in dem zwischen Frankreich und Österreich umkämpften Süddeutschland eingehen.

Montgelas, der 1796 als Berater Max Josephs auf der Flucht vor den französischen Armeen in Ansbach weilte, legte hier dem Herzog sein Programm für künftige Reformen in Bayern vor, das sogenannte Ansbacher Mémoire[27]. Das Ansbacher Schloß bot damals mehreren deutschen Fürstenfamilien Asyl, die Stadt war voll von Flüchtlingen. Hardenberg und seine zweite Frau, Sophie von Haßberg, waren der glänzende Mittelpunkt einer adelig-bürgerlichen Gesellschaft[28]. Für Montgelas' Herrn, den damals land- und fast mittellosen Herzog Max Joseph von Zweibrücken, leistete Hardenberg immer wieder Hilfsdienste, indem er ihm Kredite beschaffte. Hardenberg wußte stets, wie man so etwas machte. Max Joseph vergaß ihm dies nie[29]. Nur einmal, 1805, während der Verhandlungen über Grenzberichtigungen zwischen Ansbach und Bayern, das damals bereits von Max Joseph regiert wurde, gab es Mißstimmungen. Ein Bericht eines preußischen Beamten ging wegen eines Kanzlei-

[26] *Karl Süßheim*, Preußens Politik in Ansbach-Bayreuth 1791–1806 (Berlin 1902); *Christian Meyer*, Preußens innere Politik in Ansbach und Bayreuth 1792–1797 (Berlin 1904); vgl. ferner Anm. 25; *Haussherr*, Hardenberg Teil I (wie Anm. 5) 203–209; *Thielen*, Hardenberg (wie Anm. 6) 91 f.; *Stamm-Kuhlmann*, Einleitung (wie Anm. 11).

[27] *Eberhard Weis*, Montgelas' innenpolitisches Reformprogramm. Das Ansbacher Mémoire für den Herzog v. 30.9.1796, in: Zeitschr. f. bayer. Landesgeschichte 33 (1970) 219–256, Text des Mémoires 243–256. Siehe auch den Ausstellungskatalog ‚Bayern entsteht' (wie Anm. 25), dort: *Eberhard Weis*, Montgelas und sein Ansbacher Mémoire von 1796; *Maria Schimke*, Das Ansbacher Mémoire und die praktische Umsetzung seiner Reformideen, ebd. 52–62.

[28] Vgl. den Bericht, den Cetto in einem Brief an Montgelas vom 31.7.1796 vom Leben in Ansbach gibt: *Weis*, Montgelas Bd. 1 (wie Anm. 17) 321, ferner *ders.*, Ansbach 1796 (wie Anm. 25) 48.

[29] Schriftwechsel Max Josephs (bzw. Montgelas') mit Hardenberg, in dem solche Angelegenheiten eine große Rolle spielen, u.a. Bayer. Hauptstaatsarchiv MA 4; Berlin Geheimes Staatsarchiv Rep. XI 33, Bayern, Fasz. 160. Auch als Max Joseph mit seinem Hof nochmals 1800 während der französischen Besetzung Münchens für einige Zeit in Bayreuth Zuflucht gefunden hatte, beschaffte Hardenberg ihm wieder Anleihen. – Natürlich brachte es seine Stellung und die Staatsräson Preußens mit sich, daß Hardenberg zeitweise auch ein Gegner Bayerns war. So machte er 1813 Metternich Vorwürfe, daß Österreich dem neuen Bayern seinen Gebietsstand garantiert hatte. Umgekehrt beurteilt auch Montgelas in einem späteren Teil seiner Denkwürdigkeiten (für 1814), Hardenberg sehr negativ: Denkwürdigkeiten, 1887 (wie Anm. 4) 398 f.

versehens statt an Hardenberg an den bayerischen Präsidenten Frankens Graf Thürheim, ein für Thürheim bestimmter an Hardenberg. In dem für Hardenberg bestimmten Schreiben berichtete der preußische Unterhändler, der gerade den Grenzvertrag zwischen Ansbach und Bayern ausgehandelt hatte – ich zitiere aus einem Gesandtenbericht –, „daß man sich über die Leichtigkeit, mit welcher die Bayern sich hinter das Licht führen ließen, selbst nicht genug wundern" kann[30]. Der Kurfürst von Bayern, dem der Brief vorgelegt wurde, lehnte daraufhin eine Einladung des Königs von Preußen nach Fürth unter dem Vorwand einer Kur verärgert ab. Ein Jahr später, nach großen politischen Umwälzungen, kam Ansbach an Bayern, 1810 folgte Bayreuth.

Beide Persönlichkeiten, Hardenberg und Montgelas, waren im Geist der europäischen Aufklärung erzogen, beide kamen aus der politischen Welt des aufgeklärten Absolutismus, waren stark von der Französischen Revolution und der napoleonischen Gesetzgebung und Verwaltung beeinflußt, beide glaubten zeitlebens, man müsse den Menschen zwar Rechtsgleichheit, geistige Freiheit und Toleranz sichern, man dürfe Handel und Gewerbe nicht zu stark dirigistisch gängeln, aber beide waren auch überzeugt, nur der Staat könne die Menschen zu Selbständigkeit und Freiheit erziehen.

Von beiden Männern haben wir bereits in den neunziger Jahren und dann von Hardenberg in seinem Rigaer Programm von 1807[31] Äußerungen, die besagen, daß nur *der* Staat überleben könne, der den Erfahrungen der Französischen Revolution Rechnung trage. Hardenberg schrieb in dem bekannten Zitat: „Der Wahn, daß man der Revolution am sichersten durch Festhalten am Alten und durch strenge Verfolgung der durch solche geltend gemachten Grundsätze entgegenstreben könne, hat be-

[30] Bericht des österr. Gesandten in München Graf Buol-Schauenstein v. 5.6.1805. Vgl. *Eberhard Weis*, München-Wien und München-Paris. Zur Charakterisierung der österreichischen und der französischen Gesandtenberichte aus München 1799–1813, in: *Winfried Becker* u.a., Staat, Kultur, Politik. Festschrift zum 65. Geburtstag von Dieter Albrecht (Kallmünz 1992) 207–217, hier 213.

[31] Zur ersten bekannten programmatischen Denkschrift Hardenbergs für Verbesserungen in Hannover 1780: *Haussherr,* Hardenberg Teil I (wie Anm. 5) 70–72; *Stamm-Kuhlmann,* Einleitung (wie Anm. 11); Hardenbergs Denkschrift von 1786 für Reformen in Braunschweig *Haussherr,* Hardenberg Teil I (wie Anm. 5) 91 f.; Denkschr. v. 1792 für den Kronprinzen Friedrich Wilhelm (III.), ebd. 97; *Stamm-Kuhlmann*, Einleitung (wie Anm. 11), ferner *ders.*, Friedrich Wilhelm III. (wie Anm. 12) 116. Druck der Rigaer Denkschrift von 1807 bei *Georg Winter* (Hrsg.), Die Reorganisation des Preußischen Staates unter Stein und Hardenberg. Erster Teil: Allgemeine Verwaltungs- und Behördenreform. Bd. I, Vom Beginn des Kampfes gegen die Kabinettsregierung bis zum Wiedereintritt des Ministers vom Stein (Leipzig 1991) 302–363. Winters Edition wurde nicht fortgesetzt.

sonders dazu beigetragen, die Revolution zu befördern und derselben eine stets wachsende Ausdehnung zu geben. Die Gewalt dieser Grundsätze ist so groß, sie sind so allgemein anerkannt, daß der Staat, der sie nicht annimmt, entweder seinem Untergange oder der erzwungenen Annahme derselben entgegensehen muß ... Also eine Revolution im guten Sinne, gerade hinführend zu dem großen Zwecke der Veredelung der Menschheit durch Weisheit der Regierung und nicht durch gewaltsame Impulsion von innen oder außen – das ist unser Ziel, unser leitendes Prinzip."[32] Bemerkenswert ist, daß Hardenberg und der Mitverfasser Altenstein diese Worte an den König von Preußen, Friedrich Wilhelm III., richteten, der den Auftrag zu dieser Denkschrift erteilt hatte. Dieser war damals angesichts extremer Gefährdung des preußischen Staates nach der Niederlage bereit, sich mit den geforderten Reformen abzufinden und 1810 Hardenberg mit bis dahin in Preußen unbekannt großen Vollmachten als Staatskanzler zu berufen.

In der Außen- wie teilweise auch in der Innenpolitik war die Situation für Preußen einer-, Bayern und die anderen süddeutschen Staaten andererseits ganz verschieden. Montgelas hatte aus Gründen der staatlichen Selbsterhaltung 1805 das Bündnis mit Frankreich geschlossen, die anderen süddeutschen Staaten folgten ihm. Nicht nur Hardenberg, sondern auch Montgelas glaubte nicht daran, daß Napoleon für lange Zeit Europa beherrschen könnte. Aber Montgelas nützte die Situation, jetzt durch Napoleon, der aus Süddeutschland leistungsfähige Pufferstaaten gegen Österreich machen wollte, große Gebietserwerbungen erhalten zu können. Für Bayern war nun die diplomatische Aufgabe, einerseits sein Staatsgebiet weiterhin zu vergrößern, andererseits von Napoleon weitgehend unabhängig zu bleiben und eine Ausgestaltung des Rheinbundes zu einem von Frankreich dominierten Bundesstaat zu verhindern. Beides gelang[33]. Preußen dagegen wurde dank der unfähigen Politik des Ministers Graf Haugwitz, des langjährigen Gegenspielers Hardenbergs, in den Krieg und die Niederlage von 1806 gerissen. Danach war Preußen nicht mehr größer als das neue Bayern, es bestand nur noch aus einem Teil seiner ostelbischen Provinzen, alles andere war verloren. Für Bayern und die anderen süddeutschen Staaten war die zentrale innenpolitische Aufgabe nun die Integration der vielen neuerworbenen Territorien und Reichsstädte. Dies glaubten Montgelas und seine Mitarbeiter zu-

[32] *Winter*, Reorganisation (wie Anm. 31) 305f.

[33] *Eberhard Weis*, Napoleon und der Rheinbund, in: *ders.*, Deutschland und Frankreich um 1800 (München 1990) 186–217, dort die ältere Literatur.

nächst nur mit Hilfe eines Zentralismus nach französischem Vorbild bewältigen zu können.

Preußen dagegen war von 1806 bis zum Krieg von 1813 ein von französischen Truppen besetztes Land, die riesigen finanziellen Forderungen Napoleons bedrohten seine Existenz[34]. Die preußischen Reformer strebten insgeheim immer danach, ihr Land in den Stand zu versetzen, sich eines Tages wieder von Napoleon zu befreien. Dabei spielte zumindest bei einigen Reformern das Ziel, die Bevölkerung zu aktivieren und am Gemeinwesen zu interessieren, eine größere Rolle als in Bayern und den anderen Rheinbundstaaten. Die Steinsche Städteordnung ist das wichtigste Ergebnis dieser Tendenz. Gleichwohl ist festzustellen, daß auch Montgelas die Einstellung der Bevölkerung zunehmend für sehr wichtig hielt. Wie Hardenberg begründete er von Anfang seiner Regierung an wichtige Gesetze und auch außenpolitische Maßnahmen publizistisch vor der Öffentlichkeit.

Für die bayerischen Reformen hatte das Bestreben nach Integration der neuerworbenen Gebiete eine herausragende Bedeutung. Für Preußen dagegen gab es Integrationsprobleme erst nach dem Wiener Kongreß – sieht man einmal von der kurzen Zeitspanne 1803/05 in Westfalen ab. Erst als Preußen durch den Wiener Kongreß zu seinen ostelbischen Provinzen noch Westfalen, das gesamte Rheinland, die Provinz Sachsen und andere Gebiete erhielt, trat die Integration in den Vordergrund. Seine Größe und seine Tradition der Selbstverwaltung der Provinzen bewahrten Preußen aber dann vor einem zu rigiden Zentralismus, wie er in den süddeutschen Staaten üblich war.

Obwohl Hardenberg wie Stein eigentlich nur für die Verwaltung vorgebildet war, wurde er im Gegensatz zu Stein auch ein hervorragender Außenpolitiker. Dies hatte er bereits beim Abschluß des Friedens von Basel von 1795 bewiesen. Er war damals der Erfinder der nord- und mitteldeutschen Neutralitätszone. Montgelas' Meisterschaft als Außenpolitiker bestand darin, gewissermaßen lauernd weittragende Entscheidungen immer bis zum letztmöglichen Augenblick hinauszuschieben, bis man klar sah, wie die politische Entwicklung weiterging, so bei dem Bündniswechsel von 1805 zu Frankreich und von 1813 zu dessen Geg-

[34] Hierzu *Ritter*, Stein (wie Anm. 1, nach [4]1981) 307–327; *Haussherr,* Hardenberg Teil III (wie Anm. 5) 86–110; *Klein,* (wie Anm. 7); *Alexander von Witzleben*, Staatsfinanznot u. sozialer Wandel. Eine finanzsoziologische Analyse der preußischen Reformzeit zu Beginn des 19. Jahrhunderts (Stuttgart 1985). Vergleich der preußischen und der süddeutschen Reformen bei *Paul Nolte*, Staatsbildung als Gesellschaftsreform. Politische Reformen in Preußen und den süddeutschen Staaten 1800–1820 (Frankfurt a.M. 1990).

nern. Während Montgelas in der Außenpolitik, mindestens seit 1802, kein größerer strategischer Fehler nachzuweisen ist, vergaloppierte sich Hardenberg manchmal, weil er *zu* entscheidungsfreudig war[35]. Er erteilte zum Beispiel seinem König nach Ausbruch des Krieges von 1806 und auch des Krieges gegen Rußland von 1812 zunächst die falschen Ratschläge und tilgte die Erinnerung daran später in seinen Denkwürdigkeiten und Tagebüchern. Aber die Rückkehr Preußens in den Kreis der Großmächte seit 1813 und seine gewaltige Ausdehnung durch den Wiener Kongreß war wesentlich eine Leistung der Diplomatie Hardenbergs, der jede Entscheidung einem König abringen mußte, der auf der einen Seite starr und eigensinnig, auf der anderen Seite aber entscheidungsschwach war. Friedrich Wilhelm III. vermutete mit Recht, daß Hardenberg in seinen Aufzeichnungen ihn, den Monarchen, oft kritisierte, und ließ sogleich nach dem Tod des Staatskanzlers dessen Nachlaß versiegeln. Erst 50 Jahre später konnte Leopold von Ranke den preußischen Ministerpräsidenten Bismarck bewegen, eigenhändig die Siegel zu lösen und den Nachlaß der Forschung freizugeben[36].

Montgelas' Monarch war unkomplizierter. Doch war es nötig, daß der Minister seinem Herrn seine Vorschläge stets so präsentierte, daß Max Joseph das Gefühl hatte, die Entscheidung persönlich, manchmal sogar *gegen* Montgelas, getroffen zu haben. Auch gehörte es zum Eigenwertbewußtsein Max Josephs, daß er bei dritten Personen oft und kräftig über seinen Minister schimpfte, an dem er gleichwohl 18 Jahre lang festhielt. Der Ritter von Lang berichtet, daß während der Territorialverhandlungen zwischen Bayern und Ansbach Max Joseph trotz seines Mißtrauens gegen die preußischen Beamten Hardenberg so sehr ins Vertrauen zog, daß er sich mit schwersten Vorwürfen über Montgelas beklagte[37]. Später sollte Hardenberg selbst auch mit dieser Angewohnheit schwacher Monarchen zur Genüge konfrontiert werden, zum Beispiel als Friedrich Wilhelm Hardenberg als Staatskanzler mehrfach in Gegenwart des Zaren entwürdigende Vorwürfe machte. Nach einer solchen Szene erklärte Hardenberg, so etwas habe er noch nicht erlebt[38]. Das Verhalten Friedrich Wilhelms III. nach 1817 zeigt übrigens, daß der König wirklich nur

[35] Ein solcher Fall war auch das Vorgehen in der Hannover-Frage im Juli 1805. Hierzu und zum folgenden: *Thielen,* (wie Anm. 6) 136–140, 155–162, 169; *Stamm-Kuhlmann*, Einleitung (wie Anm. 11).

[36] *Stamm-Kuhlmann*, Einleitung (wie Anm. 11).

[37] *Lang*, Memoiren (wie Anm. 24), hier benützte Ausg. von *Haussherr* (Stuttgart 1957) 206.

[38] *Stamm-Kuhlmann*, Einleitung (wie Anm. 11).

unter dem Eindruck des preußischen Zusammenbruches und der Gefährdung seines Staates zwischen 1806 und 1815 bereit gewesen war, Reformen zuzulassen, und daß er dies später bereute. Max Joseph war seit etwa 1809 zwar ebenfalls konservativer geworden als früher, aber er bekannte sich immerhin stets zu den Reformen seiner Regierung und erließ 1818 eine Verfassung, was Friedrich Wilhelm für Preußen verhinderte.

Hardenberg verbog seit 1810 nicht, wie man noch heute manchmal lesen kann, die Reformen Steins, sondern er rettete sie und machte sie, vor allem die Bauernbefreiung, erst durchführbar. Dabei mußte er, wie Montgelas auch, nicht selten nach zwei Schritten vorwärts wieder einen Schritt zurück machen. In Preußen wie in Bayern wurden seit etwa 1810 der Widerstand des Adels und sein Einfluß auf die Monarchen wieder stärker. Allerdings war der bayerische Adel inzwischen politisch bereits entmachtet und hatte auch seine Steuerprivilegien bereits überwiegend verloren, der preußische Adel, der ohnehin viel mächtiger war, dagegen nicht. In Preußen wurden die Steuerprivilegien – jetzt allerdings nicht nur für Adelige, sondern allgemein für Rittergutsbesitzer – erst 1861 abgeschafft und nur gegen Entschädigung[39]. Der Prozeß der Bauernbefreiung war im übrigen im Gebiet der ostdeutschen Gutsherrschaft schwieriger und eingreifender als im westelbischen Deutschland mit seiner Grundherrschaft, wo es bei geteiltem Eigentum nur darum ging, daß die Bauern nunmehr das Obereigentum der Grundherren ablösten.

In seiner wichtigsten Reform ging Hardenberg weiter als Bayern und die anderen süddeutschen Staaten, indem er die völlige Gewerbefreiheit herstellte, während Montgelas sich nur zu einem staatlichen Konzessionssystem für Handwerksbetriebe und zur Aufhebung des Zunftzwangs verstehen konnte. Barbara Vogel hat gezeigt, daß die weitblickende Gewerbegesetzgebung Preußens das Werk nicht *der* preußischen Bürokratie, sondern eines kleinen Stabes modern denkender Beamten um Hardenberg war[40]. Diese liberale Gesetzgebung kam nach 1815 besonders der wirtschaftlichen und frühindustriellen Entwicklung in den neuerworbenen rheinischen und westfälischen Gebieten zugute. Die süd-

[39] *Hans-Ulrich Wehler*, Deutsche Gesellschaftsgeschichte, Bd. III, 1849–1914 (München 1995) 170. Zur weiteren Bevorzugung des Adels: *Heinz Reif*, Adelspolitik in Preußen zwischen Reformzeit und Revolution 1848, in: *Hans-Peter Ullmann*, *Clemens Zimmermann* (Hrsg.), Restaurationssystem und Reformpolitik. Süddeutschland und Preußen im Vergleich (München 1996) 199–224. – Entschädigung: *Wolfgang Zorn* in: *Hermann Aubin, Wolfgang Zorn* (Hrsg.), Handbuch der deutschen Wirtschafts- und Sozialgeschichte Bd. II (Stuttgart 1976) 178 – Siehe auch Anm. 45.

[40] *Vogel*, Gewerbefreiheit (wie Anm. 9), v.a. 73–96, 179–197, 224 ff.

deutschen Staaten stellten die volle Gewerbefreiheit erst in den sechziger Jahren her.

Hardenberg scheiterte dagegen bei seinem Versuch, mit Hilfe des Gendarmerieedikts von 1812 überall in Preußen die Verwaltung der Landkreise den lokalen Gutsbesitzern zu entziehen und sie in die Hände von staatlichen Beamten zu legen, die von der Regierung ernannt wurden. Die altständische Partei brachte diesen Versuch zu Fall, der dem in Frankreich und in den Rheinbundstaaten geltenden Verwaltungsrecht entsprach[41]. In den östlichen Provinzen Preußens konnte der staatliche Landrat erst durch die Bismarcksche Kreisordnung von 1872 eingeführt werden, in Westfalen und im Rheinland allerdings schon nach der Erwerbung dieser Gebiete auf Grund des Wiener Kongresses.

Gegen Ende seiner Amtszeit gelang Hardenberg mit dem Zollgesetz von 1818, das Preußen zum einheitlichen Wirtschaftsraum machte, nochmals ein großer Wurf[42]. Bayern besaß für sich diese Zolleinheit schon seit 1807, aber für das seit 1814 wieder viel größere Preußen war die Durchsetzung dieser Reform natürlich schwieriger. 1820 trennte Hardenberg das Eigentum und die Einkünfte der königlichen Familie von denen des Staates. In Bayern war diese Reform bereits 1804 durchgeführt worden[43].

Im Gegensatz zu Montgelas gelang es Hardenberg nicht nur nicht, die Steuerprivilegien des grundbesitzenden Adels zu beseitigen, sondern überhaupt eine *direkte* Steuer einzuführen[44]. Wegen des Widerstands der

[41] *Koselleck*, Preußen (wie Anm. 8) 195–209 der Ausg. v. 1967; *Manfred Botzenhart* in: *Kurt v. Raumer, Manfred Botzenhart*, Deutsche Geschichte im 19. Jahrhundert. Deutschland um 1800: Krise u. Neugestaltung, v. 1789 bis 1815 (Wiesbaden 1980) 538 ff.; *Klein*, Reform (wie Anm. 7) 183 ff. Allerdings war auch das städtische Bürgertum gegen diese Reform, weil sie die Selbstverwaltung der Städte wieder eingeschränkt und die Gewaltenteilung auf der unteren Verwaltungsebene aufgehoben hätte. Dies hätte übrigens eher der Montgelas'schen Politik geähnelt.

[42] *Stamm-Kuhlmann*, Einleitung (wie Anm. 11); *Karl-Georg Faber*, Deutsche Geschichte im 19. Jahrhundert. – Restauration und Revolution, 1815–1851 (Wiesbaden 1979) 96; *Wolfram Siemann*, Vom Staatenbund zum Nationalstaat. Deutschland 1806–1871 (München 1995) 337 f.

[43] *Fritz Zimmermann*, Bayerische Verfassungsgeschichte vom Ausgang der Landschaft bis zur Verfassungsurkunde von 1818, I: bis 1808 (München 1940) 89 ff.; *Peter Wegelin*, Die bayerische Konstitution von 1808 (Bern 1958) 184–187; *Karl Möckl*, Der moderne bayerische Staat. Eine Verfassungsgeschichte vom Aufgeklärten Absolutismus bis zum Ende der Reformepoche (München 1979) 34 f., 100 ff. – Einheitlicher Wirtschaftsraum seit 1807: *Schimke*, Regierungsakten (wie Anm. 16), 621 f., 632–635.

[44] *Vogel*, Gewerbefreiheit (wie Anm. 9) 174 ff.; *Klein*, Reform (wie Anm. 7) 28–52; *Koselleck*, Preußen (wie Anm. 8) 507–541; *Wehler*, Gesellschaftsgeschichte (wie Anm. 39) Bd. I, 428–440; *Reif*, Adelspolitik (wie Anm. 39).

Gutsbesitzer konnte er nur die *indirekten* Steuern neu organisieren, die ja jedermann trafen, und er konnte nur eine Art Kopfsteuer einführen, die gleichfalls Bürger und Bauern mehr belastete als die Gutsherren. In dieser Hinsicht war Montgelas trotz aller Widerstände viel weiter gekommen; der Grundbesitz wurde in Bayern zwar in schonender, aber doch einigermaßen angemessener Weise besteuert, die hierzu nötige Anlage eines Katasters war bereits im Gang[45].

Hardenbergs wirtschaftlicher Liberalismus war weitgehender als der von Montgelas, der zwar auch die Kräfte des Handels und des Gewerbes freisetzen und begünstigen wollte, aber doch überall noch den Vorbehalt aufrechterhielt: unter Aufsicht und Kontrolle des Staates.

Beide Männer sicherten die religiöse Toleranz, ja in Bayern sogar die Parität gegenüber den christlichen Konfessionen, insbesondere den jeweiligen Minderheitskonfessionen. Preußen und Bayern waren darüber hinaus die ersten deutschen Staaten, die Emanzipationsgesetze für die Juden erließen, Preußen 1812, Bayern 1813. Sowohl Hardenberg als auch Montgelas hätten ihre Staaten in dieser Epoche der Kriege und der Finanznot nicht ohne die jüdischen Bankiers funktionsfähig halten können, Hardenberg benötigte sie auch für seine Privatfinanzen. Die jüdischen Financiers und Bankiers gehörten in Berlin wie in München und in Wien zu den angesehensten Persönlichkeiten; sie hatten jederzeit Zugang zu den leitenden Ministern. Sie wurden in den Adelsstand erhoben und brauchten keine Emanzipationsgesetze. Das Problem waren vielmehr die meist armen, aus Osteuropa eingewanderten Juden, die oft vom Hausierhandel lebten, da sie andere Berufe nicht hatten erlernen und ausüben dürfen. Daneben hatte aber Bayern auch alte jüdische Gemeinden gewonnen in seinen neuen fränkischen und schwäbischen Gebieten. Es ging ausschließlich um die Glaubensjuden. In dem Moment, wo ein Jude zu einer christlichen Kirche übertrat, galt er nicht mehr als Jude[46].

Das preußische Emanzipationsgesetz war großzügiger als das bayerische. Auch in Preußen, in dem diese Fragen schon seit Jahrzehnten diskutiert worden waren, vertraten viele Persönlichkeiten noch die Meinung, man dürfe den Juden, die so lange unterdrückt waren, nicht *auf*

[45] Daß auch in Bayern das Ziel einer gleichmäßigen Steuerbelastung des Adels nicht vollkommen erreicht wurde: *Demel*, Staatsabsolutismus (wie Anm. 13) 208–270. Dabei spielten auch technische Hindernisse eine Rolle wie die Probleme der Katastrierung.

[46] Preußen: *Ismar Freund*, Die Emanzipation der Juden in Preußen, unter besonderer Berücksichtigung des Gesetzes vom 11. März 1812, 2 Bde. (Berlin 1912); *Albert A. Bruer*, Geschichte der Juden in Preußen (1750–1820) (Frankfurt a.M. 1991), bes. 257–305, 445–450; *Stamm-Kuhlmann*, Staatsverständnis (wie Anm. 11) 646–651.

einmal sämtliche bürgerliche Freiheiten geben. Man müsse die Gleichberechtigung schrittweise herstellen, die Juden zunächst zum rechten Gebrauch der Freiheit erziehen. Dagegen erzwang Hardenberg die sofortige vollständige Gleichstellung. Juden durften auch akademische Lehrämter ausüben. Friedrich Wilhelm III. ließ jedoch noch die Einschränkung in das Gesetz einfügen, daß die Zulassung von Juden zu anderen als Lehr- und Schulämtern dem König vorbehalten bliebe. Hardenberg wie Humboldt vertraten entschieden die Meinung, daß ein Gesetz, das weiterhin einen Unterschied zwischen Juden und Christen machte, seinen Zweck verfehle[47]. Ein Nachteil des preußischen Gesetzes war, daß es sich auch später allein auf die Provinzen Preußens in seinem Umfang von 1812 bezog. Als der Staat 1815 seinen Gebietsumfang verdoppelte, blieben in den neu- oder wiedererworbenen Gebieten zunächst die ungünstigen älteren Regelungen hinsichtlich der Juden bestehen. Auf die Provinz Posen, wo aus der polnischen Zeit im Verhältnis die meisten Juden lebten, wurde die Emanzipation erst 1848 ausgedehnt.

Das bayerische Emanzipationsedikt von 1813 war insofern erheblich enger als das preußische, als es durch Einführung einer Niederlassungsmatrikel die Zahl der zugelassenen jüdischen Familien immer auf demselben Stand halten wollte[48]. Der Konkurrenzneid von Wirtschafts- und Handelskreisen war hierfür ausschlaggebend. Montgelas zeigte in seinem Rechenschaftsbericht, den er 1817 nach seiner Entlassung an den König sandte, Anteilnahme am bisherigen Schicksal der Juden. Er schildert, was unter seiner Regierung bereits zugunsten dieser Minderheit unternommen worden sei, um alte Ungerechtigkeiten zu beseitigen, er kritisiert indirekt die Härten des unter seiner eigenen Regierung erlassenen Edikts von 1813, referiert die Kritik jüdischer Persönlichkeiten daran, äußert aber doch Zweifel, ob sich die Masse der Juden in naher Zukunft in die Gesellschaft voll integrieren ließe[49].

Hardenberg und Montgelas wollten beide Verfassungen für ihre Staaten aus politischen Gründen, aber auch um die Kredit- und Schuldenfrage abschließend regeln zu können. Beide waren für ein Übergewicht der Exekutive, für das „monarchische Prinzip“ und für Wahlen nach dem Zensussystem, das von der Französischen Revolution bis in die zweite

[47] Ebd., 648 f.

[48] Bayern: *Stefan Schwarz*, Die Juden in Bayern im Wandel der Zeiten (München 1963, Nachdr. 1980); *Hendrikje Kilian*, Die jüdische Gemeinde in München 1813–1871 (München 1988); *Claudia Prestel*, Jüdisches Schul- und Erziehungswesen in Bayern 1804–1933 (Göttingen 1989); *Schimke*, Regierungsakten (wie Anm. 16) 541–578.

[49] *Montgelas*, Denkwürdigkeiten, hrsg. von *Laubmann*, *Doeberl*, (wie Anm. 4) 138–142.

Hälfte des 19. Jahrhunderts überall in Europa, wo es überhaupt Wahlen gab, angewandt wurde. Montgelas hatte eine Kommission zur Ersetzung der Konstitution von 1808 schon 1814 eingesetzt, aber er behinderte ihre Arbeit immer wieder[50]. Die neue bayerische Verfassung konnte erst nach seinem Sturz 1818 verabschiedet werden. Hardenberg dagegen kämpfte seit 1810 entschiedener und konsequenter für eine preußische Verfassung, er engagierte sein ganzes Prestige für sie und suchte immer wieder, was ihm auch dreimal gelang, ohne daß dies Folgen hatte, den König auf den Erlaß einer Verfassung festzulegen. Er sah offenbar in diesem Kampf seine letzte große Lebensaufgabe[51].

Montgelas hatte das Glück, vor den Karlsbader Beschlüssen und den sogenannten Demagogenverfolgungen seine Ministerämter zu verlieren. Hardenberg mußte sich auch hier engagieren. Er tat es in scheinbar widersprüchlicher Weise. Einerseits setzte er sich für den endlichen Erlaß einer preußischen Verfassung ein, andererseits schwenkte er seit Karlsbad auf die repressive Linie Metternichs ein. Dieser Gegensatz ist wohl am ersten damit zu erklären, daß Hardenberg die studentischen Umtriebe tatsächlich für gefährlich hielt, daß er aber vor allem in ihnen ärgerliche Störungen für sein Ringen um eine Verfassung sah[52]. Er konnte nun nicht verhindern, daß Metternich in geschickter Weise die Ängste König Friedrich Wilhelms III. schürte. Und schließlich fällt in diese Zeit die Tragödie des Kampfes Hardenbergs mit Wilhelm von Humboldt, dessen Entlassung er beim König noch durchsetzte. Die beiden bedeutendsten Vertreter des Verfassungsgedankens in Preußen und alten Freunde verzettelten ihre Kräfte in einem erbitterten Ringen gegeneinander.

Auch sonst war der Ausgang dieses großen Staatsmannes tragisch. Hardenberg, siebzigjährig, schonte sich nicht. Schon allein die physische Leistung dieses viel reisenden Staatsmannes war bewundernswert[53].

[50] *Eberhard Weis*, Zur Entstehungsgeschichte der bayerischen Verfassung von 1818. Die Debatten in der Verfassungskommission von 1814/15, zuletzt abgedr. in: *ders.*, Deutschland und Frankreich um 1800 (München 1990) 243–278.

[51] *Klein*, Reform (wie Anm. 7) 166–240; *Koselleck*, Preußen (wie Anm. 8) 284–332; *Botzenhart*, Deutsche Geschichte (wie Anm. 41) 577–583; *Faber*, Deutsche Geschichte (wie Anm. 42) 114–127; *Vogel*, Gewerbefreiheit (wie Anm. 9) 120–132; *Stamm-Kuhlmann*, Friedrich Wilhelm III. (wie Anm. 12) 416–476; *ders.*, Staatsverständnis (wie Anm. 11) 636–643.

[52] *Thielen*, Hardenberg (wie Anm. 6) 352–355; *Herbert Obenaus*, Die Anfänge des Parlamentarismus in Preußen bis 1848 (Düsseldorf 1984); *Stamm-Kuhlmann*, Staatsverständnis (wie Anm. 11) 636–643.

[53] *Thielen*, Hardenberg (wie Anm. 6) 365–369; *Stamm-Kuhlmann*, Einleitung (wie Anm. 11).

Nach mehreren Kongreßbesuchen des Ministers forderte ihn der König, der ihn von Berlin entfernt sehen wollte, zu einer Bildungsreise nach Rom und Süditalien auf, die der an Kunst höchst interessierte Staatskanzler auch durchführte. Bei seiner Rückkehr nach Schloß Glienicke mußte er erleben, daß nun auch seine dritte Ehe zerbrach. Seine dritte Frau, die ehemalige Schauspielerin Charlotte Schönemann, verließ ihn ohne Erklärung für immer. Hardenberg trug daran die Schuld, litt aber sehr darunter. Im Sommer 1822 gab der König den Verfassungsplänen eine definitive Absage. Dahinter stand der konservative Kronprinz. Aber Hardenberg gab noch nicht auf. Er wollte nach seiner Heimkehr weiterkämpfen. Nach einer Besprechung mit seinem Monarchen beim Kongreß in Verona machte er einen Abstecher nach Mailand, sah sich Kirchen an, stieg auf einen Turm des Domes, blieb dort erschöpft im Durchzug lange Zeit sitzen und zog sich eine fieberhafte Erkrankung zu. Bis zum letzten Tag arbeitete er. In Genua starb er, 71-jährig. In Preußen wurde nun, ebenso wie nach Montgelas' Sturz in Bayern, die Macht aufgeteilt. An Stelle eines starken Mannes wurden drei dem König bequemere Minister berufen, hier wie dort.

Fragt man sich nach Unterschieden und Gemeinsamkeiten dieser beiden Staatsmänner, so ist zunächst einmal festzustellen: Hardenberg hatte es schwerer. Die Widerstände und die Opposition der Altständischen in Preußen waren ungleich stärker als die Adelsopposition in Bayern, der König war eigensinniger und mühsamer zu behandeln als der gutmütige Max Joseph. In der internationalen Politik hatte Hardenberg nach Wiederherstellung Preußens seit 1813/14 natürlich ein viel größeres Gewicht als Montgelas. In bezug auf innere Reformen aber erreichte Montgelas weit mehr und Bleibenderes. Die Widerstände in Preußen waren demgegenüber einfach zu groß. Nur auf dem Gebiet der Wirtschafts- und Gewerbepolitik konnte Hardenberg sehr stark die Zukunft bestimmen. An den Heeres- und den Bildungsreformen hatte er als Staatskanzler zwar auch Verdienste, aber im wesentlichen waren diese Neuerungen doch das Werk Scharnhorsts, Gneisenaus, Boyens bzw. Wilhelm von Humboldts und seiner Mitarbeiter und Nachfolger. Hardenberg und Montgelas verbanden nicht nur geistige Herkunft und Bildung, sondern auch eine gleichmäßige Meisterschaft auf den Gebieten der Außen- und der Innenpolitik. Beide Persönlichkeiten waren weltmännisch, tolerant und verhältnismäßig vorurteilsfrei. Beide wollten Europa nach 1814 nach dem System des Gleichgewichts wieder herstellen, die innere Neuordnung ihrer Staaten jedoch verteidigen und in behutsamer Weise fortentwikkeln. Beide verstanden es bereits, die Publizistik in den Dienst ihrer Politik zu stellen[54]. Der Weitblick beider Männer und ihrer Mitarbeiter zeigt sich unter anderem auch daran, daß sie trotz Widerständen an den eigenen Höfen den 1815/16 neu- oder wiedergewonnenen linksrheinischen Gebieten Preußens und Bayerns ihre französischen Einrichtungen und das französische Recht, die beide von der Bevölkerung voll akzeptiert waren, beließen, so daß diese Gebiete im 19. Jahrhundert in vieler Hinsicht moderner organisiert waren als das rechtsrheinische Deutschland.

Es wird leicht übersehen, daß damals auch der fähigste Minister ganz allein vom Vertrauen seines Königs abhing, also von einem rein personalen Faktor. Der Monarch konnte seine Minister von einem Tag auf den anderen entlassen. Das war eine labilere Situation, als sie heute für einen demokratischen Regierungschef besteht, der eine genügende parlamentarische Mehrheit hinter sich hat. Dieser kann zumindest bis zur nächsten Wahl einigermaßen kontinuierlich arbeiten. Einen unberechenbaren Monarchen, der sich oft durch zweifelhafte Personen und Intriganten beraten ließ und der außerdem, wie in diesen beiden Fällen, dem Drängen eines der Regierung feindlichen Kronprinzen ausgesetzt war, für einen Vorschlag zu gewinnen, mag oft schwieriger gewesen sein als heute eine parlamentarische Regierungsmehrheit zu überzeugen. Umsomehr ist zu bewundern, daß Männer wie Hardenberg und Montgelas weitschauend planten, daß sie in dieser Zeit fortgesetzter Umbrüche in Europa mit ihren langfristigen Reformen entscheidend dazu beitrugen, Staat und Gesellschaft für ein neues Zeitalter vorzubereiten.

Beide Staatsmänner waren sich ihres Wertes bewußt und arbeiteten an ihren Memoiren für die zukünftige Geschichtsschreibung. Zutreffend spricht Montgelas in seinem Rechenschaftsbericht an den König, den er nach seiner Entlassung verfaßte, von seinen 18 Amtsjahren, die „nicht weniger umfaßten als die aktivste und veränderungsreichste Periode unserer Geschichte“[55].

[54] Hardenberg: *Hofmeister, Hunger,* Pressepolitik (wie Anm. 10); *Stamm-Kuhlmann,* Staatsverständnis (wie Anm. 11) 631–636. – Zu Montgelas wurde 1997 eine Trierer, von Wolfram Siemann betreute wichtige Dissertation abgeschlossen von *Wolfgang Piereth,* Staatsbildung durch Propaganda. Bayerns Pressepolitik und die Neuordnung Deutschlands nach den Befreiungskriegen.

[55] Montgelas, Denkwürdigkeiten über die innere Staatsverwaltung, hrsg. von *Laubmann, Doeberl,* (wie Anm. 4) 10.

Kollegvorträge

Dietmar Willoweit

Vom alten guten Recht
Normensuche zwischen Erfahrungswissen und Ursprungslegenden

I.

Unser Thema hat eine Geschichte, an dessen Ursprünge im württembergischen Verfassungskampf wir uns zunächst erinnern sollten:

„Wo je bei altem, gutem Wein
der Württemberger zecht,
da soll der erste Trinkspruch sein
‚das alte, gute Recht'!"

So reimte Ludwig Uhland im Februar 1816[1], und er präsentierte gleich anschließend eine Liste sympathischer Eigenschaften dieses alten, guten Rechts, z.B.

„Das Recht, das mäßig Steuern schreibt
und wohl zu rechnen weiß,
das an der Kasse sitzen bleibt
und kargt mit unsrem Schweiß."

Von diesem Recht, „das uns Gesetze giebt, die keine Willkür bricht", meint Uhland, daß es sich seit Jahrhunderten bewährt habe und auch dann, „wenn … wir von hinnen sind", fortbestehen werde. Es ist der „schlichte Sinn, der aus dem Volke spricht", der „stille Geist, der mählich wirkt und schafft", wie Uhland erläutert. 1814 hatte Friedrich Carl v.

[1] *Ludwig Uhland*, Werke, Bd. I-IV, hrsg. von *Hartmut Fröschle, Walter Scheffler* (München 1980–1984) Bd. I, 64ff., 543; dazu Uhlands Tagebuchnotiz vom 24. Februar 1816: „Das Lied vom alten guten Recht, auf Jägers Veranlassung entworfen und großenteils ausgeführt, nachts beendigt", vgl. *Julius Hartmann* (Hrsg.), Uhlands Tagebuch 1810–1820 (Stuttgart [3]1898) 180. – Das Motiv des „alten, guten Rechts" hat Uhland seit 1815 mehrfach aufgegriffen, vgl. dazu *Hans-Joachim Behr*, Das alte, gute Recht. Das Idealbild mittelalterlicher Reichsgewalt und die Realität des württembergischen Verfassungsstreites in Ludwig Uhlands ‚Ernst Herzog von Schwaben', in: *Jürgen Kühnel, Hans-Dieter Mück, Ulrich Müller* (Hrsg.), Mittelalter-Rezeption (Göppingen 1979) 213ff., 219.

Savigny seine Schrift „Vom Beruf unserer Zeit für Gesetzgebung und Rechtswissenschaft", ein Jahr später den programmatischen Einleitungsaufsatz der neu gegründeten „Zeitschrift für geschichtliche Rechtswissenschaft" veröffentlicht[2]. In diese Texte muß sich der Jurist Ludwig Uhland umgehend vertieft haben[3]. Ich lasse dahingestellt, ob der schwäbische Dichter nach der Lektüre das politisch wirksame Schlagwort erfunden hat oder ob der Topos vom „alten, guten Recht" nicht einem älteren subkutanen Sprachgebrauch entnommen war und deshalb ein politisches Signal sein konnte. Denn die Wortfolge wirkt sprichwortartig, gerade auch in ihrer ebenso oft vorkommenden Umkehrung „gut und alt".

Man mag sich fragen, was diese romantische Begeisterung und Sehnsucht zum Verständnis der Rechtsgeschichte heute noch beitragen kann – selbst dann, wenn man weiß, daß es bis in unsere Tage eine wissenschaftliche, inzwischen ermüdende Fachdiskussion um unser Thema gibt. Ich hoffe jedoch zeigen zu können, daß die beschwörende Formel vom „alten, guten Recht" einen Zugang eröffnet, um Rechtsgeschichte gerade anders zu verstehen als im Horizont von romantischem Denken und Historischer Schule.

Zunächst jedoch muß der Historiker Fritz Kern zu Wort kommen, der Ludwig Uhlands Formel in einen wissenschaftlichen Begriff umgemünzt hat. Wenige Zitate aus seiner bekannten Abhandlung über „Recht und Verfassung im Mittelalter"[4] genügen, um in Erinnerung zu rufen, wie Kern die „Anschauung" des Mittelalters vom Recht – so seine eigene Formulierung[5] – beschrieb. Im Gegensatz zu dem modernen, vom Staate gesetzten Recht sei für das Rechtsverständnis des Mittelalters wesentlich gewesen, daß es alt und gut sei. Ohne diese beiden Eigenschaften ist im Mittelalter „Recht kein Recht, selbst wenn es vom Machthaber in aller Form eingesetzt sein sollte"[6]. Und er fährt fort: „Das Recht war ja Gewohnheit. Das unvordenkliche Herkommen, erwiesen durch die Erinnerung der ältesten und glaubwürdigsten Leute ... Das Recht ist ein Stück

[2] *Friedrich Carl von Savigny*, Vom Beruf unsrer Zeit für Gesetzgebung und Rechtswissenschaft (Heidelberg 1814), neu hrsg. von *Jacques Stern* unter dem Titel: Thibaut und Savigny (Berlin 1914).

[3] Der Name „Savigny" – und nur dieser – findet sich in einer Tagebuchnotiz vom 26. September 1813, vgl. *Hartmann*, (wie Anm. 1) 118. Im Katalog der von Uhland zitierten Literatur ist Savigny nicht aufgeführt, vgl. Werke, (wie Anm. 1) Bd. III, 953 ff., Bd. IV, 876 ff.

[4] *Fritz Kern*, Recht und Verfassung im Mittelalter, in: HZ 120 (1919) 1 ff.; Neudr. Tübingen 1952 (Libelli III), hrsg. von *E. Anrich*. Zitiert wird nach dieser letzteren Ausgabe.

[5] *Kern*, (wie Anm. 4) 7 ff.

[6] *Kern*, (wie Anm. 4) 11.

der Weltordnung; es ist unerschütterlich."[7] Selbst „wo ein neuer Rechtsfall auftaucht, für welchen kein geltendes Recht angeführt werden kann, da wird von den Rechtsgenossen bzw. den Urteilern neues Recht mit dem Bewußtsein geschaffen, daß es wiederum altes gutes Recht sei, zwar kein ausdrücklich überkommenes, aber ein stillschweigend vorhandenes."[8] Und Kern stellt sich selbst die Frage: „Sonach ist also Rechtsneuerung im Mittelalter überhaupt nicht möglich?" Die Antwort lautet: „Der Weltanschauung nach nicht. Jede Rechtsneuerung und Reform wird aufgefaßt als Wiederherstellung gekränkten guten alten Rechts."[9] Kern hält sich nicht lange damit auf, einzelne Nachweise aus den Quellen vorzulegen. Er geht von der Evidenz seiner Erkenntnisse aus, nennt er seine Methode doch „geistesgeschichtlich oder weltanschauungsgeschichtlich". Diese suche „demgemäß die Geschichtsquellen nicht wie einen Steinbruch zu benutzen, sondern wie eine geologische Formation zu studieren"[10]. Einem derart bildhaften Denken genügte es offenbar, daß für seine Richtigkeit einige berühmte Texte sprechen, die dem sachkundigen Leser geläufig waren. Es konnte doch kein Zufall sein, daß gerade im bekanntesten Rechtsbuch des Mittelalters, im Sachsenspiegel, die Vorrede in ergreifender Bescheidenheit formuliert:

> „Dit recht hebbe ek selve nicht irdacht,
> it hebbet van aldere an unsik gebracht
> Unse guden vorevaren."[11]

Kern veröffentlichte seine Arbeit im Jahre 1919, also unmittelbar nach dem Ende des Ersten Weltkrieges. Es ist dasselbe Jahr, in dem Otto v. Gierke einen Vortrag über den „Germanischen Staatsgedanken" publizierte, in welchem er zur „Überwindung der furchtbaren Katastrophe … die verjüngte Erneuerung des deutschen Wesens" durch Bewahrung des „germanischen Erbteils" und eben auch des „germanischen Staatsgedankens" forderte[12]. Wenige Jahre nach dem Ende des Zweiten Weltkrieges, im Jahre 1952, druckte die Wissenschaftliche Buchgesellschaft in einem der ersten Bändchen ihrer Reihe „Libelli" die Abhandlung Kerns mit der folgenden, von Ernst Anrich formulierten Begründung erneut ab:

7 *Kern,* (wie Anm. 4) 12.
8 *Kern,* (wie Anm. 4) 14.
9 *Kern,* (wie Anm. 4) 15.
10 *Kern,* (wie Anm. 4) 7.
11 Sachsenspiegel, Landrecht, Vorrede, hrsg. von *Karl August Eckhardt* (Göttingen 1955) 41.
12 *Otto von Gierke*, Der germanische Staatsgedanke (Berlin 1919).

> „Selten ist in solcher Kürze das innere tragende Wesen des mittelalterlichen Rechts- und Verfassungslebens geschildert worden … In den zwanziger Jahren hat er uns als Studenten in seinen Bann geschlagen … Heute ist der Einblick in das Wesen des deutschen mittelalterlichen Staatsgefüges, in die Auffassung von Recht und Staat, in das innere Leben der deutschen Verfassung nicht minder von Wichtigkeit …“[13]

Nehmen wir hinzu, daß ja auch Ludwig Uhland am Maßstab des alten, guten Rechts in einer epochalen historischen Umbruchsituation[14] festhalten wollte, dann drängt sich der Verdacht auf, es könnte unser Thema nach kriegerischen und politischen Katastrophen eine ganz besondere Anziehungskraft ausüben. Doch unterdrücken wir vorerst das etwas gespenstische Gefühl, es könnte hier ein Phantom herumgeistern, um einen kurzen Blick auf den Stand der wissenschaftlichen Diskussion zu werfen. In der rechtsgeschichtlichen Forschung der konsolidierten Bundesrepublik – als der „Einblick in das Wesen des deutschen mittelalterlichen Staatsgefüges“ nicht mehr so dringlich erschien – stießen Kerns Thesen alsbald auf vehemente Ablehnung. Gerhard Köbler kam nach umfassenden, wortgeschichtlichen Untersuchungen für den Zeitraum vom 8. bis zum 11. Jahrhundert zu dem Ergebnis, daß sich dort „kein einziger Beleg für den Ausdruck ‚gutes, altes Recht‘“ finde. Wo die einschlägigen lateinischen Begriffe für Gewohnheit gebraucht würden, werde „der Sachinhalt des spätantiken Begriffsguts … fortgeführt“[15]. Auch Köblers Lehrer Karl Kroeschell ist von der antik-christlichen Prägung der consuetudo überzeugt. Als objektives Recht, das vom alten Volksrecht unterschieden werden müsse, seien Rechtsgewohnheiten erst durch rechtsgeschäftliche Verwillkürungen, durch Satzungen also, seit dem 12. Jahrhundert entstanden[16]. Den jüngsten Angriff auf Kerns Lehre hat erst vor wenigen Jahren Joachim Rückert vorgetragen: Die germanistische Forschung überhaupt sei stark von „Werthaltungen“ geprägt. Diese Rechtswerte, z.B. deutsches Recht und deutsche Staatlichkeit, aber auch deutsche Freiheit oder deutsche Genossenschaft, „fungieren als Urbilder oder we-

[13] In: *Kern,* (wie Anm. 4) 5 (Vorwort).

[14] *Erwin Hölzle*, Das Alte Recht und die Revolution. Eine politische Geschichte Württembergs in der Revolutionszeit 1789–1805 (München, Berlin 1931) 48 ff., 74 ff. u. passim; *Joachim Gerner*, Vorgeschichte und Entstehung der württembergischen Verfassung im Spiegel der Quellen (1815–1819) (Stuttgart 1989) 67 ff.; *Volker Press*, Der württembergische Landtag im Zeitalter des Umbruchs 1770–1830, in: ZwürttLG 42 (1983) 255 ff., 272 ff.

[15] *Gerhard Köbler*, Das Recht im frühen Mittelalter (Köln, Wien 1971) 223, 217; *ders.*, Zur Frührezeption der consuetudo in Deutschland, in: HJ 89 (1969) 337 ff.

[16] *Karl Kroeschell*, Recht und Rechtsbegriff im 12. Jahrhundert, in: Probleme des 12. Jahrhunderts (Vorträge und Forschungen 12, Konstanz, Stuttgart 1968) 309 ff., 323 ff., 331 f.

nigstens als Vorbilder". „Mehr oder weniger (umkreisen)" die meisten Vertreter der Deutschen Rechtsgeschichte auch in der Gegenwart „die vieldiskutierte Vorstellung vom mittelalterlichen Recht als altem und gutem Recht und Grundtyp von Recht überhaupt", während doch so „allenfalls bestimmte Teillinien" mittelalterlichen Rechtsdenkens erfaßt würden[17].

Wer mag sich schon in das Getümmel einer solchen Diskussion stürzen? Die Kritik an Kerns These trifft sicher Richtiges, hat aber zugleich Metakritiken herausgefordert, die ihrerseits wieder nachdenklich machen. So glaube ich nicht, daß es möglich ist, Kerns These als Mentalitätsgeschichte oder „verstehenden Ansatz" jenseits von Realiengeschichte und Theoriegeschichte zu retten, wie dies Gerhard Dilcher versucht hat[18]. Soweit uns Kern zumutet, das Besondere aus dem Allgemeinen herzuleiten, wie er das tatsächlich versucht hat, muß er methodisch Schiffbruch erleiden. Auch der – in kritischer Distanz zu Kern entwickelte – Einwand von Trusen, Köbler unterscheide nicht „Rechtsidee" und „Rechtspraxis", vermag insofern nicht zu überzeugen, als Kern die „Rechtsidee" nicht aus den Quellen herleitet[19]. Dennoch möchte ich mich den Kritikern der Kritiker Köbler und Kroeschell, wenn auch aus einem anderen Grunde, anschließen: Der Nachweis antiker Rechtsvorstellungen in mittelalterlichen Quellen allein widerlegt nicht die Möglichkeit ähnlicher Vorstellungen im einheimischen Rechtsdenken, ohne welche die Rezeption der antiken Formeln vielleicht gar nicht erfolgt wäre[20]. In diesem Sinne möchte ich auch die nach wie vor wichtigen Untersuchungen von Hermann Krause verstehen[21]. Die skeptische Demon-

[17] *Joachim Rückert*, Die Rechtswerte der germanistischen Rechtsgeschichte im Wandel der Forschung, in: ZRG (GA) 111 (1994) 272 ff., 296.

[18] *Gerhard Dilcher*, Mittelalterliche Rechtsgewohnheit als methodisch-theoretisches Problem, in: *ders., Heiner Lück, Reiner Schulze, Elmar Wadle, Jürgen Weitzel, Udo Wolter* (Hrsg.), Gewohnheitsrecht und Rechtsgewohnheiten im Mittelalter (Berlin 1992) 21 ff., 35 f.

[19] *Winfried Trusen*, Gutes altes Recht und consuetudo, in: *H. Hablitzel, M. Wollenschläger* (Hrsg.), Recht und Staat, Festschrift Günther Küchenhoff (Berlin 1972) 189 ff., 192 ff.

[20] Auf die schwierigen, eindeutig vielleicht gar nicht zu beantwortenden methodischen Fragen, welche *Köblers* (wie Anm. 15) und *Kroeschells* (wie Anm. 16) Beobachtungen zum Vorkommen des Begriffs „consuetudo" aufwerfen, kann hier nur hingewiesen werden. Daß mit dem zunehmenden Gebrauch dieses Wortes seit dem 12. Jahrhundert auch mit ihm verbundene antike Vorstellungen rezipiert werden, wie *Köbler*, Frührezeption (wie Anm. 15) 362 ff. und *Kroeschell,* (wie Anm. 16) 323 ff. betonen, ist ebenso wahrscheinlich wie andererseits die Bedeutung von Rechtsgewohnheiten als Handlungsmaximen in einer oralen Gesellschaft. Vgl. dazu den folgenden Text. Vgl. a. *Alexander Ignor*, Über das allgemeine Rechtsdenken Eikes von Repgow (Paderborn 1984) 112 ff.

[21] *Hermann Krause*, Königtum und Rechtsordnung in der Zeit der sächsischen und sali-

tage einer naiv geglaubten germanistischen Rechtswelt, wie sie Kroeschell überzeugend betrieben hat, bringt nicht ohne weiteres ein alternatives Bild der mittelalterlichen Rechtsgeschichte hervor. Noch weniger vermag das eine hermeneutisch geleitete Kritik, wie sie Rückert bevorzugt. Auf diesem Wege kann man Fritz Kern in der Tat völlig entzaubern. Aber wie sich nun gelehrtes und ungelehrtes Rechtsleben, Gewohnheit und Gesetz usw. im Mittelalter zueinander verhalten, das ist eine Aufgabe, welche die Forschung erst noch zu lösen hat.

Jürgen Weitzel hat vor kurzem eine ebenso einfache wie präzise Unterscheidung vorgeschlagen, die endlich aus dem Kreisverkehr der Kritiken und Metakritiken herausführen könnte. Wir müssen unterscheiden zwischen den Quellenzeugnissen aus der gelehrten Welt mit ihren antiken Bildungselementen und einem besonders im Spätmittelalter fortgeschrittenen juristischen Denken einerseits und einem ethnologischen Verständnis von Rechtsgewohnheiten andererseits, wie sie für Gesellschaften, die im Medium der Mündlichkeit miteinander verkehren, nun einmal charakteristisch sind[22]. Völlig unbeeindruckt von den innerdeutschen Streitigkeiten um das alte, gute Recht geht in aller Welt die Rechtsanthropologie davon aus – ich zitiere Hanna Vollrath –, „daß vor der Rechtssetzung, dem Gesetzgeben, das Gewohnheitsrecht die Grundlage der Rechtsbeziehungen in allen menschlichen Gesellschaften ist“[23]. Auch Gerd Althoff setzt in seinen vielbeachteten Forschungen zu Ritual und Kommunikation im Mittelalter ganz selbstverständlich voraus, daß die ihn interessierenden Vorgänge auf Gewohnheiten und – gegebenenfalls – auch Rechtsgewohnheiten beruhen[24]. Und hat eigentlich nicht

schen Herrscher, in: ZRG (GA) 82 (1965) 1 ff., 52 ff. Die Kritik Kroeschells an dieser Arbeit betrifft eher einzelne Punkte, vgl. *ders.,* (wie Anm. 16) 323 FN 144, 324 FN 147 u. 148, wenn man einmal davon absieht, daß Krause im Prinzip an der Formel „gutes altes Recht“ festgehalten hat, *Kroeschell,* ebda. 324 FN 146. Da Krause selbst aber mit seinen eindringlichen Quellenstudien entscheidend zur Relativierung dieser Formel beigetragen hat (vgl. u. Anm. 67), sehe ich in ihm schon einen – venia sit verbo – „Post-Kernianer“. Vgl. auch *ders.*, Dauer und Vergänglichkeit im mittelalterlichen Recht, in: ZRG (GA) 75 (1958) 206 ff.

22 *Jürgen Weitzel*, Der Grund des Rechts in Gewohnheit und Herkommen, in: Die Begründung des Rechts als historisches Problem, hrsg. von *Dietmar Willoweit* unter Mitarbeit von *Elisabeth Müller-Luckner* (Schriften des Historischen Kollegs, Kolloquien, München [i.E., etwa 1998]).

23 *Hanna Vollrath*, Das Mittelalter in der Typik oraler Gesellschaften, in: HZ 233 (1981) 571 ff., 582 f. – Vgl. auch *Jörg Riegel*, Ethnologie und Rechtsgeschichte, in: *Karl Kroeschell, Albrecht Cordes* (Hrsg.), Funktion und Form. Quellen- und Methodenprobleme der mittelalterlichen Rechtsgeschichte (Berlin 1996) 229 ff.

24 *Gerd Althoff*, Ungeschriebene Gesetze, in: *ders.*, Spielregeln der Politik im Mittelalter (Darmstadt 1997) 282 ff., 287 ff.

schon Max Weber Ähnliches gesagt? Daß nämlich die Herrschaft „traditionalen Charakters auf dem Alltagsglauben an die Heiligkeit von jeher geltender Traditionen und die Legitimität der durch sie zur Autorität Berufenen ruht“[25]. Neuerdings wird darauf hingewiesen, daß eben so Kultur entsteht. Es ist nur ein kleiner Schritt, in den traditionalen Elementen einer Gesellschaft jene Aspekte auszumachen, die Jan Assmann „kulturelles Gedächtnis“ nennt[26]. Die Beständigkeit der kulturstiftenden Institutionen aber ist ohne generationenübergreifende Rechtsbeziehungen nicht denkbar. „Memoria“, so sagt Otto Gerhard Oexle, „integriert alle Lebensbereiche“[27].

Angesichts der Tatsache, daß die Geschichtswissenschaft im Begriff ist, sich dem ethnologischen Vergleich zu öffnen, um anthropologische Erkenntnisse zu gewinnen, schrumpft der Streit um Fritz Kerns Lehre vom alten, guten Recht zu einem akademischen Hauskrach, den wir möglichst schnell beilegen sollten. Fritz Kern hat aus gegebenem Anlaß – 1919 – mit hier untauglichen – ideengeschichtlichen – Mitteln und fragwürdigen Überzeugungen – das Recht ist immer alt und gut – etwas versucht, was trotz all dieser Bedenken nicht völlig falsch sein kann, weil in schriftlosen Gesellschaften Rechtsregeln nur als Gewohnheiten weitergegeben werden können. Die Alternative zu dieser Prämisse wäre, die Existenz von Recht in oralen Gesellschaften überhaupt zu leugnen. Das wird demjenigen nicht schwerfallen, der einem modernen Rechtsbegriff mit undifferenziertem Geltungsanspruch verhaftet bleibt. Damit würde aber zugleich jeder Versuch, die Rechtsgeschichte der ferneren Vergangenheit zu verstehen, aufgegeben. Dazu besteht kein Anlaß[28].

II.

Wenden wir uns daher endlich den Quellen selbst und einigen historischen Sachverhalten zu. Im Rahmen eines Vortrages kann das nur in exemplarischer Weise geschehen. Wer diese Quellen kennt, weiß, daß sich

[25] *Max Weber*, Wirtschaft und Gesellschaft, hrsg. von *Johannes Winckelmann* (Tübingen [5]1972) 124, 130.

[26] *Jan Assmann*, Kulturelles Gedächtnis als normative Erinnerung. Das Prinzip „Kanon“ in der Erinnerungskultur Ägyptens und Israels, in: *Otto Gerhard Oexle* (Hrsg.), Memoria als Kultur (Göttingen 1995) 95 ff.

[27] *Otto Gerhard Oexle*, Memoria als Kultur, in: *ders.*, (wie Anm. 26) 9 ff., 37 ff., 39.

[28] Zum Rechtsbegriff in Anwendung auf die Rechtsgeschichte vgl. *Dietmar Willoweit*, Rechtsbegründung und Rechtsbegriff, in: Begründung (wie Anm. 22).

für jedes Beispiel „alten, guten Rechts“ Gegenbeispiele neuen, besseren Rechts finden lassen und umgekehrt, jedem Versuch, die Innovationskraft mittelalterlicher Rechtsbildung nachzuweisen, mit Beispielen für den unausrottbaren Traditionalismus mittelalterlichen Rechtsdenkens begegnet werden kann. Der Lösung dieses Problems ist mit Messen, Zählen und Wiegen, mit einem quantifizierenden Vergleich von Belegen beider Art nicht beizukommen. Es gilt, den Stier bei seinen beiden Hörnern zu packen, also beides ernst zu nehmen, und danach zu fragen, welches Konzept von Recht dieser merkwürdigen Welt zugrunde gelegen haben könnte. Ich trenne dabei, um Unterschiede besser zu verdeutlichen, etwas künstlich zwischen solchen Texten, welche die Bedeutung des „alten, guten Rechts“ bezeugen könnten, und solchen Quellen, Nachrichten und Beobachtungen, die das mittelalterliche Recht in lebhafter Bewegung und Erneuerung zeigen.

Wenn von der Bedeutung des Rechtsherkommens im Mittelalter die Rede sein soll, dann können die sogenannten Volksrechte nicht völlig übergangen werden, obwohl sie vielleicht weniger mit dem Volk als mit dem spätantiken germanischen Königtum zu tun haben[29] und neuerdings auch ihre Qualität als Recht überhaupt angezweifelt wird[30]. Ich greife als Beispiel den langobardischen Edictus Rothari aus dem Jahre 643 heraus. Der König läßt dem umfangreichen Text einen Epilog anfügen, in welchem es heißt, man habe mit größtem Eifer und höchster Sorgfalt die alten, bisher nicht aufgeschriebenen Sätze des Rechts der Väter erforscht und in Erinnerung gerufen („inquirentes et rememorantes“) und sie sodann mit dem Rat und der Zustimmung der ersten Richter und des Heeres vermehrt und verordnet[31]. Daß es sich bei der Erwähnung des Rechts der Väter nicht nur um leere Rhetorik oder Topik handelt, dürfen wir aus dem gleich anschließenden Vorbehalt folgern, dem Edikt noch nachträg-

[29] Vgl. zu diesen Fragen *Hermann Nehlsen*, Sklavenrecht zwischen Antike und Mittelalter (Göttingen 1972) 37 ff.; *Karl Kroeschell*, Deutsche Rechtsgeschichte, Bd. 1 (Opladen [10]1992) 30 ff.; ferner die ausführlichen Artikel verschiedener Autoren zu den einzelnen leges im HRG, Bd. II, Sp. 1879–1979.

[30] *Karl Kroeschell*, Recht, in: Lexikon des Mittelalters, Bd. VII (München 1995) Sp. 510 ff. Dazu jetzt *Weitzel*, (wie Anm. 22).

[31] *Franz Beyerle* (Hrsg.), Die Gesetze der Langobarden (Weimar 1947) 2 ff., 156 (n. 386): „Praesentem vero dispositionis nostrae edictum, quem deo propitio cum summo studio et summis vigiliis a celestem faborem praestitis inquirentes et rememorantes antiquas legis patrum nostrorum, quae scriptae non erant, condedimus, et quod pro commune omnium gentis nostrae utilitatibus expediunt, pari consilio parique consensum cum primatos iudices cunctosque felicissimum exercitum nostrum augentes constituimus ...“. – Nur geringfügig abweichend der Text bei Boretius, MGH Leges IV, ed. *Georg Heinrich Pertz* (Hannover 1868, Nachdr. 1984) 396.

lich anfügen zu wollen, was durch eingehendere Nachforschungen, etwa mit Hilfe alter Leute, über das alte Recht der Langobarden noch ermittelt werden könne[32]. Von Gewohnheiten und deren Rechtscharakter ist hier ausdrücklich nirgendwo die Rede. Der Sache nach aber kann es sich um nichts anderes gehandelt haben. Etwa hundert Jahre später schreibt der Redaktor der Lex Baiuvariorum in seinem Prolog aus den Etymologien des Isidor von Sevilla ab, was er dort über Gesetzgebung und Gesetzgebungsgeschichte findet. Etwa „lex est constitutio scripta", „mos est ... lex non scripta", „consuetudo autem est ius quodam moribus institutum quod pro lege suscipitur" und anderes mehr. Der gelehrte Text inspiriert ihn noch zu der Schlußfolgerung, nach der römischen Kaisergesetzgebung habe sich jeder Stamm „ex consuetudine" eine „lex" erwählt. Ausführungen über die Gesetzgebung von Frankenkönigen mit Hilfe rechtskundiger Männer schließen sich an[33]. Zweifellos ist der Inhalt der Lex Baiuvariorum selbst nicht deshalb als eine Sammlung von Rechtsgewohnheiten der Vorväter anzusehen, weil dies so wortreich im Prolog beteuert wird. Hier hat jemand, der einen einschlägigen antiken Text kannte und verstand, sich seinen eigenen Reim auf die jüngere Geschichte der Rechtsbildung gemacht. Aber dieser Rückgriff auf das Schrifttum der überlegenen römischen Hochkultur sagt ja nichts darüber aus, ob überkommene Rechtsgewohnheiten der Bayern für deren Leben eine Rolle gespielt haben oder nicht und ob sie Eingang in ihre schriftlich fixierte lex gefunden haben. Das Beispiel der Langobarden jedenfalls zeigt, daß man auch ohne nähere Kenntnisse über die römische consuetudo nach den Rechtsgewohnheiten der vorangegangenen Generationen fragen konnte. – Einen ähnlichen Eindruck vermittelt auch die Lex Salica. Die dort im Prolog genannten sagenhaften Gewährsleute für das Recht der salischen Franken, Wisogast, Bodogast, Salegast und Widogast aus Orten mit ähnlich klingenden Namen, verdienen zwar wenig Vertrauen[34]. Aber der altertümliche Charakter des Gesetzes, auf den Hermann Nehlsen aufmerksam gemacht hat, erweckt eher den Eindruck, daß hier ziemlich gedankenlos traditionelles Rechtswissen wiederholt

[32] *Beyerle,* (wie Anm. 31) ebda.: „... pertractantes et sub hoc tamen capitulo reservantes, ut, quod adhuc annuentem divinam clementiam per subtilem inquisitionem de antiquas legis langobardorum – tam per nosmetipsos quam per antiquos homines – memorare potuerimus, in hoc edictum subiungere debeamus ...".

[33] MGH Legum Sectio I, Tomi V, Pars II: Lex Baiuvariorum, ed. *Ernst Frhr. v. Schwind* (Hannover 1888) 197ff., 200ff.

[34] Vgl. etwa *Karl August Eckhardt* (Hrsg.), Lex Salica. 100 Titel-Text (Weimar 1953) Prolog § 2, S. 84.

als aktuellen Bedürfnissen Rechnung getragen wurde[35]. Wenn das richtig ist, dann scheint mir die Frage, ob man diese Rechtsübung schon als gewohnheitsrechtliche Praxis zu reflektieren wußte, von nachrangiger Bedeutung. Es liegt im Gegenteil die Vermutung nahe, daß eine Rechtskultur dieser Art so selbstverständlich gewesen sein könnte, daß sie nur gelegentlich ihr Selbstverständnis artikulierte[36].

Ich mache einen großen Sprung von den frühmittelalterlichen leges zu den spätmittelalterlichen Weistümern, die stets als Paradefälle für die Vorherrschaft des Rechtsherkommens im Mittelalter präsentiert wurden. Als Jacob Grimm sie sammeln ließ, glaubte er, wie viele nach ihm, Zeugnisse des Volksgeistes selbst vor sich zu haben[37]. Diese allzu einfache Projektion einer Theorie in die Texte einer fernen Vergangenheit hat längst großer Ernüchterung Platz gemacht. Aus guten Gründen ist auf die Beteiligung der Herrschaft an der Entstehung dieser Quellen und auf deren politische Funktion im Rahmen der territorialen Staatsbildung hingewiesen worden. Die den Weistumstexten zugrundeliegende Befragung der Schöffen über die Rechtsverhältnisse ihres Ortes erscheint aus dieser Perspektive geradezu als Ritual, das durch das Bekenntnis der Schöffen deren Bindung an die Herrschaft nur unterstreicht[38]. Diese Beurteilung der mit dem Entstehen von Weistümern verbundenen Vorgänge setzt freilich auch voraus, daß Recht im ländlichen Raum im Prinzip als

[35] *Hermann Nehlsen*, Zur Aktualität und Effektivität germanischer Rechtsaufzeichnungen, in: *Peter Classen* (Hrsg.), Recht und Schrift im Mittelalter (Vorträge und Forschungen, Bd. 23, Sigmaringen 1977), 449 ff., 469 f.

[36] Vgl. *Gerhard Dilcher*, Gesetzgebung als Rechtserneuerung. Eine Studie zum Selbstverständnis der mittelalterlichen Leges, in: Rechtsgeschichte als Kulturgeschichte. Festschrift für Adalbert Erler z. 70. Geb. (Aalen 1976) 13 ff.; *Clausdieter Schott*, Pactus, Lex und Recht, in: *Wolfgang Hübner* (Hrsg.), Die Alemannen in der Frühzeit (Bühl/Baden 1974) 135 ff., 161 ff.

[37] Vgl. etwa den „Vorbericht" von *Jacob Grimm*, Weisthümer (Neudr. Darmstadt 1957) Bd. 4 (1863) V: „Als es gelang die heimische sprache in ihre ehre einzusetzen, als verschollene kunde des heidenthums aus lied und sage neu erwacht war, schienen alle bisher geltenden vorstellungen von der rechtsgewohnheit unserer vorfahren fortan dürftig oder unhaltbar. denn wie die sprache, eine lautere kraft des menschlichen denkvermögens gewaltig entsprungen, in poesie und rede endlose wurzel geschlagen hat, wie der glaube aus inniger naturanschauung erzeugt in die geschichte der völker verwebt und fortgetragen wurde, müssen auch übung und brauch die vielgestaltete sitte des lebens zu förmlichem recht erhöht und geweiht haben. diese dreiheit der sprache, des glaubens und des rechts leiten sich aus einem und demselben grunde her ...".

[38] Zusammenfassend dazu mit weiterführenden Nachweisen *Dieter Werkmüller*, Weistümer, in: HRG, Bd. V, Lfg. 37 (1994) Sp. 1239 ff. und exemplarisch auf der Grundlage einer modernen Edition *Karl-Heinz Spieß*, Die Weistümer und Gemeindeordnungen des Amtes Cochem im Spiegel der Forschung, in: Ländliche Rechtsquellen aus dem kurtrierischen Amt Cochem, bearbeitet von *Christel Krämer, Karl-Heinz Spieß* (Stuttgart 1986) 1 ff.

Rechtsherkommen begriffen wurde, weil anders die Befragung der Rechtskundigen vor Ort das erwähnte politische Ziel ja nicht gefördert hätte. Und in der Tat hat die Forschung, ganz vertieft in die ideologiekritische Demaskierung der traditionellen Lehre, fast vergessen, daß es Zeugnisse für den Mechanismus der Schöffenbefragung aus dem ganzen Mittelalter, auch schon aus dem 11. Jahrhundert gibt, als der Kontakt mit dem römischen Recht noch äußerst gering war und auch noch niemand von der Entstehung deutscher Territorialherrschaften wußte. Im Jahre 1027 zum Beispiel entscheidet der König einen Streit um den Rechtsstatus einer Abtei in der Weise, daß er den zuständigen Grafen beauftragt, die örtlichen Gerichtspersonen zu befragen[39]. Im Jahre 1095 findet eine ähnliche Verhandlung in Echternach vor dem Pfalzgrafen als Vertreter des Königs statt, um aufzuklären, welche Rechte der Vogt und der König seit alters her – ex antiquitate – haben. Mit den feierlichen Formeln einer Eidesleistung werden die Schöffen in dieser Urkunde in den Mittelpunkt des Geschehens gerückt: Weder durch Liebe noch durch Furcht sollen sie sich in ihrem Urteil beeinflussen lassen und nichts als die nackte und reine Wahrheit verkünden[40]. Die unangenehme Situation, in der sich solche Schöffen zwischen zwei streitenden Herrschaftsträgern befanden – und es gibt weitere Beispiele dieser Art[41] –, können wir leicht nachempfinden. Auch die Merkwürdigkeit, daß sich ständisch höherstehende Personen der Entscheidung eines örtlichen Schöffenkollegiums unterwarfen, fällt auf. Erklären läßt sich dieses seltsame Procedere nur damit, daß die Schöffen von allen Seiten als die zuverlässigsten Gewährsleute des örtlichen Rechtsherkommens angesehen wurden. In welchem Maße die Zeitgenossen in der Lage waren, ihre ungeschriebenen Rechtsgewohnheiten auch abstrakt als eine Komponente ihres sozialen Lebens „materiellrechtlich" zu begreifen, wissen wir nicht. Immerhin ist an die zahlreichen Grundstücksübereignungen, aber auch andere Geschäfte zu erinnern, die wegen ihrer besonderen Formen schon unter den sächsischen und salischen Kaisern „secundum legem Saxonicam" oder „more

[39] MGH Const. I, n. 439, 645.

[40] Abgedruckt bei *Grimm,* (wie Anm. 37) Bd. 2 (1840) 269: „Jurare fecit honestiores servitores nostros et scabinos, ut neque pro amore neque timore ullius dimitterent, quin secundum nudam et puram veritatem, quid advocatus, quid juris fiscus noster ex antiquitate juste retinuisset, liquido edicerent et secernerent. Igitur jure jurando obstricti affimaverunt ..."

[41] Vgl. etwa den Konflikt zwischen der Kurpfalz und den Schenken von Erbach um Beerfelden bei *Grimm,* (wie Anm. 37) Bd. 1 (1840) 446 ff., 448; vgl. auch *Dietmar Willoweit,* Gebot und Verbot im Spätmittelalter, in: Hess. Jahrbuch f. Landesgesch. 30 (1980) 94 ff., 123 f.

Francorum"[42], im 13. Jahrhundert auch „secundum consuetudinem Franconiae" vorgenommen wurden[43]. Jedenfalls hinsichtlich einzelner Rechtsgewohnheiten muß es also ein Bewußtsein von ihrer Verankerung in der lokalen Tradition, eben im Rechtsherkommen, gegeben haben.

Eine letzte Überlegung in diesem ersten Abschnitt sei der Gesetzgebung gewidmet. Sie begreift der Mensch des 20. Jahrhunderts als Instrument zur Veränderung der Rechtsordnung. Mit diesem Vorverständnis ist es uns vermutlich fast unmöglich, mittelalterliche Gesetzgebung zu verstehen – ein Punkt, auf den noch ausführlicher zurückzukommen sein wird. Für unseren bisherigen Zusammenhang ist nur anzumerken, daß Gesetze noch bis in die Neuzeit hinein vielfach nichts anderes zum Ziel haben, als schriftlich zu fixieren, was schon bis dahin des Landes Recht und Brauch gewesen ist. Gründlich untersucht und belegt ist dieser Sachverhalt – um nur zwei bedeutendere Beispiele hervorzuheben – für das Landrecht Kaiser Ludwigs des Bayern von 1346[44] und für das württembergische Landrecht von 1555[45]. Die Räte des Herrschers zogen vor der Redaktion des Gesetzes zunächst Erkundigungen bei den Gerichten über die von ihnen beobachteten Regeln ein. Was man sich etwa dabei dachte, haben die Redaktoren der Wormser Reformation von 1498 in ihrem Prolog so ausgedrückt:

> „… darumb ist not, nütz und gut gewesen und noch zu hilf der gedechtnus, gesetze und ordenung zu machen, auch die unser voraltern, mit hohem flyß uffgericht, in schriften zuvervassen. Dan wie hetten keyserlich oder küniglich gesetz an uns mögen langen, so die nit durch schriftlich verzeichnus geworzelt, bevestigt und also für und für uff die nachkomenden erwachsen weren? Wiewol die stifter derselben gesetz verfallen, so sind doch geschriften und urteil der alten blyben, und blyben unzurstörlich in ewige gedechtnus …". Nur weil diese Gesetze „uß unglichem verstant in irtumb oder mißbruch gefallen", darum muß wieder gute Ordnung aufgerichtet werden[46].

Ich weiß nicht, ob es mir gelungen ist, Sie mit diesen wenigen Beispielen davon zu überzeugen, daß dem „alten", also dem von den vorangegange-

[42] *Köbler,* (wie Anm. 15) 76ff., 102, 107ff., 115.

[43] *Krause,* (wie Anm. 21) 5ff.; *Dietmar Willoweit*, Zum Einfluß gelehrten Rechtsdenkens in Urkunden des 13. Jahrhunderts, in: *Peter Landau* (Hrsg.), De iure canonico medii aevi. Festschrift für Rudolf Weigand (Studia Gratiana XXVII, Rom 1996) 573ff., 592f.

[44] *Heinz Lieberich*, Kaiser Ludwig der Baier als Gesetzgeber, in: ZRG (GA) 76 (1959) 173ff., 232ff., 237, 240f.

[45] *Hans-Wolf Thümmel*, Württembergisches Landrecht, in: HRG, Bd. V, Lfg. 39 (1996) Sp. 1573ff. m.w.Nachw.

[46] *Wolfgang Kunkel, Hans Thieme* (Hrsg.), Quellen zur Neueren Privatrechtsgeschichte Deutschlands, Bd. I/1–2 (Weimar 1936–1938) Bd. I/1, 97.

nen Generationen tradierten, Recht im Mittelalter nicht jegliche Bedeutung abgesprochen werden kann. Und ich habe auch keine Probleme damit, mir vorzustellen, daß die damaligen Zeitgenossen, indem sie an diesem tradierten Recht festhielen, es auch als „gut" betrachteten, sonst wären sie doch wohl auf den Gedanken gekommen, es zu ändern. Schließlich gibt es genügend Belege dafür, daß Gewohnheiten, vor allem wegen ihrer Unverträglichkeit mit den Forderungen des Christentums, als schlecht bezeichnet wurden[47]. Als Zwischenergebnis ist also festzuhalten, daß sich im Mittelalter Sachverhalte beobachten lassen, die dem Leitgedanken des alten guten Rechts etwa entsprechen. Doch es ist sogleich hinzuzufügen: Dies ist nur die halbe Wahrheit.

Zu jedem der drei angeschnittenen Quellenkomplexe – zu den spätantiken leges, zu den Weistümern, zur spätmittelalterlichen Gesetzgebung – lassen sich Gegenbeispiele aufführen oder sehr destruktive Überlegungen zur These Kerns anstellen. Unter den spätantiken Germanenkönigen waren es die Westgoten, die ihrer Gesetzgebung im 7. Jahrhundert ausschließliche Geltung verleihen und damit auch allem nicht schriftlich fixierten Rechtsherkommen den Garaus machen wollten. König Reccesvinth verbietet, irgendeine Angelegenheit vor Gericht zu verhandeln, die nicht im Gesetz geregelt ist[48]. Der naheliegende Einwand, im westgotischen Spanien werde eben nur spätantike römische Gesetzgebung perfekt nachgeahmt, läßt sich entkräften, wenn wir einen Blick auf die angelsächsischen Könige werfen. Deren Gesetzgebungsfreudigkeit zwischen dem 7. und 11. Jahrhundert[49] läßt einen Rechtshistoriker aus dem regnum Teutonicum geradezu erröten. Vor allem dann, wenn man vom Ende des 9. Jahrhunderts den folgenden Text – hier in einer Übersetzung aus dem frühen 12. Jahrhundert – zur Kenntnis nimmt:

> „Ego tunc Ælfredus rex hæc collegi simul et scribi precepi, multa eorum que predecessores nostri tenuerunt et mihi placuerunt; et multa quæ mihi displicuerunt abieci consilio sapientum meorum et aliter obseruari precepi. Et nolui multa de meis in scriptura ponere, dubitans, quid posteris nostris placeret inde. Sed que repperi de diebus Inæ regis, cognati mei, vel OffæMircenorum regis vel Æıelbrihtes, qui primus in Anglorum gente baptizatus est, que michi iustiora visa sunt hic collegi, cæteraque dimisi."[50]

[47] *Köbler,* (wie Anm. 15) 132 f.; *Trusen,* (wie Anm. 19) 194ff.

[48] MGH Legum Sectio I, Tomus I, Leges Visigothorum, ed. *Karolus Zeumer* (Hannover, Leipzig 1902) Lib. II, Tit. XI, 60; *Nehlsen,* (wie Anm. 35) 485f.

[49] *Felix Liebermann* (Hrsg.), Die Gesetze der Angelsachsen, Bd. I-III (Halle 1903–1916); *Karl von Amira, Karl August Eckhardt,* Germanisches Recht, Bd. I (Berlin ^{4}1960) 73ff.

[50] *Liebermann,* (wie Anm. 49) Bd. I, 47. Der angelsächsische Urtext findet sich ebda. 46.

Offenbar springt hier jemand mit dem guten, alten Recht um, wie es ihm beliebt. Selbst wenn wir uns den ursprünglichen Text weniger pointiert vorstellen müßten, weil an ihm viel herumkorrigiert worden ist[51], bleibt doch der Eindruck einer gesetzgeberischen Freiheit bestehen, wie wir sie uns für die wenig später beginnende Zeit der Herrscher aus sächsischem Hause in Deutschland nicht denken können. Sicher waren die politischen Unterschiede zwischen den beiden Ländern erheblich. Aber die Kulturen und damit die Mentalitäten können nicht so weit voneinander entfernt gewesen sein, wie es der Blick auf die überlieferte Rechtsordnung nahezulegen scheint. Wenn diese Schlußfolgerung nicht ganz abwegig ist, hätte Kaiser Otto d. Große auch ein kraftvoller Gesetzgeber sein können – wenn die politischen Umstände andere gewesen wären.

Auch über die Weistümer kann man ins Grübeln kommen. Weniger deshalb, weil sie am Ende des Mittelalters Teil herrschaftlicher Aktivitäten und schließlich obrigkeitsstaatlicher Politik geworden sind[52]. Diese Instrumentalisierung ließe sich ja auch als ein Phänomen des Wandels und Übergangs in eine neue Epoche interpretieren. Was indessen Schwierigkeiten bereitet, wenn z. B. nur Weistümer des rhein- und mainfränkischen Raumes als Niederschlag des Rechtsherkommens verstanden werden sollen, ist ihre unübersehbare Vielfalt. Für diese geradezu ungeheuerliche Fülle von Varianten, die sich oft auf kleinstem geographischen Raum beobachten lassen und keineswegs nur grundherrliche Verhältnisse betreffen[53], gibt es nur eine Erklärung: Sie müssen in sehr vielen Fällen auf vertragliche Vereinbarungen von Gerichts- und Grundherren untereinander oder mit den Gemeinden zurückgehen. Dafür gibt es auch direkte Belege[54]. Sollte sich diese Annahme bestätigen, würde

[51] Vgl. dazu den kritischen Apparat zum angelsächsischen Textus Roffensis (= H) bei *Liebermann,* (wie Anm. 49) Bd. I, 46.

[52] Vgl. dazu die Hinweise in Anm. 38.

[53] Exemplarisch dazu *Dietmar Willoweit*, Vertragen, Klagen, Rügen. Reaktionen auf Konflikt und Verbrechen in ländlichen Rechtsquellen Frankens, in: *Dieter Rödel, Joachim Schneider* (Hrsg.), Strukturen der Gesellschaft im Mittelalter (Wiesbaden 1996) 196 ff.

[54] Vgl. z. B. den Vertrag zwischen dem Abt von Fulda und einem Grafen von Henneberg aus dem Jahre 1315 über die Handhabung der Zent Kaltensundheim, Hennebergisches Urkundenbuch, hrsg. von *Georg Brückner*, Teil 4 (Meinungen 1861) Nr. 9, 6 f.; die Verpflichtung des Burggrafen von Starkenburg gegenüber Angehörigen des Hauses Hohenlohe aus dem Jahre 1329 über die Wahrnehmung der Gerichtsbarkeit in der bei Krautheim gelegenen Zent Ballenberg, in: Hohenlohisches Urkundenbuch, Bd. 2, hrsg. von *Karl Weller* (Stuttgart 1901) Nr. 334, 283 f.; die Vereinbarung zwischen Gerichtsherr, Zentgraf und Schöffen über das Landgericht von Höchst im Odenwald, vgl. *Joseph Aschbach*, Geschichte der Grafen von Wertheim von den ältesten Zeiten bis zu ihrem Erlöschen im Mannesstamm im Jahre 1556. Zweiter Theil: Wertheimisches Urkundenbuch (Frankfurt am Main

das bedeuten, daß sich hinter der Berufung auf das Recht der Vorväter, auf das Rechtsherkommen also, nichts anderes verbirgt als der Wille der Beteiligten. Die Lehre vom „alten, guten Recht" wäre dann einer ganzen Gattung von Kronzeugen beraubt.

Auch die rechtsbewahrende Gesinnung der spätmittelalterlichen Gesetzgeber darf in Zweifel gezogen werden. Zu den kleinen Überraschungen bei der Vorbereitung dieses Referates gehört die Erkenntnis, daß die Rechtsreformationen des 15. und 16. Jahrhunderts, die ja schon in ihrem Namen und als Gesetzestypus zu erkennen geben, daß sie Erneuerung durch Rückkehr zum Alten wollen – daß diese Reformationen in ihren Vorreden, wo sie sich über ihre Absichten erklären, in viel größerem Maße Topoi der Rechtsänderung gebrauchen, als daß sie sich auf das Erbe der Väter berufen, wie eher ausnahmsweise die schon zitierte Wormser Reformation. So erklärt etwa der Rat der Stadt Nürnberg in seiner bekannten Reformation von 1479, es sei notwendig,

> „zeendern und zebessern, auch neue und mer andre gesetze in sachen und hendeln, so yezuzeiten fürfallen mügen oder werden zetun und fürzenemen wie das dann gemainer stat nutz und notturft yezuzeiten erfordern."[55]

Der Freiburger Rat drückt sich 1520 noch deutlicher aus, wenn er sagt,

> „das sich alle hendel, übung und bruch, steet und wesen mit hingang der zit und des alters verendern dergestalt, das menschlich art gar oft by alten satzungen nit bestan [möchte], wo sy nit uß erheischung der notturft mit nüwen versehen und ersetzt würden (dann nit allein die satzungen der stetten, sonder auch die keiserlichen geschribnen recht nit allweg in glichem inhalt gehalten werden mögen)."[56]

Der entschiedene Wille, neues Recht zu schaffen, findet sich dann selbstverständlich auch in den landesherrlichen Gesetzen, z.B. in der Konstitution des Kurfüsten Joachim von Brandenburg 1527. Er habe, so erklärt er,

> „alle Constitution, Ordenung, privilegia, Ubung und lang hergebrachte Gebrauch, sonderlich der Erbfelle, welcherley Gestalt die bisanhere yn unsern Landen und Kurfurstentumb gehalten, genzlich und gar uffgehoben und abgetan, wie dann sie alle und igliche sich sollicher yhrer alten Constitution, Ordenung, privilegia, Ubung und langen Gebrauchs, … abgetreten, cediret, abgesagt und sich genzlich verzyhen haben."[57]

1843) Nr. 140. – Es gibt weitere Texte dieser Art. Vergleichend und zusammenfassend untersucht wurden sie noch nicht.

[55] *Kunkel*, Thieme (wie Anm. 46) Bd. I/1, 3.

[56] *Kunkel*, Thieme (wie Anm. 46) Bd. I/1, 243.

[57] *Kunkel*, Thieme (wie Anm. 46) Bd. I/2, 71.

Sicher sind dies Zeugnisse aus verhältnismäßig später Zeit. Doch muß sich die mentale Bereitschaft, auch langhergebrachte Gebräuche aufzuheben, ja längst entwickelt haben, ehe sie in Gesetzestexten zutage tritt. Und die stärksten Argumente für die Erneuerungsfähigkeit des mittelalterlichen Rechts und das rechtsschöpferische Denken der im Mittelalter mit dem Recht befaßten Honoratioren sind noch gar nicht zur Sprache gekommen. Die Forschung hat seit längerem versucht, plausible Vorstellungen von der Funktionsweise rechtlicher Mechanismen in einer weitgehend schriftlosen Gesellschaft zu entwickeln. Allgemeine Anerkennung fand zunächst der Vorschlag Karl Kroeschells, für das Mittelalter den Begriff des „Gewohnheitsrechts" zu vermeiden und besser von „Rechtsgewohnheiten" zu sprechen, da der moderne Jurist mit dem Terminus „Gewohnheitsrecht" die Vorstellung eines geschlossenen Systems verbindet, wie es erst mit dem römischen Recht und seit den Kodifikationen des 18. Jahrhunderts denkbar geworden ist[58]. Da Recht im Mittelalter nur in einzelnen, nur teilweise miteinander verbundenen Phänomenen in Erscheinung tritt, insbesondere in Verträgen, Privilegien und Urteilen, drängt sich der Schluß auf, daß der pragmatischen Anpassung, der Abwägung aus Billigkeitsrücksichten, der Weiterentwicklung bekannter Rechtsfiguren eine größere Bedeutung zukommen muß, als es die Lehre vom „alten, guten Recht" wahrhaben will. Darüber hinaus ist es sehr fraglich, ob das Normverständnis in einer oralen Rechtskultur dem modernen Gedanken einer „Anwendung" von Recht entspricht[59]. Jürgen Weitzel hat gezeigt, daß schon im dinggenossenschaftlichen Verfahren Rahmenbedingungen gegeben waren, welche die Entstehung von Recht im Prozeß ermöglichten[60]. Recht wurde im Mittelalter also nicht nur „gefunden", wie die ältere Literatur gern betonte, sondern auch „erfunden", weil es für viele Vorkommnisse noch keine fertigen Rechtssätze gegeben haben kann. Aus dieser Perspektive aber erscheint Kerns Vorstellung, im Urteil komme immer wieder nur altes Recht zum Vorschein[61], ganz modern, so altertümlich sich dieser Gedanke auch gibt. Denn Kerns Verständnis des mittelalterlichen Richteramtes deckt sich

[58] Zusammenfassend dazu *Kroeschell,* (wie Anm. 30) und umfassend problematisierend die Beiträge in dem Band *Dilcher* u.a., (wie Anm. 18).

[59] *Reiner Schulze*, „Gewohnheitsrecht" und „Rechtsgewohnheiten" im Mittelalter – Einführung, in: *Dilcher* u.a., (wie Anm. 18) 9 ff., 14 ff.; *Gerhard Dilcher,* (wie Anm. 18) 38; *Kroeschell,* (wie Anm. 29) Bd. 2 (Opladen [8]1992) 122 ff.

[60] *Jürgen Weitzel*, Dinggenossenschaft und Recht. Untersuchungen zum Rechtsverständnis im fränkisch-deutschen Mittelalter, Teil-Bd. I-II (Köln, Wien 1985); *ders.*, Gewohnheitsrecht im fränkisch-deutschen Gerichtsverfahren, in: *Dilcher* u.a., (wie Anm. 18) 67 ff.

[61] Vgl. das Zitat zu Anm. 8.

verblüffend mit den justizpolitischen Auffassungen, wie sie um die Wende vom 19. zum 20. Jahrhundert gang und gäbe waren: daß nämlich der Richter die im System des Gesetzes vorgegebene Entscheidung nur zu erkennen – mittelalterlich gesprochen: zu finden – und zu verkünden habe[62].

Und noch immer haben wir kein Wort gesagt über das mittelalterliche Einungswesen, über die Normschöpfung in den Stadtkommunen durch Verwillkürung[63] und die von den Landfrieden[64] ausgehenden Neuerungen. Auch wenn man zunächst sehr genau zwischen dem überkommenen Recht und den beschworenen Willküren zu unterscheiden wußte[65], so kann doch kein Zweifel daran bestehen, daß der mittelalterlichen Gesellschaft mit der Möglichkeit, Einungen abzuschließen, eine auch von der Tradition anerkannte Rechtsfigur zur Verfügung stand, um den Beteiligten neue Normen, Gebote und Verbote, Erlaubnisse und Sanktionen, aufzuerlegen. Mit diesem Hinweis dürfen wir uns hier begnügen. Die Breite und Vielfalt insbesondere der auf diese Weise entstandenen innerstädtischen Gesetzgebung ist so groß und zugleich so bekannt, daß auf Beispiele verzichtet werden kann[66].

III.

Nachdem wir zu unserem Thema Beispiele und Gegenbeispiele haben Revue passieren lassen, stehen wir nun vor der Frage: Wie lassen sich traditionales Rechtsverständnis und rationale Rechtsgestaltung in ein

62 *Regina Ogorek*, Richterkönig oder Subsumtionsautomat? Zur Justiztheorie des 19. Jahrhunderts (Frankfurt, Main 1986) 126ff., 144ff. u. passim.

63 Grundlegend *Wilhelm Ebel*, Die Willkür. Eine Studie zu den Denkformen des älteren deutschen Rechts (Göttingen 1953); *ders.*, Geschichte der Gesetzgebung in Deutschland, um Nachträge erweiterter Neudr. der 2. Aufl. 1958, besorgt von *Friedrich Ebel* (Göttingen 1988) 21ff.; *Reiner Schulze*, Satzung (gesetzgebungsgeschichtlich), in: HRG, Bd. IV, Sp. 1305 m.w.Nachw.

64 Zu deren Rechtscharakter *Heinrich Mitteis, Heinz Lieberich*, Deutsche Rechtsgeschichte ([17]1985) § 31 II, 218f.; *Götz Landwehr*, Königtum und Landfrieden, in: Der Staat 7 (1968) 84ff.

65 *Ebel*, Willkür (wie Anm. 63) 75ff.; *Jürgen Weitzel*, Zum Rechtsbegriff der Magdeburger Schöffen, in: *Dietmar Willoweit, Winfried Schich* (Hrsg.), Studien zur Geschichte des sächsisch-magdeburgischen Rechts in Deutschland und Polen (Bern 1980) 62ff., 72ff.

66 *Wilhelm Ebel*, Der Bürgereid als Geltungsgrund und Gestaltungsprinzip des deutschen mittelalterlichen Stadtrechts (Weimar 1958); *Gerhard Dilcher*, Stadtrecht, in: HRG, Bd. IV, Sp. 1863ff., m.w.Nachw.

und derselben Rechtsordnung zusammendenken[67]? Für die Antwort gibt es einen längst bekannten Schlüssel, den die Forschung nur konsequenter nutzen sollte. Er findet sich in den zahllosen Belegen dafür, daß Rechtserneuerung durch Gesetzgebung auf Rat und Zustimmung der Alten, der Großen, des Volkes oder wer für dieses sprach, beruhte[68]. Formeln dieser Art finden sich sowohl im langobardischen Edictus Rothari[69] wie in den angelsächsischen Gesetzen[70], in den königlichen Konstitutionen des Mittelalters[71] wie in den erwähnten Rechtsreformationen[72], so daß es auffällt, wenn ein Herrscher in einem Gesetzestext allein befehlend auftritt. In diesen Fällen handelt es sich meist um Gesetze für das Krongut[73] oder um Normen, die sich aus der Privilegierungsmacht ergeben[74]. Ganz überwiegend geben sich die mittelalterlichen Ge-

[67] „Gebundenheit und Gestaltungsfreiheit" und „Rechtsbewahrung" einerseits, „Wille und Macht" andererseits nannte *Hermann Krause* diese Alternativen, vgl. *ders.*, Königtum (wie Anm. 21) 62, vgl. auch 29 u. passim; auch schon *Krause*, Dauer (wie Anm. 21) 207 und 211. Auch Rolf Sprandel ging etwa gleichzeitig davon aus, daß im Mittelalter neben dem „alten, guten Recht" mit der Gesetzgebung des Herrschers, dem Naturrecht und einem utilitaristischen Ordnungsdenken noch drei andere Typen von Recht präsent waren, die Möglichkeiten der Rechtsergänzung und Rechtsveränderung boten, vgl. *ders.*, Über das Problem neuen Rechts im früheren Mittelalter, in: ZRG (KA) 79 (1962) 117ff., 134.

[68] Vgl. dazu schon *Armin Wolf*, Die Gesetzgebung der entstehenden Territorialstaaten, in: *Helmut Coing* (Hrsg.), Handbuch der Quellen und Literatur der neueren europäischen Privatrechtsgeschichte, Bd. I: Mittelalter (1100–1500) (München 1973) 517ff., 543: „Die Form der Übereinkunft zwischen Herrscher und Optimaten (Ständen) erscheint im späten Mittelalter als Normalfall der Gesetzgebung" – zu ergänzen ist: Übereinkunft nicht nur mit „Ständen" und nicht nur im späten Mittelalter. Vgl. die folgenden Beispiele.

[69] Vgl. das Zitat in Anm. 31: Gesetzgebung mit Rat und Zustimmung der ersten Richter und des Heeres.

[70] Vgl. selbst im Zitat zu Anm. 50: gesetzgeberische Entscheidung mit Rat der sapientes, die im angelsächsischen „witena" heißen. Der lateinische Text fährt fort: „Ego Alfredus Westsaxonum rex omnibus sapientibus meis hec ostendi, et dixerunt omnes: Placet ea custodire". Vgl. ferner *Liebermann,* (wie Anm. 49) 12, 89 u. passim.

[71] Vgl. nur aus der Zeit der sächsischen und salischen Kaiser MGH Const. I, n. 8 S. 17, n. 13 S. 28, n. 32 S. 64, n. 35 S. 79, n. 52 u. 53 S. 100f.

[72] Neben den Rat der Großen ist nun der Rat der Juristen getreten. Vgl. die Vorreden der Nürnberger Reformation von 1479, des Freiburger Stadtrechts von 1520 und der Constitutio Joachimica von 1527, alle Texte bei *Kunkel,* Thieme, (wie Anm. 46) Bd. I/1, 3, 243 und Bd. I/2, 71.

[73] *Wolf,* (wie Anm. 68) 541.

[74] Zu den berühmten Ausnahmen gehören Gesetze Kaiser Friedrichs II., vgl. etwa den Mainzer Reichslandfrieden von 1235, MGH Const. II, n. 196 S. 241 und dazu *Arno Buschmann*, Landfriede und Verfassung, in: Aus Österreichs Rechtsleben in Geschichte und Gegenwart. Festschrift E. C. Hellbling (Berlin 1981) 449ff. Zu den Privilegien vgl. *Hermann Krause*, Privileg, mittelalterlich, in: HRG, Bd. III, Sp. 1999ff. m. w. Nachw.; *Ebel*, Geschichte (wie Anm. 63) 39ff.; *Bernhard Diestelkamp*, Einige Beobachtungen zur Geschichte des Gesetzes in vorkonstitutioneller Zeit, in: ZHF 10 (1983) 385ff., 396ff.

setze aber als Niederschlag eines zuvor gefundenen Konsenses. Nimmt man hinzu, daß auch für das dinggenossenschaftliche Urteil der Konsens der Gerichtsgenossen konstitutiv ist und das dynamische Einungswesen des Mittelalters ohnehin auf einer beschworenen Übereinkunft beruht, dann liegt die These nahe: letzter Grund des Rechts in dieser Gesellschaft ist der Gedanke vertraglicher Einigung gewesen, der sich verschiedenen sozialen Bedingungen und historischen Zusammenhängen flexibel anzupassen vermochte. Nicht nur die ausdrückliche Vereinbarung gehört dazu, sondern auch die verschiedenen Stufen verbaler und konkludenter Zustimmung bei der Formulierung neuer Normen[75], schließlich auch das stillschweigende Einvernehmen über die Akzeptanz der überlieferten Rechtsgewohnheiten. Wenn wir den Konsens als gemeinsamen Nenner der Rechtsbildung annehmen, dann lösen sich die beobachteten Widersprüche zwischen Rechtsherkommen und Rechtssetzung. Wenn auch Rechtsgewohnheiten letztlich auf einer in der Vergangenheit liegenden Vereinbarung der in ihrer Generationenfolge identisch bleibenden Gesellschaft zurückzuführen sind, dann lassen sie sich auch ändern. Etwas anderes gilt natürlich für religiös begründete Pflichten, für den Gehorsam gegenüber einem mythischen Gesetzgeber und die auf diese Weise entstandene Tradition. Innerhalb des von der Kirche verwalteten Rechtsraumes kann das Konsensprinzip daher nur in engen Grenzen gelten. Nicht zufällig hat sich hier ein System autokratischer Rechtsbildung entwickelt[76]. Vergleichbares gab es im weltlichen Recht nicht. Karl d. Große ist in die Rolle eines mythischen Gesetzgebers erst im

[75] Auch das Privileg – ein Desiderat der Mittelalterforschung wie wenige – dürfte sich in dieses Modell einfügen. Denn zum einen spricht vieles dafür, daß dem Privileg auch in älterer Zeit vielfach Vereinbarungen zugrunde lagen, wie dies für die Neuzeit gewiß ist und auch in der Jurisprudenz reflektiert wurde. Zum anderen beruht das Königtum selbst in besonderer Weise auf konsensualen Elementen, vgl. dazu die Beiträge bei *Barbara Dölemeyer* und *Heinz Mohnhaupt* (Hrsg.), Das Privileg im europäischen Vergleich, Bd. 1 (Ius Commune, Sonderhefte 83) 1997; vgl. ferner die Beiträge bei *Reinhard Schneider* (Hrsg.), Das spätmittelalterliche Königtum im europäischen Vergleich (Vorträge und Forschungen 32, Sigmaringen 1987) und *ders.*, Königtum in der Krise? – Eine Zusammenfassung, ebda., 279 ff.

[76] Gregor VII. markierte den Unterschied mit dem vielzitierten Satz: „Dominus non dixit. Ego sum consuetudo, sed dixit Ego sum veritas". Vgl. dazu etwa *Walter Ullmann*, Von Canossa nach Pavia. Zum Strukturwandel der Herrschaftsgrundlagen im salischen und staufischen Zeitalter, in: HJ 93 (1973) 265 ff., 273 f. – Zur Gesetzgebung im kanonischen Recht statt aller m. w. Nachw. *Gerd Tellenbach*, Gesetzgebung. A. Kirchliche Gesetzgebung, in: Lexikon des Mittelalters, Bd. IV (1989) Sp. 1392 ff.

späten Mittelalter hineingewachsen, nachdem das Kaisertum zunehmend als Ursprung und Garant des Rechts verstanden wurde[77].

Die einfache Wahrheit, daß die Rechtsordnung als ein Zusammenhang von Konsensbeziehungen jederzeit dem Willen der jeweils Beteiligten ausgeliefert ist und damit Veränderungen unterliegt, wird im Mittelalter durch die Orientierung am überlieferten Recht allerdings relativiert. Der Vorrat der für die Zeitgenossen denkbaren Gestaltungsmöglichkeiten ist traditional begrenzt, kann aber in verschiedenen Kombinationen eingesetzt werden, soweit die herrschaftlichen Verhältnisse dies erlauben. Wer zusammenhängende Quellenüberlieferungen studiert, etwa die angelsächsische Gesetzgebung, die Privilegien der deutschen Könige, deutsche Stadtrechte oder fränkische Weistümer, der ist mit einer Fülle von Varianten konfrontiert, die sich dennoch jeweils in eine verwandte Gedankenwelt einfügen lassen, ohne daß die Chance besteht, die Fülle des Überlieferten in „Rechtssystemen" restlos rational zu entschlüsseln. Das kann auch gar nicht möglich sein, wenn, wie wir annehmen, der Wille vieler Generationen und zahlloser Menschen an den verschiedenen Schichten des Rechts mitgewirkt hat. Die Annahme, die gesetzgeberischen Gestaltungsmöglichkeiten seien durch die bekannten Rechtsgewohnheiten und denkbaren Rechtsbesserungen beschränkt gewesen, läßt die Eigenart der mittelalterlichen Gesetzgebung im Unterschied zum modernen Gesetzgebungsverständnis präziser verstehen. Es gibt noch nicht die Vorstellung, durch Gesetz im Sinne einer freien Willensentschließung Unerhörtes und nie Gesehenes zu erschaffen. Sten Gagnér hat sich gründlich mit der Frage auseinandergesetzt, seit wann voluntaristische Elemente in das Gesetzgebungsdenken des Mittelalters eingedrungen sind[78]. Er hat sie in der ersten Hälfte des 14. Jahrhunderts im Streit zwischen Kaiser und Papst auf beiden Seiten dingfest gemacht[79]. Von Bonifaz VIII. und Marsilius von Padua war bis zur grenzenlosen Freiheit des modernen Gesetzgebers aber noch eine lange Wegstrecke zurückzulegen. Heinz Mohnhaupt ist der Überzeugung, daß Gesetzgebung noch bis zur Mitte des 17. Jahrhunderts eher auf vertraglichen Vereinbarungen zwischen dem Herrscher und den Ständen als auf einseitigen herrscherlichen Geboten beruhte[80]. Es ist daher zur Vermeidung fun-

[77] *Winfried Trusen*, Die Rechtsspiegel und das Kaiserrecht, in: ZRG (GA) 102 (1985) 12ff., 28ff.

[78] *Sten Gagnér*, Studien zur Ideengeschichte der Gesetzgebung (Uppsala 1960) 121 ff.

[79] *Gagnér,* (wie Anm. 78) 126 f., 132ff.

[80] *Heinz Mohnhaupt*, Potestas legislatoria und Gesetzesbegriff im Ancien Régime, in: Ius Commune 4 (1972) 188ff., 191.

damentaler Mißverständnisse erforderlich, den auf mittelalterliche Lebensverhältnisse angewendeten Gesetzesbegriff so zu modifizieren, daß die voluntaristische Komponente weitgehend ausgeklammert wird. Wir sollten zwei Fragen unterscheiden: die Frage nach der Schaffung formal neuer Normen feststellender Art, die eine schon vorgefundene Rechtslage modifizieren und weiterentwickeln in der Regel im Rahmen eines auf Konsens angelegten Verfahrens, und die darüber hinausgehende Frage nach dem Erlaß materiell neuartiger Normen aufgrund eines Willensaktes, der seiner Natur gemäß die Tendenz zeigt, auf den Konsens Dritter zu verzichten und diese Notwendigkeit schließlich auch beseitigt. Die erste Frage, ob also Gesetzgebung im Rahmen der vorhandenen Rechtsordnung überhaupt möglich war, ist ohne weiteres zu bejahen; die zweite Frage, ob im Wege der Gesetzgebung auch gleichsam eine „Revolution von oben" denkbar war, ist ebenso sicher zu verneinen. Sie stellt sich auch deshalb nicht, weil Gesetzgebung bis weit in die Neuzeit hinein tatsächlich ein „konservatives" Unternehmen geblieben ist[81]. Begreifen wir für das Mittelalter also Gesetzgebung weniger als Willensakt, denn als einen Feststellungsakt im Zusammenhang des tradierten Rechts, dann werden sich auch die großen Schwierigkeiten verringern, die unser Begriff der Rechtsgeltung mit sich bringt, wenn wir versuchen, ihn auf das Mittelalter anzuwenden[82]. Ist das Gesetz nicht Willensakt, sondern Feststellungsakt, dann beruht seine Wirkung auch weniger auf einem Geltungsbefehl als auf der den Normen des Gesetzes immanenten Autorität. Dieses Modell wird auch von der mittelalterlichen Staatstheo-

[81] Die „Neuzeit" im Sinne modernen Denkens hat spät begonnen. Die frommen Landesherren des konfessionellen Obrigkeitsstaates, dessen Ziele die Territorien des Reiches und die Mehrzahl der europäischen Staaten bis weit in die zweite Hälfte des 17. Jahrhunderts hinein bestimmen, wollten die Gesellschaft noch auf eine ein für allemal richtige Lebensweise verpflichten, vgl. *Heinz Schilling*, Die Konfessionalisierung im Reich, in: HZ 246 (1988) 1 ff.; *Dietmar Willoweit*, Katholischer Konfessionalismus als politisches und rechtliches Ordnungssystem, in: *Wolfgang Reinhard, Heinz Schilling* (Hrsg.), Die katholische Konfessionalisierung (Münster 1995) 228 ff.

[82] Immer wieder ist dieses Problem in der Forschung angesprochen worden, vgl. etwa *Kroeschell*, (wie Anm. 16) 314 und die Beiträge *von Raymund Kottje, Hubert Mordek, Rudolf Schieffer, Elmar Wadle* in: *Hubert Mordek* (Hrsg.), Überlieferung und Geltung normativer Texte des frühen und hohen Mittelalters (Sigmaringen 1986); *Clausdieter Schott*, Zur Geltung der Lex Alamannorum, in: Die historische Landschaft zwischen Lech und Vogesen (Forschungen und Fragen zur gesamtalemannischen Geschichte, hrsg. von *Pankraz Fried*, Augsburg 1988) 75 ff. Noch im 16. Jahrhundert bedeutet „Rechtsgeltung" nicht unbedingt das, was Juristen unserer Zeit darunter verstehen, vgl. z. B. *Bernhard Diestelkamp*, Das Verhältnis von Gesetz und Gewohnheitsrecht im 16. Jahrhundert – aufgezeigt am Beispiel der oberhessischen Erbgewohnheiten von 1572, in: Rechtshistorische Studien, Hans Thieme zum 70. Geb. zugeeignet von seinen Schülern (Köln, Wien 1977) 1 ff.

rie gestützt. Von ihr sind ja in der Regel eher zukunftweisende, der sozialen und politischen Wirklichkeit vorauseilende Tendenzen zu erwarten, wie dies auch die schon erwähnte Untersuchung von Gagnér zeigt. Noch bei Thomas von Aquin aber ist davon wenig zu spüren. Wenn er die lex als „rationis ordinatio ad bonum commune ... promulgata" definiert, dann ist ein solches durch die Vernunft und das gemeine Beste doppelt determinierte Gesetz weniger auf einen gebietenden Willen als auf einen feststellenden Erkenntnisakt darüber, was richtig ist, zurückzuführen[83].

Nur am Rande sei bemerkt, daß wir uns mit diesen Überlegungen immer weiter von jener Typologie entfernt haben, die Wilhelm Ebel vor über vierzig Jahren in seiner kleinen „Geschichte der Gesetzgebung in Deutschland" entwickelt hat[84]. Es ist heute einfach, diesen fast genial zu nennenden Wurf wegen seiner zeitbedingten Schwächen, die wiederum etwas mit der Lehre vom „alten, guten Recht" zu tun haben, zu kritisieren[85]. Wenigen rechtsgeschichtlichen Werken der letzten Jahrzehnte ist eine solche Wirkung beschieden gewesen wie Ebels Konzeption. Seine Unterscheidung von Rechtsherkommen, Satzung und Rechtsgebot enthält aber im Grunde genommen ein theoretisches Modell, das Hasso Hofmann unlängst nicht ohne Grund als eine Trias rechtsphilosophisch zu verstehender „Urformen der Begründung von Rechtsverbindlichkeit" interpretiert hat[86]. Auf die geschichtliche Wirklichkeit des Mittelalters angewendet, passen Ebels Typen viel weniger, als auf den ersten Blick einleuchtet, und zwar vor allem deshalb, weil er von einem so entschieden willensbetonten Begriff des Rechtsgebotes ausgeht[87], daß er sofort wieder „Mischformen" und sogar „Tarnformen" annehmen muß – siche-

[83] Thomas von Aquin, Summa theologica II/1 q. 90, 4, Die deutsche Thomas-Ausgabe (dt.-lat.), Bd. 13 (Heidelberg, Graz u.a. 1977) 15. Thomas thematisiert ausdrücklich den Gegensatz von voluntas und ratio unter Bezugnahme auf D. 1, 4, 1, ebda. II/1 q. 90, 1, 3. - *W. Krawietz*, Gesetz, in: Historisches Wörterbuch der Philosophie, hrsg. von *Joachim Ritter*, Bd. 3 (Basel, Stuttgart 1974) Sp. 480 ff., 483 f.

[84] *Ebel*, Geschichte (wie Anm. 63) 11 ff.

[85] Womit die Berechtigung der Kritik – insbesondere Nichtberücksichtigung des römischen und kanonischen Rechts durch Ebel, Versagen seines Instrumentariums gegenüber dem Privileg – nicht geleugnet werden soll, vgl. *Marie Theres Fögen*, Morsche Wurzeln und späte Früchte. Notizen zum Gesetzesbegriff der deutschen Rechtsgeschichte, in: Rechtshistorisches Journal 6 (1987) 349 ff.; *Rückert*, (wie Anm. 17) 281 f.

[86] *Hasso Hofmann*, Gebot, Vertrag, Sitte. Die Urformen der Begründung von Rechtsverbindlichkeit (Würzburger Vorträge zur Rechtsphilosophie, Rechtstheorie und Rechtssoziologie, Heft 17, Baden-Baden 1993).

[87] Vgl. etwa die sehr angreifbaren Formulierungen bei *Ebel*, Geschichte (wie Anm. 63) 26.

res Indiz dafür, daß die Kategorien nicht nahe genug an den Quellenbefund heranführen[88].

Erst jetzt nähern wir uns dem ersten Teil des Untertitels meiner Vortragsankündigung: „Erfahrungswissen". Wenn wir uns nach der kursorischen Besichtigung der unübersichtlichen Landschaft des mittelalterlichen Rechts fragen, von welchen Motivationen die Aufrechterhaltung oder Veränderung rechtlicher Beziehungen getragen wurde, dann bietet der Hinweis auf die Heiligkeit des überkommenen Rechts allein ersichtlich kein taugliches Erklärungsmodell. Daß sich die Menschen des Mittelalter einerseits nach dem Rechtsherkommen richteten und andererseits doch stets bereit waren, es durch neue Regeln zu ersetzen, ist am besten noch mit dem Stichwort „Erfahrungswissen" verständlich zu machen. Solange nichts dagegen sprach und auch keine machtpolitischen Eingriffe störten, folgte man den Rechtsgewohnheiten, die schon das Überleben der Vorfahren vielleicht seit Generationen gewährleistet hatten. In einer überwiegend noch statisch erlebten Gesellschaft mit geringem Entwicklungstempo entspricht es praktischer Vernunft, die in der Vergangenheit gemachten Erfahrungen nicht zu vergessen und zu nutzen[89]. Erfahrungswissen kann sowohl auf eigenen Wahrnehmungen wie auf jenen der Vorfahren beruhen. Lehrt die Gegenwart etwas Neues, spricht nichts dagegen, die Regeln zu verändern. Weil dafür aber im Prinzip ein Konsens im Rahmen der jeweiligen Verfassungsinstitutionen erforderlich ist, bleibt das Tempo rechtlichen Wandels gebremst. Es entsteht daher nicht zu Unrecht der Eindruck einer überwiegenden Vergangenheitsorientierung – mit diesem Begriff möchte ich die sprichwörtliche Formel vom guten, alten Recht vernünftig übersetzen. Die Bedeutung dieser Vergangenheitsorientierung liegt aber nicht nur in ihrer Quantität. Nicht deshalb, weil man wohl oder übel mit einer großen Masse tradierten Rechtsstoffes zurechtkommen muß, sind diese Rechtsgewohnheiten von praktischer Wichtigkeit, sondern weil ihnen eine besondere Autorität zukommt. Schon Joachim Rückert hat darauf hingewiesen, daß mit der Berufung auf das Rechtsherkommen gegenwärtige Rechtspositionen legitimiert werden sollen[90]. Diese Beobachtung trifft sicher zu, wie schon ein flüchtiger Blick auf die erörterten Beispiele zeigt. Dann aber stellt sich die Frage, wie eine besondere Legitimität des

[88] Vgl. schon *Elmar Wadle*, Frühe deutsche Landfrieden, in: *Mordek,* (wie Anm. 82) 71 ff., 78; *Fögen*, (wie Anm. 85) 353.

[89] Dazu *Jürgen Kuczynski*, Geschichte des Alltags des deutschen Volkes, Bd. I (Köln 1981) 214 und ebda. 220 zum Zusammenhang von Erfahrung und Tradition.

[90] *Rückert,* (wie Anm. 17) 291.

Rechtsherkommens mit unserer Annahme zu vereinbaren ist, Geltungsgrund allen Rechts sei letztlich eine Vereinbarung. Bindet auch der Konsens der Vorfahren? Wie sich gezeigt hat: Nein. Und eben deshalb benötigt man das Rechtsherkommen als Legitimation neuer Art[91].

Gegen diesen Vorschlag, mittelalterliches Rechtsdenken zu verstehen, könnte eingewendet werden, daß er mit einem sehr allgemein formulierten und daher abstrakten Konsensbegriff arbeitet, der letztlich zur Erklärung der historischen Vielfalt rechtlicher Gestaltungen kaum noch etwas beizutragen vermag[92]. Es ist richtig, daß die konkreten geschichtlichen Erscheinungen der Rechtsbildung – Privileg, Einung, Gesetz usw. – jeweils quellennaher Interpretation bedürfen, um ihre Nähe oder Distanz zum Konsensgedanken zu erkennen. Soweit ein solcher Bezug aber festzustellen ist – und das gilt selbst für die Privilegien –, sollte man kein Problem daraus machen, daß „Konsens" als logische Kategorie menschlichem Denken überhaupt vorgegeben ist und insofern notwendigerweise als „abstrakt" erscheint[93].

IV.

Mein Vortrag könnte an dieser Stelle zu Ende sein. Ich möchte Ihnen jedoch noch einen Gedanken zumuten, der mein eigentliches Motiv für die

[91] Dankbar gedenke ich an dieser Stelle der Diskussion des Vortragstextes an der Juristischen Fakultät der Humboldt-Universität Berlin am 28.5.1997 und besonders des Beitrages von Alexander Blankenagel.

[92] So *Friedrich Ebel,* (wie Anm. 91).

[93] Ein größeres Problem für die hier vorgestellte Konzeption sehe ich darin, daß sie keinen Zugang zum Verständnis des normsetzenden Gebotes zu eröffnen scheint. Denn daß das Gebot trotz der Gefahr, ihm aus moderner Gewöhnung für das mittelalterliche Denken zu große Bedeutung einzuräumen, eine „Urform der Begründung von Rechtsverbindlichkeit" darstellt, ist schwerlich zu leugnen, vgl. *Hofmann,* (wie Anm. 86) 11 ff., 16 f. u. passim; ferner schon *Rudolf Stammler*, Recht und Willkür (1895), in: *ders.*, Rechtsphilosophische Abhandlungen und Vorträge, Bd. I-II (Charlottenburg 1925) Bd. I, 85 ff., 105. Indessen ist zu bedenken, daß normsetzende Gebote regelmäßig akzeptierte Verfassungsverhältnisse und damit am Ende doch wieder Konsens voraussetzen, es sei denn, wir haben es mit den Befehlen eines Siegers oder anderen, auf Willkür beruhenden Äußerungen politischer Macht zu tun, welche die minimalen Erfordernisse des Rechtsbegriffs nicht erfüllen, vgl. dazu *Stammler* a.a.O. Gebote setzen im Mittelalter bestimmte rechtliche Rahmenbedingungen, insbesondere Gehorsamspflichten voraus. Sie wurden daher vom Recht unterschieden, vgl. *Dietmar Willoweit*, Gesetzgebung und Recht im Übergang vom Spätmittelalter zum frühneuzeitlichen Obrigkeitsstaat, in: *Okko Behrends*, *Christoph Link* (Hrsg.), Zum römischen und neuzeitlichen Gesetzesbegriff (Abh. d. Ak. d. Wiss. in Göttingen, phil.-hist. Klasse, Dritte Folge, Nr. 157, Göttingen 1987) 123 ff.

Wahl des Themas gewesen ist. Wir begeben uns jetzt in eine ganz andere Welt. Die These lautet: Die Vergangenheitsorientierung des Rechtsdenkens dauert in der Neuzeit in neuen Formen fort. Es zeigt sich jetzt, daß die Legitimationsfunktion der Vergangenheit um so deutlicher hervortritt, wie die Bedürfnisse der Gegenwart auf Veränderung drängen. Die Bauernkrieger von 1525 standen insofern an einer Epochengrenze. Einerseits forderten sie die Wiederherstellung alten Rechts, andererseits beriefen sie sich auf das ursprüngliche Wort oder gar den Schöpfungsakt Gottes[94]. Aber auch die Humanisten konnten das gut: Die Freiheit der Deutschen ist schon in der „Germania" des Tacitus bezeugt[95]. Hanna Vollrath wäre solcher Naivität mit dem Satz begegnet: „Vergangenheit ist … nicht Geschichte, sondern rückprojizierte Gegenwart."[96] Anders ausgedrückt: Ändert sich die Gegenwart, muß die Vergangenheit angepaßt werden. Als mit den mentalen und sozialen Veränderungen der frühen Neuzeit ein neues, individualistisch geprägtes Menschenbild aufkam, projizierten es die intellektuellsten Köpfe in eine ursprüngliche Vergangenheit vor aller Geschichte und fragten nach den Rechten des Menschen im Naturzustand[97]. Gewiß läßt sich das neuzeitliche Naturrecht nicht insgesamt als eine Rückkehr in eine paradisisch oder barbarisch gedachte Urzeit deuten. Für Hugo Grotius etwa gehen die naturgesetzlichen Pflichten des Menschen aus den Prinzipien seines Handelns, aus der Bindungswirkung von Versprechen und Vertrag, hervor, und er hat auf diese Weise wesentliche Elemente des Rechtsbegriffs entdeckt[98]. Unvergleichlich größer aber ist die Wirkung jener Autoren gewesen, deren sozialphilosophische Schlußfolgerungen sich auf vermeintlich ursprüngliche Lebensverhältnisse vor aller Geschichte stützten. Damit ist zugleich die auf der Hand liegende Differenz gegenüber

[94] Zusammenfassend *Günther Franz*, Der deutsche Bauernkrieg, (Darmstadt [10]1975) 1 ff., 41 ff.

[95] *Dietmar Willoweit*, Von der alten deutschen Freiheit. Zur verfassungsgeschichtlichen Bedeutung der Tacitus-Rezeption, in: *Erk Volkmar Heyen* (Hrsg.), Vom normativen Wandel des Politischen. Rechts- und staatsphilosophisches Kolloquium aus Anlaß des 70. Geb. von Hans Ryffel (Berlin 1984) 17 ff., 23 ff.

[96] *Vollrath*, (wie Anm. 23) 576.

[97] *Hasso Hofmann*, Naturzustand, in: Historisches Wörterbuch der Philosophie (wie Anm. 83) Bd. 6 (1984) Sp. 653 ff.; *Iring Fetscher*, Der gesellschaftliche ‚Naturzustand' und das Menschenbild bei Hobbes, Pufendorf, Cumberland und Rousseau, in: Schmollers Jahrbuch für Gesetzgebung, Verwaltung und Volkswirtschaft 80/II (1960) 641 ff.

[98] *Hugo Grotius*, De iure belli ac pacis libri tres, in quibus ius naturae et gentium, item juris publici praecipua explicantur (Paris 1625 u.ö.). Vgl. auch *Franz Wieacker*, Privatrechtsgeschichte der Neuzeit (Göttingen [2]1967) 287 ff., 923 f.; *Hasso Hofmann, Hugo Grotius*, in: *Michael Stolleis* (Hrsg.), Staatsdenker in der frühen Neuzeit, (München [3]1995) 52 ff., 65 ff.

dem traditionalen Rechtsdenken des Mittelalters bezeichnet. Der Naturzustand ist nicht älteste Geschichte, sondern eine erkenntnisleitende Kategorie, die mittels eines Gedankenexperiments Wahrheit zu finden hofft – und Gegenwartsinteressen durchzusetzen versucht. Aber dieses Experiment bleibt Bildern verhaftet, die ihre historische Dimension nicht verleugnen können[99].

Wenn wir einen kurzen Blick auf die Lehren vom Naturzustand werfen, um die Tragfähigkeit unserer Vermutung zu prüfen, dann scheint der wichtigste Theoretiker in diesem Kreise, Thomas Hobbes, geradezu ein Gegenbeispiel zu liefern. Da nach seiner Überzeugung die stärkste Antriebskraft des Menschen der Hunger nach Macht ist – politischer, materieller, sexueller oder geistiger Art –, sind die Menschen im Naturzustand einander feind, weil sie im Wettbewerb die gleichen Güter zu erlangen hoffen. Daraus geht der Krieg eines jeden gegen jeden hervor, ein Zustand, in welchem es ohne Gesetz kein Recht gibt[100]. Dieser Naturzustand kann für Hobbes nicht Ur- und Vorbild sein, so daß nur die Unterwerfung unter eine Staatsgewalt Rettung verheißt. Sieht man genauer hin, dann zeigt es sich freilich, daß Hobbes Lehre ja die Möglichkeit, den Naturzustand als Maßstab zu begreifen, voraussetzt. Und Hobbes selbst scheut sich nicht, den im Naturzustand zwischen den einzelnen Menschen bestehenden Kriegszustand doch – obwohl es keinen Staat gibt – auf deren Rechte zurückzuführen: Jeder hat nämlich ein natürliches Recht auf alles, selbst auf das Leben seiner Mitmenschen[101]. Andere Autoren, die zu den Ahnherren des modernen Verfassungsdenkens gehören, haben im Naturzustand ohne Umwege jene Rechte gefunden, deren der Bürger in der Morgendämmerung der liberalen Gesellschaft bedurfte[102]. So heißt es bei John Locke kurz und bündig: Um die politische Gewalt richtig zu verstehen, und das heiße zugleich, sie von ihrem Ursprung abzuleiten, müsse man prüfen, in welchem Zustand sich die Menschen von Natur aus befänden. Dies aber sei, innerhalb der Grenzen des Naturge-

[99] Selbst Hobbes (s.u.) beruft sich auf „historische" Beispiele (die Juden zur Zeit Kains und Abels, die Völker Nordamerikas), vgl. *Fetscher,* (wie Anm. 97) 646. Man kann bezweifeln, ob der Naturzustand ohne solche historische Exempel überhaupt gedacht werden kann.

[100] *Thomas Hobbes*, Leviathan or The Matter, Forme and Power of a Commenwealth. Ecclesiastical and Civil, ed. with an introduction by *Michael Oakeshoff* (Oxford 1957).

[101] *Hobbes,* (wie Anm. 100) Cap. XIV.

[102] Zu diesem Aspekt *C. B. Macpherson*, The Political Theory of Possessive Individualism. Hobbes to Locke (Oxford 1962). Vgl. *Hans Medick*, Naturzustand und Naturgeschichte der bürgerlichen Gesellschaft. Die Ursprünge der bürgerlichen Sozialtheorie als Geschichtsphilosophie und Sozialwissenschaft bei Samuel Pufendorf, John Locke und Adam Smith (Göttingen 1973) 30ff. u. passim.

setzes ein Zustand vollkommener Freiheit. Jeder Mensch habe dort ein ursprüngliches Recht an seiner eigenen Person und das Recht auf Eigentum als Werk seiner Hände. Die natürlichen Rechte des Menschen zu bewahren, ist Aufgabe des Staates[103]. Der Naturzustand ist zum normativen Maßstab bis hinein in die moderne Grundrechtsdogmatik geworden.

Damit nähere ich mich endlich dem zweiten Stichwort meines Untertitels, den „Ursprungslegenden". Locke, Rousseau und Kant haben die Freiheit des Menschen nicht nur als ein ursprüngliches Recht begriffen, sondern diesem Recht zugleich den Charakter der Unveräußerlichkeit zugesprochen[104]. Damit verließ das Rechtsdenken den Boden einer historisierenden Spekulation, um ein nur noch metaphysisch zu begründendes Prinzip als Basis der aus den altständischen Bindungen herausgelösten menschlichen Existenz zu etablieren. Weil wir selbst betroffen sind, klingt es befremdlich, wenn ich hier von den unveräußerlichen Menschenrechten als einer „Ursprungslegende" rede. Historische Forschung kann allerdings so unbarmherzig sein, wie die Arbeit eines Anatomen. Und dabei ist zu entdecken, daß in der humanistischen Jurisprudenz und verbreitet auch bei den Naturrechtlern von Hugo Grotius über Christian Thomasius bis Christian Wolff persönliche Freiheit sehr wohl veräußert werden konnte[105], wie ja auch die Anschauung lehrte. Doch war es nicht politische Rücksichtnahme, die zu dieser anstößigen Überzeugung geführt hatte, sondern schlicht die juristische Sachlogik, die es ermöglichte, durch eine Willensentschließung des Rechtssubjekts der Freiheit Objektscharakter zu geben. Moderne Juristen, die da noch zweifeln, seien gern zur Lektüre der vor rund dreihundert Jahren entstandenen Werke ihrer Standesgenossen eingeladen[106]. Der Leser entdeckt dann nicht ohne Erschrecken, daß auch die Lehre von der Unveräußerlichkeit der Freiheitsrechte nur ein Stück Geschichte ist. Ihre Bedeutung liegt allerdings darin, daß es so gelungen ist, das für die moderne Gesellschaft fundamentale Menschenrechtsdenken unverrückbar im Ursprung des Menschen zu verankern. Ich halte auch dies für eine Form der Ver-

103 *John Locke*, Two Treatises of Government (1690). A Critical Edition with an Introduction and Apparatus Criticus by *Peter Laslett* (Cambridge 1960) II/2 §§ 4, 6, 27.

104 *Arnold Gysin*, Die unveräußerlichen Rechte in der Philosophie der Aufklärung, in: *ders.*, Rechtsphilosophie und Grundlagen des Privatrechts (Frankfurt a.M. 1969) 306f.

105 *Diethelm Klippel*, Politische Freiheit und Freiheitsrechte im deutschen Naturrecht des 18. Jahrhunderts (Paderborn 1976) 48ff.; *Dietmar Willoweit*, Die Veräußerung der Freiheit. Über den Unterschied von Rechtsdenken und Menschenrechtsdenken, in: Würde und Recht des Menschen. Festschrift für Johannes Schwartländer zum 70. Geb. (Würzburg 1992) 255ff., 258ff.

106 Zitate bei *Willoweit,* (wie Anm. 105) 262ff.

gangenheitsorientierung sublimer Art, weil dem Rückgriff auf den – logisch, aber zugleich auch bildhaft-historisch gedachten – Ursprung eine kaum zu überwindende Überzeugungskraft zukommt.

Sind die Augen erst einmal geöffnet, dann scheint die Macht der Vergangenheit über unser Rechtsbewußtsein überwältigend. Nicht nur die Historische Schule blickt rückwärts. Die in der Aufklärung wurzelnden Reformideen versuchen, das historische Rechtsdenken noch zu überbieten, indem sie sich am Menschen selbst, so wie sie ihn als Naturwesen wahrnahmen, und an den ursprünglichen Formen seiner Vergesellschaftung orientierten. Der allgemeine Gleichheitssatz, die Gleichberechtigung der Frau, die Emanzipation von Minderheiten, die Liberalisierung des Sexualstrafrechts – alle diese und andere Reformprojekte der modernen Zeit sind undenkbar ohne den Entwurf einer idealen Rechtswelt, deren Legitimation sich auf die ursprüngliche Bestimmung des Menschen gründet. Wem das zu weit geht, der muß erklären, worauf sonst die ungewöhnliche Überzeugungskraft der Menschenrechtsidee beruhen könnte. Sicher nicht auf einer allgemein akzeptierten Philosophie der Menschenrechte, die noch immer zu den großen Herausforderungen der Gegenwart gehört[107]. Und auch nicht allein auf den politischen Erfahrungen des 20. Jahrhunderts. Auch diese bedürfen eines normativen Maßstabes, um politische Forderungen begründen zu können. Und diesen Maßstab gewinnt man am besten aus der Situation eines Anfangs hinter den kein Erinnerungs- und Erkenntnisvermögen zurückreicht. Was Respekt vor den Menschenrechten erzwingt, ist ihre Eigenschaft als „natürliche“ Rechte. Natürliche Rechte sind von Anfang an gegeben und können durch geschichtliche Mächte nur unterdrückt, nicht aufgehoben werden. Vielleicht sollte man besser von einem Mythos als einer Legende sprechen: ein Sachverhalt also, der zugleich erfunden und doch wahr ist, weil anders die Gegenwart nicht verstanden und bewältigt werden kann.

Das 20. Jahrhundert hat die Macht der Vergangenheitsorientierung auch in handgreiflicher Form erlebt. Welche ungeheuren Motivationsschübe und Handlungsenergien gingen von der Vorstellung aus, es werde

107 Am weitesten haben die von Johannes Schwartländer geleiteten Arbeiten im Tübinger Menschenrechtsprojekt geführt, indem sie zwischen einer nur grundrechtspositivistischen und einer metaphysischen Begründung von Menschenrechten die Notwendigkeit einer „mittleren“ Begründungsebene herausgearbeitet haben: Menschenrechte als unumgängliche Antwort auf die mit der Aufklärung entstandene historische Situation, vgl. etwa *Johannes Schwartländer* (Hrsg.), Menschenrechte. Aspekte ihrer Begründung und Verwirklichung (Tübingen 1978).

möglich sein, in neuen Formen zur klassenlosen Gesellschaft der Urzeit zurückzukehren. Auch hier ist es natürlich das politische Ziel, welches die Herstellung einer passenden Vergangenheit zur Folge hat. Aber diesen Mechanismus möchte der gläubige Reformer gar nicht durchschauen. Er kann dem Ursprung Handlungsnormen von kaum zu überwindender Verbindlichkeit entnehmen. Ein ähnlicher Mechanismus verlieh dem Germanenkult der Nationalsozialisten eine makabre Aktualität. Am Anfang war der Wille zur Macht und zur Weltbeherrschung. Dazu liefert die angeblich seit Urzeiten bestehende germanische Herrenrasse die passende Begründung – weil ein derartiger Appell an vermeintliche Ursprünge auf Resonanz rechnen konnte[108].

Wenn wir abschließend versuchen, die so verschiedenartigen geschichtlichen Welten des Mittelalters und der Neuzeit vergleichend zu überblicken, dann mag der Eindruck entstanden sein, daß hier doch recht verschiedenartige Sachverhalte in eine einheitliche These gepreßt werden. Diesen Einwand möchte ich solange nicht gelten lassen, wie wir bei der Beobachtung der Geschichte „Recht" trotz allen historischen Wandels als ein und dasselbe Phänomen wahrnehmen. Dann stellt sich unabweislich die Frage nach der Konditionierung des Rechtsdenkens, also nach den Bedingungen, unter denen Sachverhalte rechtlicher Art von Menschen wahrgenommen, reflektiert, diskursiv erwogen und schließlich geregelt werden. Wenn so überhaupt gefragt werden darf, dann ist zu vermuten, daß sich hinter der bunten Vielfalt der Rechtsgeschichte auch vergleichbare Mechanismen des Denkens verbergen. Nur ein Aspekt ist hier zur Sprache gekommen. Wenn es uns Schwierigkeiten macht, auf der Suche nach Antworten Gemeinsamkeiten von Mittelalter und Neuzeit zu erkennen, dann ist das natürlich kein Zufall. Hans Ryffel hat eine glückliche Wortprägung eingeführt, die dieses Problem am besten erhellt: Eine traditionale Gesellschaft, wie die mittelalterliche, folgt den

[108] Vgl. dazu auch *Aleida Assmann*, Zur Metaphorik der Erinnerung, in: *dies.*, *Dietrich Harth* (Hrsg.), Mnemosyne. Formen und Funktionen der kulturellen Erinnerung (Frankfurt am Main 1991) 13ff., 25. Treffend die folgenden Formulierungen von *Jan Assmann,* Frühe Formen politischer Mythomotorik, in: *Dietrich Harth* und *Jan Assmann* (Hrsg.), Revolution und Mythos (Frankfurt am Main 1992) 39ff., 41, 55: „‚Heiße Erinnerung' [sind] jene Formen von Vergangenheitsbezug ..., die aus der Vergangenheit eine identitätsfundierende, handlungsleitende und gegenwartsdeutende Kraft schöpfen. ... Man erzählt von Vergangenem, um daraus ein Bewußtsein von Einheit und Eigenart, d. h. von Identität zu beziehen. Vergangenheitswissen ist identitätssichernd ..." – „Alle nationalen Erweckungsbewegungen mobilisieren die Erinnerung an eine Vergangenheit, die im krassen Gegensatz zur Gegenwart steht und zum Inbegriffe des wahren, wieder herbeizuführenden Zustands wird, eine Zeit der Freiheit und Selbstbestimmung, zu deren Wiedergewinnung das ‚Joch der Fremdherrschaft' abgeschüttelt werden muß."

Maximen einer „vorgegebenen Normativität". Da genügt es für die Legitimierung rechtlichen Handelns, sich auf das Herkommen der Vorfahren zu berufen, was vernünftig erscheinende Änderungen nicht ausschließt. Mit dem Untergang der traditionalen Welt, unter den Bedingungen „aufgegebener Normativität" bedarf es größerer Anstrengungen, um die Legitimität des Rechts sicherzustellen[109]. Diesem Zweck dienen nun rationale Konstruktionen, die aber einer historisierenden Bilderwelt, nämlich der des Ursprungs der Menschheit in einem normstiftenden Naturzustand verhaftet bleiben. Wenn dennoch auch in der Neuzeit immer wieder Versuche unternommen wurden, die Vergangenheit unmittelbar in Dienst der Rechtspolitik zu stellen – wie in der Historischen Schule, im Nationalsozialismus, in der marxistischen Ideologie –, dann zeigt das nur die Macht dieses Gedankens.

Über seinen Grund nachzudenken ist Sache der Philosophen. Aus historischer Perspektive liegt die Annahme nahe: Die Vergangenheit scheint normative Maßstäbe bereitzuhalten, weil sie jenseits der eigenen Lebensspanne einen unabänderlichen und daher gleichsam objektivierten Erfahrungsraum bietet.

[109] *Hans Ryffel*, Zur Begründung der Menschenrechte, in: *Schwartländer*, (wie Anm. 107) 55 ff.

Aharon Oppenheimer

Messianismus in römischer Zeit
Zur Pluralität eines Begriffes bei Juden und Christen

Der Vorstellungskomplex, der sich um die Begriffe Messias und Messianismus konzentriert, ist bei Christen wie bei Juden emotional belastet. Ein Forscher, der sich mit der Geschichte der Juden in römischer Zeit befaßt, muß sich vor zweierlei hüten: Zum einen ist nicht automatisch von der Bedeutung des Begriffes ‚Messias' im Christentum auf dessen Bedeutung im Judentum zu schließen; zum anderen dürfen wir den Begriff in der Antike nicht anachronistisch mit den Wandlungen belasten, die er im Verlauf von nahezu zwei Jahrtausenden durchgemacht hat.

Der hervorstechendste Unterschied zwischen christlichem und jüdischem Messianismus liegt in der Beschaffenheit der damit einhergehenden Erlösung. Im Judentum wird Erlösung in all ihren Schattierungen als ein historisch-irdisches Geschehen mit deutlichen Auswirkungen auf das öffentliche Leben aufgefaßt; dagegen spielt sich die Erlösung nach christlichem Verständnis im Verborgenen ab, es handelt sich um einen innermenschlichen Vorgang auf der Individual-Ebene. Daher verbleibt christlicher Messianismus im theologisch-ideellen Bereich, wohingegen jüdischer Messianismus darüber hinausreicht, was daran abzulesen ist, daß nicht wenige Ereignisse der jüdischen Geschichte von politischen und sozialen messianischen Hoffnungen getragen waren[1]. Deshalb möchte ich in diesem meinem historischen Vortrag zeigen, wie der jüdische Messianismus in seinen verschiedenen Ausprägungen in der Antike wirksam geworden ist[2].

[1] Dazu: *Gershom Scholem*, The Messianic Idea in Judaism (New York 1971) 1–36.

[2] Unter den zahlreichen Beiträgen zum Thema sind hier diejenigen hervorzuheben, die vom jüdischen Messianismus in seiner historischen Bedeutung handeln: *Paul Volz*, Die Eschatologie der jüdischen Gemeinde im neutestamentlichen Zeitalter (Tübingen 1934) 173–229; *William Horbury*, Messianism among Jews and Christians in the Second Century, in: Augustinianum 28 (1988) 71–88; *Jaccob Neusner* et al. (eds.), Judaisms and Their Messiahs at the Turn of the Christian Era (Cambridge 1987); *Ithamar Gruenwald* et al. (eds.), Messiah and Christos – Studies in the Jewish Origins of Christianity presented to David Flusser (Tübingen 1992).

Werfen wir einen kurzen Blick auf die Entwicklung des jüdischen Messias-Begriffs von der biblischen bis in die nachbiblische Epoche. Die Verwendung des Begriffs setzt ein in biblischen Schriften, die sich auf die Zeit des Ersten Tempels beziehen, wo der König, vorzugsweise der Regent aus dem Hause Davids, als משיח (=Messias), d.i. Gesalbter, bezeichnet wird. Von dort wird der Titel übertragen auf die eschatologische Figur des endzeitlichen Herrschers. So hat sich eine zentrale Vorstellung jüdischen Glaubens herausgebildet: die Erwartung, die Ankunft des Messias stehe unmittelbar bevor, wobei die unübersehbare Verzögerung dieser Nah-Erwartung keinen Abbruch tut. Das gedankliche Bindeglied zwischen den Anfängen der Messias-Vorstellung im biblischen Schrifttum und der endzeitlichen Gestalt besteht in der davidischen Abstammung des Messias, obwohl der Begriff nach der Zerstörung des Ersten Tempels auch auf einen König angewendet wird, der nicht der davidischen Dynastie, ja nicht einmal dem jüdischen Volke angehört: Bei Deutero-Jesaja wird der Perserkönig Kyros, der die Heimkehr der Exilierten ermöglichte, als ‚Gesalbter des Herrn' bezeichnet (Jes 45, 1)[3].

In allen Epochen der jüdischen Geschichte, besonders aber in der mittelalterlichen Diaspora, haben messianische Hoffnungen zu Zeiten von Not und Verfolgung einen Aufschwung erfahren. Vor diesem Hintergrund ist auch die Erscheinung des Pseudo-Messias zu sehen, d.h. eines Menschen, der nach eigener oder fremder Aussage der Messias sein sollte, der die endzeitliche Erlösung herbeiführen würde. Am bekanntesten geworden ist die messianische Gestalt des Sabbatai Zwi im 17. Jahrhundert. Das Auftreten von solchen Erlösern führte zu heftigen Meinungsverschiedenheiten, wie das Beispiel der Sabbatianer und ihrer Gegner illustriert. In letzter Zeit ist interessant zu beobachten, wie der praktische Messianismus in die chassidische Bewegung eingedrungen ist: Unter den Anhängern des ChaBaD-Chassidismus gilt ihr in New York residierendes Oberhaupt, R. Menachem Mendel Schnëurson, als der Messias, obwohl er selbst diesen Anspruch nie erhoben hat. Auf der anderen Seite stehen die ehemals litauischen Jeschiwot, seinerzeit erbitterte Gegner des Chassidismus, deren Oberhaupt, Rabbiner Schach von Jeschiwat Ponibas in Bne Berak, im messianischen Glauben von ChaBaD einen Ausläufer des Sabbatianismus erblickt und den Chassidim die Jüdischkeit absprechen möchte. R. Schnëurson ist inzwischen verstor-

[3] Ich möchte meinem Kollegen Dr. Michael Mach danken, daß er mich sowohl auf diesen Punkt als auch auf andere Implikationen des Begriffs ‚Messias' im antiken Christentum aufmerksam gemacht hat.

ben, doch ein Teil seiner Anhänger glaubt weiterhin an seine Messianität. Phänomenologisch scheint sich hier eine jüdische Messias-Auffassung mit der christlichen zu berühren: der Glaube an einen Messias, der bereits auf Erden erschienen ist und dessen Auferstehung und Wiederkunft erwartet wird.

Die Zerstörung des Jerusalemer Tempels im Zuge des großen Aufstands gegen die Römer (66–70 bzw. 73 n.Chr) löste auf jüdischer wie auf christlicher Seite bedeutsame Veränderungen aus. Solange der Zweite Tempel bestand, kreisten Lehre und Leben des Judentums um das Heiligtum und seinen Kult. Der Tempel war der Brennpunkt jüdischen Lebens im Lande wie in der Diaspora, das Zentrum nationalen Lebens in sämtlichen Formen. Da der Jerusalemer Tempel der einzige Kultort war, konzentrierten sich um ihn die wichtigsten Gebote: die Darbringung der verschiedenen Opfer, die Abgaben an das Tempelpersonal, Priesterhebe und Zehnten, der Hauptteil der Festgebote und zahlreiche Vorschriften auf anderen Gebieten. Ohne den Tempel ließ sich Judentum nicht mehr in der Form praktizieren, wie es sich in den nahezu sechs Jahrhunderten des Zweiten Tempels herausgebildet hatte. Die daraufhin notwendig werdende Umgestaltung brachte die Spaltung zwischen Judentum und Christentum mit sich. Die Rabbinen, die mehr oder weniger die pharisäische Linie weiterführten, machten sich an die Neugestaltung der jüdischen Religion; sie erließen eine Reihe von Verordnungen, die eine Weiterführung des national-religiösen Lebens ohne Jerusalem und ohne den Tempel ermöglichen sollten. Die Christen dagegen erblickten in der Zerstörung des Tempels eine göttliche Strafe, den Beweis dafür, daß Gott an einer Erfüllung der Gebote in ihrer ursprünglichen Form nicht mehr interessiert sei, weshalb er den Tempel als ihren eigentlichen Ort beseitigt habe. Sowohl die Rabbinen als auch die Christen fühlten sich als das wahre Israel. Faktisch lösten sich sowohl die Rabbinen als auch die christlichen Prediger vom zerstörten Tempel. Der Unterschied lag darin, daß die Christen in dieser Loslösung den ausdrücklichen Willen Gottes und den Anlaß zur Aufhebung des Zeremonialgesetzes überhaupt sahen, während die Rabbinen zwei extreme Lösungen zu vereinigen suchten: Zum einen dehnten sie den Geltungsbereich von ursprünglich an den Bestand des Tempels gebundenen Geboten auf das gesamte jüdische Siedlungsgebiet aus, zum anderen hegten sie die Hoffnung auf baldigen Wiederaufbau des Tempels und Erneuerung seines Kultes. Möglicherweise ist sogar bei den Rabbinen ein Anflug von Genugtuung über das Aufhören des Tempeldienstes wahrzunehmen, denn sie fanden sich nicht nur mit der Einstellung des Opferkultes ab, sondern verzichteten auch darauf, Kulthandlungen wie etwa das Anzünden von Räucherwerk in den Synagogengottesdienst zu übernehmen[4].

Aufgrund der Katastrophe, der Zerstörung des Tempels und der Stadt Jerusalem, hätten im Judentum messianische Hoffnungen apokalyptischer Art aufkommen können. Doch das Gegenteil war der Fall: Messianische Neigungen wurden zurückgedrängt. Ein Grund dafür ist wohl in dem Umstand zu sehen, daß messianische Hoffnungen ein Charakteristikum der zelotischen Gruppen gewesen waren, die den Aufstand angeführt hatten. Hinter den Taten dieser bewaffneten Horden hatte politisch-nationaler Fanatismus zusammen mit apokalyptischen Hoffnungen gestanden, wonach diese Welt zugrunde gehen müsse, damit im Zuge der Schaffung einer neuen Welt Israel erlöst werden könne. Durch das Scheitern des Aufstands und die Zerstörung der Stadt Jerusalem samt des Tempels waren diese messianischen Erwartungen zunichte geworden. Doch scheint mir der Hauptgrund für das Fehlen messianischen Überschwangs in jener notvollen Zeit die Entschlossenheit der Rabbinen zu sein, das Volk rational zu leiten. Die rabbinische Führung vermochte dem selbstzerstörerischen Gefühl des Gescheitertseins Einhalt zu gebieten, das unter den Teilen der Bevölkerung um sich gegriffen hatte, die an der Sündenvergebung verzweifelten, da der Tempel nicht mehr bestand. Rabban Jochanan ben Sakkai, der als erster die Führung übernahm, setzte fest, daß nach der Tempelzerstörung nicht mehr Opfer, sondern Wohltätigkeit das Mittel sei, um Sündenvergebung zu erlangen[5]. Hier besteht eine gewisse Ähnlichkeit zur christlichen Auffassung, wo die Aufgabe des Zeremonialgesetzes eine gewisse Kompensation durch Betonung der Gebote im sozialen Bereich erfahren hat.

Politischer Realismus hatte Rabban Jochanan ben Sakkais Handeln bereits zur Zeit des Aufstands gelenkt. Er legte den Grund zur jüdischen Selbstverwaltung danach. Im Gegensatz zur messianischen Gespanntheit der Aufständischen artikulierte Rabban Jochanan ben Sakkai eine Art ‚umgekehrter Apokalypse':

> Unsere Meister lehrten: Vierzig Jahre vor Zerstörung des Tempels … taten sich die Türen des Tempels von allein auf, bis Rabban Jochanan ben Sakkai sie zur Ordnung rief. Er redete ihn an: Tempel, Tempel, was ängstigst du dich? Ich entnehme daraus, daß du schließlich zerstört werden wirst … [6]

[4] Diese Sicht der jüdischen Geschichte im Lande Israel nach der Zerstörung des Zweiten Tempels geht zurück auf *Gedaliah Alon*, The Jews in their Land in the Talmudic Age, I (Jerusalem 1980) – das hebräische Original erschien (posthum) 1954.

[5] Awot deRabbi Nathan A IV, ed. *Schechter*, 21.

[6] b Joma 39b. Auch Josephus berichtet von Vorzeichen und Prophezeiungen, in denen die

Dieser Text erinnert an eine auch in außer-jüdischen Quellen des Altertums verbreitete Gattung der Zeichendeutung; ungewöhnliche Erscheinungen wie das Auftreten eines Kometen, das Einstürzen eines Denkmals oder Grabsteins, das Eindringen wilder Tiere in bewohntes Gebiet werden nachträglich als Vorboten eines Unheils gedeutet. Rabban Jochanan ben Sakkais Befürchtung, das Verhalten der Zeloten führe zwangsläufig zu Zerstörung und Untergang, bewog ihn dazu, aus dem belagerten Jerusalem zu entfliehen und mit den Römern zu verhandeln, woraufhin er schließlich nach Jawne gelangte und dort allmählich das neue Zentrum der rabbinischen Führung errichten konnte. Vor diesem Hintergrund ist seine Einstellung zum Kommen des Messias zu verstehen, wie sie sich in folgendem Ausspruch artikuliert:

> Er [d.i. Rabban Jochanan ben Sakkai] pflegte zu sagen: ... Wenn du einen Setzling in der Hand hast, und sie sagen dir: der Messias ist da!, geh erst und pflanze den Setzling ein, dann geh hinaus, ihn zu empfangen![7]

Im Christentum bildete sich zu jener Zeit der Glaube an Jesu Messianität heraus. Allerdings ist es fraglich, wie weit sich Jesus selbst für den Messias gehalten hat. Nach Aussage aller Evangelien weist er die Bezeichnung „Sohn Gottes" durchgängig zurück, mit Ausnahme seiner Worte vor dem Hohen Priester bei Markus (14, 61 f.). Doch schon bei Paulus, wenige Jahre nach Jesu Tod, erscheint der Glaube an Jesu Messianität voll ausgeprägt. Paulus gibt dieser Messianität auch die universale Ausrichtung im Unterschied zum jüdischen Messiasbild, wo – wie eingangs erwähnt – die Wiederherstellung des nationalen Lebens im Vordergrund steht.

Das Erstarken des Messiasglaubens im Christentum und dessen Abschwächung im Judentum während der Epoche von Jawne, außerdem die christliche Vorstellung von der Überholtheit des Zeremonialgesetzes, wohingegen dieses im Judentum neu gestaltet wurde, erweiterten die Kluft zwischen Juden und Christen einschließlich der judenchristlichen Sekten. Die Diskrepanz zwischen Juden und Christen wurde zur Zeit von

Tempelzerstörung angekündigt worden sei, z. B. daß die Tore des Heiligtums sich von selbst geöffnet hätten (bell VI 288–309).

[7] Awot deRabbi Nathan B XXXI, ed. *Schechter,* 66 f. Die talmudische Überlieferung schreibt Rabban Jochanan ben Sakkai erst auf dem Totenbett messianische Erwartungen zu; dort soll er die Anwesenden aufgefordert haben, den Hof von kultischer Unreinheit zu säubern und den Thron für ‚Hiskia, den König Judas' bereitzustellen (j Sota IX, 24c), d.h. er rechnete mit dem Erscheinen des Messias zur Stunde seines Todes und forderte sie auf, ihm einen gebührenden Empfang zu bereiten (zur Messianität von Hiskia, einem der letzten biblischen Könige Judas aus dem Hause Davids, vgl. b Sanhedrin 94a-b).

Jawne immer augenfälliger und erreichte während des Bar-Kochba-Aufstands einen vorläufigen Höhepunkt. Rabban Jochanan ben Sakkai sowie sein Amtsnachfolger, Rabban Gamliel von Jawne, waren darauf bedacht, das Volk um das Judentum zu scharen, wie sie es angesichts der Zerstörung gestaltet hatten. Sie waren der Meinung, nach der Katastrophe der Tempelzerstörung sei der bis dahin bestehende Pluralismus nicht mehr tragbar.

In der Spätzeit des Zweiten Tempels war das Volk in Sadduzäer und Pharisäer gespalten, wobei es unter den Pharisäern die beiden Schulen der Schammaiten und der Hilleliten gab. Politisch bildeten Zeloten und Pazifisten die beiden Extreme, mit einem breiten Mittelfeld dazwischen. Die ersten Christen waren in jeder Hinsicht eine jüdische Sekte, wohingegen die Essener oder die Sekte vom Toten Meer am Rande der Gesellschaft standen. Rabban Gamliel und seine Kollegen vertraten gewissermaßen die Auffassung: Wer sich den Führungseinrichtungen, welche die pharisäische Linie fortsetzen, anschließen will, soll willkommen sein. Damit standen alle übrigen außerhalb der normativen Gemeinde. Das war das Ende der Sadduzäer. Und es ist kein Zufall, daß während dieser Zeit die Halacha [religiöse Norm] der Hilleliten als die maßgebliche festgesetzt wurde[8]. Die Christen einschließlich der judenchristlichen Gemeinden, die nach der Tempelzerstörung von sich aus die Trennung vom Judentum verschärft hatten, wurden auf Initiative der jüdischen Führungsgremien aus dem Judentum hinausgedrängt. Wir nennen hier nur kurz die Einfügung der Ketzerbitte ins Achtzehngebet[9] und das Herausnehmen des Dekalogs aus der Rezitation des Bekenntnisses ,Höre Israel'[10] sowie aus den Pergamentstreifen in den Gebetsriemen[11]. So

[8] Dazu *Shmuel Safrai*, Die Entscheidung nach der Schule Hillels in Jawne, in: Abhandlungen des 7. Weltkongresses für Jüdische Studien, Abteilung Talmud, Halacha und Midrasch (Jerusalem 1988) 21–44 [hebr.], wiederabgedruckt in Safrais hebräischer Aufsatzsammlung: In den Tagen des Tempels und der Mischna, II (Jerusalem 1994) 382–405.

[9] Zur Entfernung der Christen in der Epoche von Jawne sowie zur Ketzerbitte siehe etwa *Göran Forkman*, The Limits of the Religious Community (Lund 1972) 87–114; *Lawrence H. Schiffman*, At the Crossroads: Tannaitic Perspectives on the Jewish-Christian Schism, in: *Ed. P. Sanders* et al. (eds.), Jewish and Christian Self-Definition, II (London 1981) 115–156 und 338–352; *Reuben Kimelman*, Birkat Ha-Minim and the Lack of Evidence for an Anti-Christian Jewish Prayer in Late Antiquity, ebd. 391–403; *Johann Maier*, Jüdische Auseinandersetzung mit dem Christentum in der Antike (Darmstadt 1982) – mit Bibliographie; *David Flusser*, ,Mikzat Maasse haTora' uBirkat haMinim, in: Tarbiz 61 (1992) 333–374; *John G. Gager*, The Parting of the Ways: A View from the Perspective of Early Christianity: A Christian Perspective, in: *Eugene J. Fisher* (ed.), Interwoven Destinies: Jews and Christians through the Ages (New York 1993) 62–73.

[10] j Berachot I, 3c.

[11] Dazu *Abraham M. Habermann*, Gebetsriemen in der Antike, in: Eretz Israel 3 (1954)

wurde einerseits den Judenchristen das Verbleiben in der Synagoge unmöglich gemacht, andererseits wurde der ketzerischen Vorstellung entgegengetreten, verbindlich seien allein die Zehn Gebote, wohingegen die übrigen biblischen Gebote, insbesondere die Kultvorschriften, erheblich weniger, u. U. gar nicht mehr verpflichtend seien.

Kaum zwei bis drei Generationen nach der Zerstörung des Zweiten Tempels, in den Jahren 132–135, brach im Land Israel der Bar-Kochba-Aufstand aus, der noch größer war als der Aufstand der Jahre 66–70, so daß die Römer sich gezwungen sahen, zu seiner Niederschlagung zusätzlich zu den beiden Legionen, die fest im Land stationiert waren, und den römischen Legionen aus den umliegenden Provinzen, Syrien, Arabien und Ägypten, noch weitere aus dem Donauraum kommen zu lassen und ihren fähigsten Feldherrn an die Spitze der Truppen zu stellen, Julius Severus, den Statthalter von Britannien. Unter den jüdischen Aufständen gegen Fremdherrschaft ist dies nicht zufällig der einzige, der nach seinem Anführer benannt ist: Bar-Kochba – gegen den offenbar keine Opposition stand wie die Hellenisten im Makkabäer-Aufstand oder die ‚Pazifisten' im sogenannten Großen Aufstand gegen die Römer. Da stellt sich die Frage, was die Qualitäten waren, die Bar-Kochba in den Augen des Volkes zum alleinigen Anführer des Aufstands befähigten. In zwei talmudischen Überlieferungen wird Bar-Kochba als Messias dargestellt. Das eine Mal, als Rabbi Akiba ausruft: „das ist der König Messias"[12], das andere Mal, als er selbst vor den Rabbinen verkündet: „ich bin der Messias"[13]. Bevor wir auf Kontext und Problematik dieser beiden Überlieferungen eingehen, ist zunächst die Frage zu klären: Wurde Bar-Kochba als Figur eines göttlichen, übernatürlichen Retters und Erlösers aufgefaßt, oder hat die Benennung als Messias eine realistischere Bedeutung, wonach Bar-Kochba als Feldherr und durchaus irdische Führergestalt verstanden wurde[14].

Der Bar-Kochba-Aufstand ist untrennbar verbunden mit der Epoche von Jawne, die ihm vorausging. Paradoxerweise waren es gerade Rabban Jochanan ben Sakkai, der Pazifist, der sich mitten im Krieg auf

174–177 [hebr.]; *Yigael Yadin*, Gebetsriemen aus Qumran, in: Eretz Israel 9 (1969) 60–83 [hebr.].

[12] j Taaniot IV, 68d; vgl. Thr. r. II 4, Thr. r., ed. *Buber,* 51a sowie im folgenden.

[13] b Sanhedrin 93b, ferner im folgenden.

[14] Dazu *Peter Schäfer*, Rabbi Aqiva and Bar Kochba', in: *William S. Green* (ed.) Approaches to Ancient Judaism, II (Ann Arbor MI 1980) 117–119; *Aharon Oppenheimer*, Bar-Kochbas Messianität [hebr.], in: *Zvi Baras* (ed.), Messianismus und Eschatologie (Jerusalem 1984) 153–165 [hebr.]; *Menachem Mor*, Der Bar-Kochba-Aufstand – Stärke und Umfang (Jerusalem 1992) 192–202 [hebr.].

Verhandlungen mit den Römern einließ, und Rabban Gamliel von Jawne, die durch ihre Verordnungen und Maßnahmen zur Konsolidierung des Volks den Grund dafür legten, daß Bar-Kochba so mächtig werden konnte. Die rationale Haltung der Gelehrten von Jawne, die sich in ihren nüchternen Überlegungen und in ihrem realpolitischen Zugriff äußerte, und ihre Bemühungen, das Christentum mit seinem messianischen Element vom Judentum fernzuhalten – sie waren dazu angetan, Bar-Kochba als Messias im realen Sinn des Wortes und als irdische Führergestalt erscheinen zu lassen.

Zwar herrscht keine Einigkeit unter den Forschern, wodurch der Bar-Kochba-Aufstand ausgelöst wurde und wie sich das Gewicht der Ursachen untereinander verteilt, doch sind sich die Gelehrten darüber einig, daß einige klar faßbare Faktoren den Aufstand herbeigeführt haben. Die Forschung neigt dazu, den Hauptgrund für den Ausbruch des Aufstands darin zu sehen, daß Jerusalem zu einer römischen Kolonie namens Aelia Capitolina gemacht und ein Tempel des Jupiter Capitolinus in der Stadt errichtet wurde; als weiterer Grund kam vielleicht noch das Verbot der Beschneidung hinzu[15]. Diese Feststellungen schließen im Grunde die Möglichkeit aus, daß das messianisch-utopische Moment die treibende Kraft hinter dem Aufstand gewesen sein sollte. Der römische Geschichtsschreiber Cassius Dio, von dem wir die beste Beschreibung des Bar-Kochba-Aufstands haben[16], erwähnt zwar nicht Bar-Kochba selbst, berichtet aber, daß dem Aufstand gründliche und langwierige Vorbereitungen vorangegangen seien, außerdem hätten die Juden nicht gleich bei der Umgestaltung von Jerusalem in Aelia Capitolina den Aufstand vom Zaun gebrochen, sondern erst nachdem Hadrian den Orient verlassen hatte, etwa zwei Jahre danach. Die Auffindung von unterirdischen Anlagen in den niedrigeren Regionen des judäischen Berglands sowie anderswo im Lande, selbst wenn diese nicht ausnahmslos in die Zeit des Bar-Kochba-Aufstands gehören mögen, bestätigt Dios Aussagen über die gründlichen und umfangreichen Vorbereitungen zum Aufstand. Dadurch wird die Behauptung, es habe sich um einen spontanen Aufstand

[15] Eine Zusammenfassung des Forschungsstands zum Bar-Kochba-Aufstand und seinen Ursachen findet sich bei *Benjamin Isaac, Aharon Oppenheimer*, The Revolt of Bar Kokhba: Ideology and Modern Research, in: JJS 36 (1985) 33–60; *Peter Schäfer,* Hadrian's Policy in Judaea and the Bar Kokhba Revolt: A Reassessment, in: *Philip R. Davies, Richard. T. White* (eds.), A Tribute to Geza Vermes – Essays on Jewish and Christian Literature and History (Sheffield 1990) 282–303.

[16] Cassius Dio, Historia Romana, LXIX 11–15; *Menahem Stern*, Greek and Latin Authors on Jews and Judaism, II (Jerusalem 1980) 390–405; *Benjamin Isaac*, Cassius Dio on the Revolt of Bar Kokhba, in: SCI 7 (1983/84) 68–76.

gehandelt, der durch messianische Erregung ausgelöst worden sei, völlig entkräftet. Vielmehr wird deutlich, daß die Grundlagen des Aufstands in realistischen und rationalen Überlegungen verankert und nicht aus messianisch apokalyptischem Überschwang hervorgegangen sind.

Der Schlüssel zur Lösung des Rätsels um Bar-Kochbas Messianität liegt zweifellos in der Klärung der Beziehung zwischen Bar-Kochba und Rabbi Akiba. Die Hauptquelle dafür steht im Jerusalemer Talmud:

> Rabbi Schimon ben Jochai lehrte: Mein Meister Akiba pflegte den Schriftvers ‚ein Stern (hebräisch: *Kochaw*) wird aufgehen aus Jakob' (Num 24, 17) auszulegen als ‚Kosba wird aufgehen aus Jakob'. Wenn Rabbi Akiba Bar Kosba erblickte, pflegte er zu sagen: Das ist der König Messias. Da sprach zu ihm Rabbi Jochanan ben Torta: Akiba, aus deinen Kiefern wird Gras sprießen, und der Sohn Davids wird immer noch nicht gekommen sein[17].

Rabbi Akiba war weder der einzige noch der erste, der den Vers aus Bileams Weissagung „Ein Stern wird aufgehen aus Jakob und ein Szepter wird aufkommen aus Israel" (Num 24, 17) auf einen messianischen Führer und König deutete. Auch in der Damaskusschrift steht: „Der Stern ist der Tora-Ausleger, der nach Damaskus kommt ... und das Szepter ist der Fürst der ganzen Gemeinde" (VII 18–20)[18]. Es ist wohl anzunehmen, daß Rabbi Akiba Bar-Kochba davidische Abstammung zusprach. Das geht hervor aus der schroffen Zurückweisung von Bar-Kochbas Messianität aus dem Munde von R. Jochanan b. Torta[19]. Ähnlich wurde Ab-

[17] Dazu oben, Anm. 12; ferner den in Anm. 14 angegebenen Beitrag von *Peter Schäfer*.

[18] Ähnlich aufgefaßt wird der Vers aus Bileams Prophezeiung in den Targumim. Dazu *Ephraim E. Urbach*, The Sages: Their Concepts and Beliefs (Jerusalem 1987) 674 and n. 81; *Emil Schürer*, The History of the Jewish People in the Age of Jesus Christ, rev. and edt. by *Geza Vermes*, *Fergus Millar*, I (Edinburgh 1973) 543, n. 130.

[19] Manche Forscher meinen, Rabbi Jochanan ben Torta habe nur Bar-Kochbas Messianität abgelehnt, den er möglicherweise als eine nicht-messianische Führergestalt unterstützt hätte, nicht dagegen den Aufstand als solchen (so etwa *Gedaliah Alon*, The Jews in Their Land in the Talmudic Age, II [Jerusalem 1984] 630); aber die historischen Umstände im Zeitalter von Mischna und Talmud erlauben keine Unterscheidung zwischen Religion und Politik bzw. zwischen religiöser und militärisch-politischer Führung. Die Religion war damals der bestimmende Faktor für den Bereich des gesamten Lebens, und wer Bar-Kochba die religiöse Führerschaft absprach, machte ihm damit jeglichen Führungsanspruch streitig. Außerdem ist aus dieser Kontroverse zwischen Rabbi Akiba und R. Jochanan ben Torta nicht auf eine Spaltung der Rabbinen in zwei gegnerische Lager, pro und contra Bar-Kochba-Aufstand und dessen Anführer, zu schließen. Zum einen können wir nicht wissen, aus welchem Stadium des Bar-Kochba-Aufstands jene Äußerung von R. Jochanan ben Torta stammt, vielleicht bezieht sie sich auf die verzweifelte Lage am Ende; zum anderen wäre doch sicher ein Rabbi Akiba ungefähr gleichrangiger Gelehrter ihm entgegengetreten und nicht eine in der talmudischen Literatur nur wenige Male erwähnte Gestalt wie R. Jochanan ben Torta, wenn wirklich eine bedeutende Anzahl von Rabbinen in Opposition zu Bar-Kochba gestanden hätten.

stammung vom davidischen Königshaus auch anderen führenden Persönlichkeiten aus demselben Zeitraum beigelegt, z.B. dem Exilarchen der babylonischen Diaspora und dem Fürsten im Lande Israel. Auch gegen die Position dieser Führergestalten wurde Widerspruch erhoben, wie wir noch beobachten werden. Da jedoch weder vom Exilarchen der babylonischen Diaspora noch vom palästinischen Fürsten trotz ihrer davidischen Abstammung erwartet wurde, daß sie die endzeitliche Erlösung herbeiführten, so ist doch wohl anzunehmen, daß auch Rabbi Akiba durch die Bezeichnung Bar-Kochbas als Messias mit diesem Titel nur dessen Führertum und königliche Qualitäten hervorheben wollte. Insofern steht Bar-Kochbas Messianität dem biblischen Begriff des Gesalbten (‚Messias') näher als dessen eschatologischer Bedeutung.

Von der Zerstörung des Zweiten Tempels bis zum Ausbruch des Bar-Kochba-Aufstands waren 62 Jahre vergangen; Zeitgenossen von Bar-Kochba konnten also entweder selbst den Tempel noch gesehen haben, oder aber ihre Väter hatten ihn gesehen; von daher war die Hoffnung auf baldigen Wiederaufbau Jerusalems und des Tempels in ihren Augen realistisch. Die Erwartung, daß der Tempel ‚bald, in unseren Tagen' wiedererstehen werde, die unter den Gelehrten von Jawne herrschte, zusammen mit ihrem Bemühen, ein jüdisch-religiöses Leben außerhalb von Jerusalem und ohne Tempel aufzubauen, enthielt die Hoffnung auf einen historischen Umschwung und erhöhte zweifellos die Motivation der Aufständischen. Nicht in dieser Hoffnung enthalten waren utopische Motive der messianischen Zeit, wie etwa die Rückkehr der verlorenen zehn Stämme, das Auftreten des Propheten Elia, die Auferstehung der Toten u.a.m. Irdisch-politisch war auch Rabbi Akibas Erlösungshoffnung, die er bei einer der Gelegenheiten geäußert haben soll, als er zusammen mit Rabban Gamliel, Rabbi Jehoschua und Rabbi Elasar ben Asarja nach Jerusalem hinaufzog:

> Wieder einmal zogen sie nach Jerusalem hinauf, kamen an den Späherberg (Mt. Scopus) und zerrissen ihre Kleider, kamen auf den Tempelberg und sahen einen Fuchs aus dem Allerheiligsten herauskommen, da fingen sie an zu weinen und Rabbi Akiba lachte. Sie sprachen zu ihm: Akiba, du bist unberechenbar, wir weinen, und du lachst ... Er sprach zu ihnen: Genau darum habe ich gelacht; es steht doch geschrieben: „Ich nehme mir zwei treue Zeugen, Uria den Priester und Secharja den Sohn Jeberechjas" (Jes 8, 2). Und was hat Uria mit Secharja zu tun? Was sagt Uria? „Zion wird gepflügt wie ein Feld, Jerusalem wird ein Steinhaufen, der Tempelberg zu einer waldigen Höhe" (Jer 26, 18). Und was sagt Secharja? „So spricht der Herr der Heerscharen: Es werden noch alte Männer und Frauen sitzen ... und die Plätze der Stadt werden voll Knaben und Mädchen sein ..." (Sech 8, 4–5). Gott sprach:

> Diese beiden sind meine Zeugen. Wenn Urias Worte gelten, dann auch Secharjas, wenn Urias Worte hinfällig sind, dann auch Secharjas. Ich habe mich gefreut, daß Urias Worte in Erfüllung gegangen sind, denn dann werden auch Secharjas Worte in Erfüllung gehen ...[20]

Das heißt: Wenn die Unheilsprophezeiung gilt, dann werden auch Secharjas Trostworte in Erfüllung gehen. Als Rabbi Akiba eine Trostverheißung anführen wollte, griff er nicht auf die eindrucksvollen eschatologischen Vorstellungen eines Deutero-Jesaja zurück, sondern begnügte sich mit den historisch-irdischen Prophezeiungen bei Secharja, wo angekündigt wird, auf den Straßen Jerusalems würden wieder alte Leute sitzen, so alt und gebrechlich, daß sie am Stock gehen, und spielende Kinder würden die Straßen der Stadt erfüllen, anders als die Greise aus dem Jubiläenbuch oder bei Henoch, die an die tausend Jahre lebten und an keinerlei Altererscheinungen litten, sondern sich bis ans Ende ihrer Tage ihrer vollen Jugendkraft erfreuten[21]. Insofern ist es ein ganz bescheidener historisch-irdischer Vorgang, auf dessen Verwirklichung Rabbi Akibas Hoffnung gerichtet ist.

Diese seine Vorstellung von der Erlösung kommt auch klar zum Ausdruck in seiner Formulierung der Segensformel, mit der die Pessach-Haggada abschließt: Er begnügt sich nicht mit der Erwähnung des Exodus, der historischen Erlösung, wie Rabbi Tarphon, vielmehr besteht für ihn die künftige Erlösung ausschließlich in der Erneuerung des Tempeldienstes, den er vielleicht in seiner Jugend noch miterlebt hatte[22].

Rabbi Akibas Hoffnung auf die Wiedererrichtung des Tempels und seine Vorstellungen von der Erlösung hängen zweifellos mit seinem Aktivismus zur Zeit des Bar-Kochba-Aufstands zusammen. Die Merkmale, durch die sich die Erlösung bei Rabbi Akiba auszeichnet, bestätigen unsere Vermutung, daß er durch die Belegung Bar-Kochbas mit dem Titel ‚König Messias' diesen als irdische Führergestalt bezeichnen wollte, der

[20] Sifre Dtn 43, ed. *Finkelstein*, 95; b Makkot 24b; Thr. r. V 18; Jalqut haMachiri zu Micha 3, 12. Dazu *Urbach*, (wie Anm. 18) 673; *Shmuel Safrai*, Die Wallfahrt nach Jerusalem nach der Zerstörung des Zweiten Tempels, in: *Aharon Oppenheimer* et al.(Hrsg.) Zur Geschichte Jerusalems in den Tagen des Zweiten Tempels (GS Abraham Schalit) (Jerusalem 1981) 385 [hebr.].

[21] Z. B. Jub 23, 28; äHen 10, 17. Dazu *Moshe D. Herr*, Politischer und eschatologisch-kosmischer Messianismus in rabbinischen Äußerungen, in: Tarbiz 54 (1985) 332–337 [hebr.].

[22] M Pessachim X 6. Die Formulierung in der Pessach-Haggada ist nach R. Akiba festgesetzt. Dort findet sich seine Äußerung vollständig, während die Abschreiber des Mischna-Textes den Wortlaut der Benediktion, die allgemein geläufig war, weil sie in der Sedernacht gesprochen wurde, gekürzt haben.

imstande sei, reale politische Hoffnungen zu verwirklichen, die in der Wiederherstellung Jerusalems und des Tempels gipfelten.

Anders liegen die Dinge in der Überlieferung aus dem babylonischen Talmud, wo Bar-Kochba sich selbst als Messias bezeichnet:

> Bar Kosiba regierte zweieinhalb Jahre lang. Er sagte zu den Gelehrten: Ich bin der Messias. Sie sagten zu ihm: Vom Messias steht geschrieben, er werde riechen und richten. Wir wollen sehen, ob du riechen und richten kannst. Da sie sahen, daß er nicht roch und richtete, töteten sie ihn[23].

Soweit man dieser Überlieferung historische Aussagekraft für die Zeit des Aufstandes zubilligt, läßt sich daraus schließen, daß Bar-Kochba weit mehr ein realer rationaler Führer war als ein utopischer Messias. Doch scheint es nicht sinnvoll, diese Worte als echte Information über Bar-Kochbas Position zu werten. Zumal der Schluß dieser Überlieferung, wo behauptet wird, Bar-Kochba sei von den Gelehrten hingerichtet worden, ist alles andere als überzeugend, widerspricht auch den übrigen Nachrichten über Bar-Kochbas Tod bei der Belagerung von Bethar, die ihrerseits aggadische Züge aufweisen[24]. Die betreffende Überlieferung im babylonischen Talmud gründet in einer Meinungsverschiedenheit über einen Vers bei Jesaja, wo es vom künftigen König heißt: „Und sein Geruch – nach Furcht des Herrn, er wird nicht richten nach dem, was seine Augen sehen, und nicht Beweis führen nach dem, was seine Ohren hören" (Jes 11, 3). Im Talmud wird damit die Auffassung von Rawa, dem Leiter der babylonischen Talmudakademie von Machosa um die Mitte des 4. Jahrhunderts, unterstützt, wonach die eigenartige biblische Formulierung ‚und sein Geruch' bedeuten soll: Er riecht und richtet, d.h. er kann Recht und Unrecht durch Geruchssinn, also intuitiv unterscheiden. Demnach liegt diese Überlieferung zeitlich mehr als 200 Jahre nach dem Bar-Kochba-Aufstand. Vermutlich ist sie das gedankliche Produkt der

[23] b Sanhedrin 93b; vgl. *Jalqut Schimoni* zu 1 Sam, 125 (dort fehlt der letzte Satz). Zur Dauer von Bar-Kochbas Herrschaft vgl. „und Ben-Kosibas Krieg dauerte zweieinhalb Jahre" (Seder Olam rabba XXX, ed. *Ratner*, 146). *Raymund Martin* bringt den Beleg aus b Sanhedrin „Bar-Kosba regierte dreieinhalb Jahre ..." (Pugio Fidei, ed. *J.B. Carpzow* [Leipzig 1687] 78). Es ist schon häufig darauf hingewiesen worden, daß es sich hier um keine historisch exakten Zeitangaben handelt, sondern daß eine relativ kurze Zeitspanne bezeichnet werden sollte, wofür in babylonischen Quellen der Ausdruck ‚zweieinhalb Jahre' üblich war, in palästinischen dagegen ‚dreieinhalb Jahre'. Vgl. dazu auch „Dreieinhalb Jahre lang umzingelte Adrianus Bethar" (j Taaniot IV, 68d; Thr. r. II 4). Dazu *Saul Liebermann*, Scheqiin (Jerusalem [2]1970) [hebr.]; *Urbach*, (wie Anm. 18) 252 Anm. 43; *Joshua Efron*, Bar-Kokhva in the Light of the Palestinian and Babylonian Talmudic Traditions, in: *Aharon Oppenheimer, Uriel Rappaport* (eds.), The Bar-Kokhva Revolt – a New Approach (Jerusalem 1984) 75 [hebr.].

[24] Dazu im folgenden und Anm. 35.

babylonischen Amoräer zu deren Glanzzeit, als diese Mühe hatten zu begreifen, wie die Gelehrten zu Bar-Kochbas Zeit nicht gemerkt haben sollten, daß sie es mit einem falschen Messias zu tun hatten.

Um eindeutig zu klären, welcher Art Bar-Kochbas Messianität war, müssen wir zunächst den Kriterien nachgehen, aufgrund derer die Gelehrten und das Volk ihn als den einzigen und nahezu unbestrittenen Führer des Aufstands akzeptierten. Im betreffenden Zeitraum waren drei Kriterien üblich, die einen Menschen zum Führertum qualifizierten: Gelehrsamkeit, Abstammung und wirtschaftliche Position[25]. Es gibt keine überzeugenden Belege, denen zufolge Bar-Kochba auch nur über eine dieser drei Qualitäten verfügt hätte. Er war kein rabbinischer Gelehrter, trug nicht den Titel ‚Rabbi', von ihm werden keinerlei halachische oder aggadische Aussprüche überliefert. Auch seine in den Höhlen am Toten Meer gefundenen Briefe tragen weder inhaltlich noch stilistisch den Charakter von rabbinischen Äußerungen. In den Quellen gibt es keinerlei Nachrichten über Vermögen und Grundstücke, die Bar-Kochba etwa besessen hätte, es besteht kein Grund zu der Annahme, daß er zu den Reichen und Wohlhabenden gehört hätte. Klare Hinweise auf seine Abstammung sind nicht vorhanden, abgesehen von einer indirekten Information, die sich aus den Worten der Leute von Bethar entnehmen läßt, als sie ihm Mitteilung machten von der Kontaktaufnahme des Samaritaners mit Rabbi Elasar aus Modiin: „Wir haben gesehen, wie jener Alte sich mit deinem *Chabib* unterhielt"[26]. Die Vokabel *Chabib* bedeutet Onkel väterlicherseits[27]; das ist die Grundlage der üblichen Annahme,

[25] Dies geht nicht nur aus der Untersuchung der Ausbildung und der sozio-ökonomischen Stellung der Führergestalten jenes Zeitraums hervor, die Quellen sprechen sogar ausdrücklich davon: z. B. die Überlieferung über die Wahl Rabbi Elasar ben Asarjas zum Vorsitzenden des Zentrums in Jawne, als Rabban Gamliel vorübergehend seines Amtes entsetzt wurde – „er ist weise, er ist reich, er stammt in 10. Generation von Esra ab ..." (b Berachot 27b); oder die angebliche Anweisung der Schammaiten „man soll Mischna lernen nur vor einem, der weise, demütig, vornehmer Abstammung und reich ist" (Awot deRabbi Nathan A III, ed. *Schechter*, 14).

[26] j Taaniot IV, 68d; vgl. Thr. r. II 4. In Bubers Ausgabe des Midrasch Threni wird zur Bezeichnung des Verhältnisses von R. Elasar haModai zu Bar-Kochba allerdings der Ausdruck חבירתך (=dein Genosse) verwendet.

[27] Dazu die Wörterbücher von *Ben-Yehuda, Jastrow* (II חביב, חביבא) und Sokoloff (2# חביב); vgl. *Raw Hai Gaon*, Teschuwot Geonim Qadmonim 61: „man nennt den Bruder seines Vaters Chabib"; Targum Jonathan zu Lev 10, 4: „die Söhne Usiels des Leviten, des *Chabib* von Aaron" (Usiel war ein Bruder vom Amram, dem Vater von Moses und Aaron); j Baba Kamma IX, 7b: „Rabbi Ba bar Chana sagte: Rabbi Chija, mein *Chabib*, pflegte dies nicht so zu lösen ..."; Raschi zu b Ketubbot 52a bemerkt unter dem Stichwort ‚Chabibi': „Rabbi Chija war sein Onkel, ein Bruder seines Vaters". Dazu *Eliezer S. Rosenthal*, Raw Ben-Achi Rabbi Chija gam Ben Achoto?, in: Sefer Ch. Yalon (Jerusalem 1963)

daß Rabbi Elasar aus Modiin Bar-Kochbas Onkel gewesen sei. Manche Forscher wollen Elasar aus Modiin mit ‚Elasar dem Priester' gleichsetzen, dessen Name auf Aufstandsmünzen erscheint, zumal Modiin ein Priesterort war[28]. Aus dieser Kombination ergibt sich für Bar-Kochba eine recht vornehme Abstammung, Priesterwürde und nahe Verwandschaft mit Rabbi Elasar aus Modiin. Wenn Bar-Kochba aber aus priesterlichem Geschlecht war (also vom Stamme Levi, aus den Nachkommen Aarons), kann er nicht von König David (aus dem Stamme Juda) abstammen. Allgemein kann man wohl sagen, daß es zu jener Zeit keine Familien mehr gab, deren Stammbaum auf die 700 Jahre zuvor erloschene davidische Dynastie zurückreichte; insofern war die genealogische Ableitung Bar-Kochbas aus dem davidischen Königshaus ohnehin nachträgliche Rekonstruktion[29].

Möglicherweise ist aus Bar-Kochbas Geburtsort ein Hinweis auf seine Messianität zu gewinnen. Sein Name ‚Schimon bar Kosba' läßt auf seine Herkunft aus einem Ort namens Kosba oder Kosiba schließen, für den Chirbet Kuweizibe bei Bethlehem (dem Geburtsort von David und Jesus), etwa 2 km südlich von *'Ein 'Arrub* vorgeschlagen wird, an der heutigen Straße von Jerusalem nach Hebron gegenüber von Gusch Etzion gelegen[30]. In *'Ein 'Arrub* ist sogar eine Höhle aus der Zeit des Aufstands gefunden worden; die Identifizierung des Ortes mit *Qiriath 'Arbaia*, einem der Lager der Aufständischen, das in einem Schreiben von Bar-Kochba erwähnt ist, liegt nahe[31]. Der Midrasch erzählt von einem Araber, der die Zerstörung des Tempels vorhergesagt und gleich-

281–337; *Adiel Schremer*, Die Verwandtschaftsbezeichnung ‚Schwestersohn' und Heiraten innerhalb der Familie im Zeitalter von Mischna und Talmud, in: Zion 60 (1995) 5–35 [hebr.].

28 So z.B. *Alon*, (wie Anm. 19) 623; *Schürer*, (wie Anm. 18) 554. Yeivin ist ebenfalls dieser Ansicht, nur betrachtet er Bar-Kochba als den Sohn der Schwester von Rabbi Elasar haModai, was ihm erlaubt, dessen davidische Abstammung (väterlicherseits) beizubehalten (*Shmuel Yeivin*, Der Bar-Kochba-Krieg [Jerusalem ^{2}1957] 63 [hebr.]). Die Spekulationen über Bar-Kochbas Abstammung scheinen allesamt unbegründet.

29 Liver hat dies überzeugend nachgewiesen (*Jacob Liver*, Toledot Bet David [Jerusalem 1959] 37–46 und 145–147, mit Bibliographie).

30 1 Chr 4, 22. Dazu *F.-M. Abel*, Géographie de la Palestine, II (Paris 1938) 300; *Moshe Kokhavi* (ed.), Judaea, Samaria and the Golan Heights – Archeological Survey for the Year 1968 (Jerusalem 1972) 28, 50f. [hebr.]; *Yoram Tsafrir* et al., Tabula Imperii Romani Iudaea Palestina – Eretz Israel in the Hellenistic, Roman and Byzantine Periods (Jerusalem 1994) 169. Am Grabungsort sind Reste aus römischer Zeit gefunden worden.

31 Dazu *Yigael Yadin*, Expedition D, in: IEJ 11 (1961) 49; *ders.*, Bar Kokhba (New York 1971) 130; *Yoram Tsafrir*, Eine Höhle aus der Zeit Bar-Kochbas bei Ein Arrub, in: Qadmoniot 8 (1975) 24–27 [hebr.].

zeitig das Erscheinen des Erlösers verkündet habe; auf die Frage, wo dieser sich befinde, habe er geantwortet: „in der Stadt Araba bei Bethlehem in Judäa."[32]

Wenn Bar-Kochba anscheinend keine der Führungsqualitäten besaß, die zu seiner Zeit gefordert waren, muß er wohl eine charismatische Persönlichkeit gewesen sein, eine der Führergestalten, wie sie in Krisenzeiten auftauchen und zu deren markanten Eigenschaften es gehört, daß sie nicht aus den Kreisen der legalen, rationalen Führung kommen. Somit stellt sich die Frage, worin Bar-Kochbas Charisma bestand; aus der talmudischen Literatur ergibt sich eine klare Antwort: in seiner sagenhaften Körperkraft. Das tritt besonders deutlich hervor in der Parallelüberlieferung des Midrasch zu dem Abschnitt aus dem Jerusalemer Talmud, wo Rabbi Akiba verkündet „das ist der König Messias"; dort heißt es in der Fortsetzung:

> Und was pflegte Ben Kosiba zu machen? Er fing Schleudersteine mit einem seiner Knie auf, warf sie zurück und tötete dabei etliche Personen; daraufhin tat Rabbi Akiba diesen Ausspruch[33].

Diese Quelle bezeugt also ausdrücklich, Rabbi Akiba habe Bar-Kochba angesichts seiner Körperkraft und seiner militärischen Fähigkeiten als den König Messias bezeichnet. Es scheint kein Zufall, daß die talmudische Überlieferung solchen Wert darauf legt, daß Rabbi Akiba Bar-Kochba vor Augen hatte, als er ihm den Titel Messias beilegte. Auch andere Quellen bezeugen Bar-Kochbas sagenhafte Körperkraft, so etwa wenn sie schildern, wie er die Bewerber um Aufnahme in seine Truppen durch Abschneiden von Fingern prüfte oder wie er Rabbi Elasar aus Modiin durch einen Fußtritt aus der Welt beförderte[34]. Damit zusammen geht auch die Beschreibung von Bar-Kochbas Tod durch einen Schlangenbiß, die sich in den palästinischen Quellen findet. Damit soll nicht nur gezeigt werden, daß alles ein Werk des Himmels war, sondern außerdem soll die Möglichkeit ausgeschlossen werden, daß ein charismatischer Kriegsheld wie Bar-Kochba im Kampf gefallen wäre. Das wird be-

[32] Thr. r. I, 51. Wahrscheinlich ist Birat ʿAraba mit Qiriath ʿArbaja aus den Briefen identisch, und die Gleichsetzung mit ʿEin ʿArrub liegt auf der Hand. In der Parallele steht jedoch „aus Birat Malka (=Königsstadt) bei Bethlehem in Judäa" (j Berachot II, 5a).

[33] Thr. r. II, 4. In der Ausgabe von Buber fehlt der letzte Satz, allerdings steht der Abschnitt dort vor Rabbi Akibas Ausspruch über Bar-Kochba. Vgl. auch Jalqut Schimoni zu Dtn, 946, ed. *Hyman-Shiloni*, 649 f.

[34] j Taaniot IV, 68d-69a; Thr. r. II, 4. Zu der Mutprobe des Fingerabhackens, die Bar-Kochba an denjenigen vorgenommen haben soll, die sich um Aufnahme in seine Truppen bewarben, siehe *Daniel Sperber*, „Finger-Chopping", in: *ders.*, Magic and Folklore in Rabbinic Literature (Ramat-Gan 1994) 121 f.

sonders deutlich in jener Text-Version, die davon erzählt, daß die Schlange sich um sein Knie gewunden hätte[35]. Ähnlich wie der biblische Samson, der so lange unüberwindlich war, wie er seine langen Haare besaß, in denen seine übernatürliche Kraft beschlossen war, konnte auch Bar-Kochba erst besiegt werden, nachdem er am Knie verletzt war, also an dem Körperteil, mit dem er die feindlichen Geschosse aufgefangen hatte und in dem seine physische Kraft ihren markantesten Ausdruck gefunden hatte.

Maimonides, der bedeutendste jüdische Philosoph des Mittelalters, hat betont, daß Bar-Kochba keinerlei Wundertaten zugeschrieben wurden, abgesehen von seiner militärischen Stärke. Er schreibt:

> Glaube nur nicht, daß der König Messias Zeichen und Wunder tun müßte, neue Dinge in der Welt schaffen, Tote auferwecken oder dergleichen – schließlich war Rabbi Akiba ein großer Gelehrter unter den Gelehrten der Mischna, und er war der Waffenträger des Königs Ben Kosiba und bezeichnete ihn als den messianischen König, und er und sämtliche Gelehrten seiner Generation hielten ihn für den messianischen König, bis er (sc. Bar-Kochba) um der Sünden willen ums Leben kam[36].

Es ist klar, daß Maimonides den Fall Bar-Kochba dazu benützt, seine eigene Lehre von der Beschaffenheit des Messias zu bestätigen. Wahrscheinlich haben seine Ausführungen auch mit der polemischen Auseinandersetzung mit anderen Gelehrten zu tun und mit den Umständen seiner Zeit, aber das tut seinem ausdrücklichen Hinweis auf das Fehlen von Wundertaten bei Bar-Kochba keinen Abbruch. Eigenartig klingt die Bezeichnung Rabbi Akibas als Bar-Kochbas ‚Waffenträger‘ - womöglich hatte Maimonides talmudische Quellen vor sich, die uns nicht überliefert sind.

Nur die christliche Überlieferung berichtet von Bar-Kochba, er habe sich übernatürlicher Wundertaten und nicht nur kriegerischer Heldentaten gerühmt. Zum Beispiel:

> Führer der Juden war ein Mann namens Bar Kochba, was ‚Stern‘ bedeutet. Er war zwar eine rechte Mörder- und Räubernatur, aber mit einer Art von An-

[35] Thr. r., ed. *Buber,* 51b-52a, ebenso Jalqut Schimoni zu Dtn 946, ed. *Hyman-Shiloni*, 650; nach der gedruckten Version von Thr. r. II, 4 wand sich die Schlange um Bar-Kochbas Hals; nach der Parallele j Taaniot IV, 69d um seinen Penis (oder um seinen Körper, je nach Wiedergabe der Vokabel פטומיה); nach Pessikta rabbati XXX, ed. *Friedmann*, 142a, um sein Herz. Der gemeinsame Nenner all dieser Versionen ist der, daß die Schlange an jenem Organ lokalisiert wird, das als der Sitz von Kraft und Mut galt.

[36] Mischne Tora, Sefer Schofetim, Hilchot Melachim XI, 3; vgl. ebd. Sefer Semanim, Hilchot Taaniot V, 3.

rede, wie sie Sklaven gegenüber am Platz ist, trat er als das Licht auf, das ihnen vom Himmel herabgestiegen sei, um den Elenden wunderbar zu leuchten[37].

Es ist unwahrscheinlich, daß hinter dieser Aussage eine echte Information über Bar-Kochba und seine Messianität steckt, vielmehr ist eine deutliche Tendenz erkennbar, ihn schlecht zu machen, ihn als eine Art ‚Anti-Christ' darzustellen. Christlichen Augen erscheint Bar-Kochba als Vertreter der nationalistisch fanatischen jüdischen Messianität, wobei im Hintergrund der Gegenpol der christlichen, universalistischen, geistigen und pazifistischen Erlösungsbotschaft steht[38]. Doch wenn man von der feindseligen Haltung dieser und ähnlicher Quellen gegenüber Bar-Kochba einmal absieht, hier etwa von der ihm unterstellten Unterjochung der Armseligen, dann kommen doch wieder messianische Erwartungen im Sinne von Rabbi Akiba zum Ausdruck, und sie erscheinen gerade in Gegenüberstellung zur christlich-himmlischen Messias-Hoffnung in irdisch-konkretem Licht.

Wer die in den Höhlen am Toten Meer gefundenen Bar-Kochba-Briefe liest, die mit vollem Namen und Titel unterzeichnet sind: Simon ben Kosba נשיא ישראל (=Fürst Israels), und dort so ausgesprochen grobe und drohende Äußerungen gegenüber den Unterführern des Aufstands findet, wie etwa: „Ihr sitzt und fühlt euch wohl, eßt und trinkt von Israels Besitz und kümmert euch überhaupt nicht um eure Brüder", oder „ihr sollt wissen, daß ich's euch heimzahlen werde", oder „ich werde eure Füße in Fesseln schlagen"[39] gewinnt den Eindruck: hier schreibt kein Mann, der als utopischer Messias auftreten möchte, vielmehr ein sehr irdischer Anführer, der seine Untergebenen in Furcht und Schrecken versetzen will. Zusammenfassend bleibt festzuhalten: Die Betrachtung Bar-Kochbas als messianischer König bringt seine politischen und militärischen Führungsqualitäten zum Ausdruck; der Mann war berühmt für seine physische Kraft, nüchtern, pragmatisch und draufgängerisch. Dafür spricht, daß Bar-Kochba in den palästinischen Quellen nirgends als falscher Messias dargestellt wird, obwohl das gesamte uns erhaltene talmudische Material nach dem Scheitern des Aufstands geschrieben ist, vielmehr ist die Haltung ihm gegenüber weiterhin ambivalent bei aner-

37 *Eusebius*, Kirchengeschichte IV 6.

38 Dazu *Efron,* (wie Anm. 23) 54; *Schürer,* (wie Anm. 18) 544f., Anm. 140; *Alon,* (wie Anm. 19) 619f.

39 Die erste Stelle – *Yadin,* (wie Anm. 31) 47; die zweite Stelle – ebd., 48; die dritte Stelle – *Józef T. Milik*, Textes hébreux et araméens, Les grottes de Murabba ʿât (DJD II, Oxford 1961) 160.

kennender Hervorhebung seiner militärischen Stärke. Rabbi Akibas Ansehen tat die Tatsache, daß er Bar-Kochba als Messias proklamiert hatte, auch nachträglich keinerlei Abbruch.

Der Boden für messianische Hoffnungen im utopischen und eschatologischen Sinne wurde erst durch den Schock des gescheiterten Aufstands bereitet, und mit der Enttäuschung der Hoffnung auf sofortige reale Erlösung, die durch den Aufstand herbeigeführt werden sollte, entstand eine Tendenz zur Beschäftigung mit einer endzeitlichen Erlösung und mit Endzeitberechnungen[40]. Trotzdem verfolgten die Führungsgremien, die sich mit Nachlassen der Verfolgungen im Anschluß an den Aufstand in dem galiläischen Ort Uscha neu zu konstitutieren suchten, denselben Kurs, den schon die Gelehrten von Jawne in den Generationen nach der Tempelzerstörung eingeschlagen hatten. Sie arbeiteten konkret und pragmatisch auf eine Verbesserung der durch den gescheiterten Aufstand entstandenen Situation hin und richteten ihre Energien auf Freikauf von Kriegsgefangenen, Aufhalten der Auswanderungswelle, Stabilisierung der Wirtschaft und, in allererster Linie, auf die Erneuerung des religiösen Lehr- und Lernbetriebs, um wieder Gelehrte zur Führung heranzubilden.

Völlig vom Bar-Kochba-Aufstand erholt hatte sich die jüdische Gemeinschaft im Lande erst zur Zeit von Rabbi Juda dem Fürsten (ca. 180–220 n. Chr.), die zweifellos als das ‚goldene Zeitalter' der Epoche von Mischna und Talmud zu betrachten ist. Das war eine Zeit korrekter Beziehungen zur römischen Obrigkeit sowie wirtschaftlicher Blüte. Die Führung lag in den Händen eines Fürsten mit weitreichenden Machtbefugnissen, einer ungewöhnlichen und dominanten Persönlichkeit, unter dessen Leitung die Redaktion der Mischna zum Abschluß kam. Die Regierungszeit von Rabbi Juda dem Fürsten zeichnete sich zwar durch Frieden aus, doch erinnert die Wertschätzung seiner Herrschaft in vielem an die Würdigung Bar-Kochbas und seiner Herrschaft durch das Volk.

[40] Zum Beispiel die Äußerungen von Rabbi Nathan, einem der Hauptsprecher der Generation von Uscha (b Sanhedrin 97b), die innerhalb einer Gruppe von Baraitot stehen, die sich mit apokalyptischen Dingen befassen. Rabbi Nathan möchte gleichzeitig das Vertrauen auf die endzeitliche Erlösung zum Ausdruck bringen, deren Verwirklichung mit übernatürlichen Vorgängen einhergeht, und die Unmöglichkeit, die Endzeit zu berechnen. Merkwürdigerweise findet sich in der Fortsetzung des Textes, wo Rabbi Nathans Aussage mit Äußerungen anderer Rabbinen konfrontiert wird, auch Rabbi Akiba erwähnt als einer derjenigen, die irrtümlich annahmen, das Ende sei nahe (ebd., vgl. *Urbach,* [wie Anm. 18] 675 f.).

Eine talmudische Überlieferung setzt fest: „Als Rabbi Akiba starb, wurde Rabbi geboren“[41], womit betont sein soll, daß die Nation mit dem gewaltsamen Tod von Rabbi Akiba nicht verwaist blieb, vielmehr kam sogleich sein künftiger Nachfolger auf die Welt. Rabbi Juda der Fürst wird in den Quellen einfach ‚Rabbi‘ genannt oder ‚unser heiliger Rabbi‘. Beim Begräbnis von Rabbi Juda dem Fürsten erhielten die Priester die Erlaubnis, daran teilzunehmen (wie am Begräbnis eines Königs), obwohl sie dadurch kultisch unrein wurden; so bezeugt ein Ausspruch von Rabbi Chija: „An jenem Tage, als Rabbi starb, wurde die Heiligkeit aufgehoben.“[42] Die Erlösungshoffnungen, die sich an Rabbi knüpften, äußerten sich wie bei Bar-Kochba darin, daß ihm davidische Abstammung zugeschrieben wurde[43]; Rabbi selbst bestimmte, daß das Zeichen für die Heiligung des neuen Monds lauten sollte: „David, der König Israels, lebt und hat Bestand.“[44] Kraft seiner Position und in Anbetracht der ruhigen politischen Lage macht er Anstalten, das Fasten am Zehnten des Monats Aw (zur Erinnerung an die Tempelzerstörung) abzuschaffen[45].

Ähnlich scharf, wie R. Jochanan b. Torta auf Rabbi Akibas Ausspruch reagiert hatte („Akiba, aus deinen Kiefern wird Gras sprießen, und der Sohn Davids wird immer noch nicht gekommen sein“), schleuderten die Söhne von Rabbi Chija (in angetrunkenem Zustand) Rabbi ins Gesicht: „Der Sohn Davids kommt nicht eher, als bis zwei Familien aus Israel ausgestorben sind, und zwar die des Exilarchen der babylonischen Diaspora und die des palästinischen Fürsten.“[46] Anscheinend war in diesen ihren Worten unter anderem auch Kritik an der messianischen Komponente von Rabbis Fürstentum enthalten. In der Fortsetzung rechtfertigt

[41] b Kidduschin 72b; vgl. Gen. r. 22, 2, ed. *Albeck*, 86f. mit den Anmerkungen des Herausgebers.

[42] b Ketubbot 103b. In der Münchener Handschrift steht „wurde das Priestertum aufgehoben“ (vgl. Dikduke Soferim haschalem leMassechet Ketubbot, II, 455 [ed. Mechon haTalmud ha-israeli ha-schalem]. Das gleiche gilt für die Fürsten aus dem Hause Rabbis (j Berachot III, 6a; j Nasir VII 56a).

[43] Dazu *Liver*, (wie Anm. 29) 32–38 mit der dort angegebenen Bibliographie; *Aharon Oppenheimer*, Galiläa zur Zeit der Mischna (Jerusalem 1991) 62 [hebr.]. Zu eben jener Zeit wurde auch dem babylonischen Exilarchen eine entsprechende Abstammung beigelegt.

[44] b Rosch haSchana 25a. Rabbi möchte sich den Rang eines Königs beilegen, wenn er an Rabbi Chija die Frage stellt, ob er einen Bock darzubringen habe (b Horajot 11b), denn für den König war als Sühneopfer ein Bock verordnet (m Horajot III 2–3). Raw, Rabbi Judas des Fürsten Schüler, soll gesagt haben, wenn der Messias zu seiner Zeit gelebt hätte, dann in Gestalt Rabbis (b Sanhedrin 98b).

[45] j Taaniot IV, 69c; b Megilla 5a-b; vgl. auch b Rosch haSchana 18b.

[46] b Sanhedrin 38a. Dazu auch *Moshe Aberbach*, König Hiskia von Juda und Rabbi Juda der Fürst: messianische Kontexte, in: Tarbiz 53 (1984) 351–371 [hebr.].

Rabbi Chija die Worte seiner Söhne indirekt, indem er sagt: „Wein hinein, Geheimnis raus" – Geheimnis, das heißt wahre Information, die jedoch besser nicht bekannt werden sollte. Allerdings war Rabbi Chija selbst unter denen, die Rabbi Judas des Fürsten Messianität hervorhoben, und im Zuge von Verurteilung der Sünden seiner Generation bezog er auf ihn den Bibelvers „Unser Lebenshauch, der Gesalbte des Herrn, ward in ihren Gruben gefangen"[47]. Der Hinweis auf Rabbis Messianität wird noch deutlicher in der Fortsetzung des Bibelverses: „er, von dem wir sagten: In seinem Schatten werden wir leben unter den Völkern" (Thr. 4, 20). Aus einer anderen Quelle geht hervor, daß Rabbi Chija in den Tagen von Rabbi Juda dem Fürsten eine Art Frühstadium der Erlösung erblickte:

> Rabbi Chija der Große und Rabbi Schimon ben Chalafta gingen zusammen in der Ebene von Arbel bei Tagesanbruch und sahen die ‚Hindin der Morgenröte', deren Licht hervorbrach. Da sprach Rabbi Chija der Große zu Rabbi Schimon ben Chalafta Berabi: „So ist die Erlösung Israels, zuerst nur ganz wenig, je weiter sie vorwärts geht, desto mehr nimmt sie zu."[48]

Rabbi Chija sah also in der Generation, die unter Leitung von Rabbi Juda dem Fürsten stand, den Anbruch der Erlösung und äußerte gleichzeitig Zurückhaltung gegenüber Endzeitberechnungen und Bedrängern des Endes. Daraus spricht vielleicht auch die Unterscheidung zwischen der Messianität von Bar-Kochba, der die Erlösung auf einen Schlag durch den Aufstand gegen Rom herbeiführen wollte, und der Art von Messianität, wie sie sich bei Rabbi Juda dem Fürsten findet, der eine Taktik verfolgte, die Schritt für Schritt die Erlösung näher bringt. Dabei fällt allerdings auch eine markante Übereinstimmung zwischen den beiden auf; beide wollten nämlich die Erlösung mit realen irdischen Mitteln bewirken. Jede dieser beiden Führergestalten, die beide mit demselben offiziellen Titel, ‚Fürst', benannt wurden, stellte in seiner Generation die konkrete Verwirklichung messianischer Hoffnungen dar.

Demnach haben innerhalb eines relativ kurzen Zeitraums in der Geschichte des römischen Weltreichs die Begriffe Messias und Messianität

[47] j Schabbat XVI, 15c. Zur Darstellung von Bar-Kochba als eine Art Messias siehe *Urbach,* (wie Anm. 18) 678 f.; *ders.*, Status und Führung in der Welt der palästinischen Rabbinen (Proceedings of the Israeli Academy of Science II, Jerusalem 1965) 51 [hebr.], wiederabgedruckt in Urbachs hebräischem Aufsatzband: Aus der Welt der Rabbinen (Jerusalem 1988) 326.

[48] j Berachot I, 2c. In einer anderen Quelle wird die von Rabbi Juda dem Fürsten herbeigeführte Epoche der Wohlfahrt mit der unter Daniel und seinen Genossen verglichen, mit der unter Mordechai und Esther und mit der unter den Hasmonäern (b Megilla 11a, vgl. auch *Dikduke Soferim* zu dieser Stelle).

verschiedene Formen angenommen. Der Messias bringt stets eine Botschaft, die Frage ist nur, in welchem Bereich und mit welchem Ziel. Im Christentum hat die messianische Botschaft utopische Züge angenommen: Es geht um die Neubestimmung des rechten Verhältnisses zu Gott; es handelt sich um ein apokalyptisches Endzeitbewußtsein, das den Gerechten ihre Belohnung in der künftigen Welt verheißt. Im Judentum bildeten sich zwei Formen von Messianismus heraus: Zum einen der politische Messianismus, der das nationale Leben erneuern will und den Wiederaufbau des Tempels samt Wiederaufnahme seines Kultes anstrebt. In diesem Sinne wurden sowohl Bar-Kochba als auch Rabbi Juda der Fürst als Verwirklichungen messianischer Hoffnungen aufgefaßt. Zum anderen kamen unter Juden, wie wir gesehen haben, bereits in römischer Zeit, und zwar besonders zu Not- und Krisenzeiten, auch apokalyptische Messiashoffnungen und Endzeitberechnungen auf. Als die akute Not vorüber war, ging die rabbinische Führung selbst gegen diese Erwartungen vor und verurteilte insbesondere die Endzeitberechnungen.

Mit dem Bar-Kochba-Aufstand erreichte die Trennung des Christentums vom Judentum ihren Höhe- und Endpunkt. Obwohl die Christen zu jener Zeit von den Römern verfolgt wurden, konnten sie sich doch einem Aufstand nicht anschließen, an dessen Spitze ein Messias stand, selbst wenn es sich nach jüdischer Auffassung ‚nur' um einen politischen Messias handelte. In christlichen Augen war Bar-Kochba, wie wir gesehen haben, nicht nur kein Messias, sondern er wurde allmählich zum Anti-Christ. Das Scheitern des Bar-Kochba-Aufstands wurde von den Christen freudig begrüßt, und die Tatsache, daß den Juden der Zutritt zu Aelia Capitolina, wie die Stadt Jerusalem genannt wurde, verwehrt war, den Christen dagegen erlaubt, verschaffte den letzteren Genugtuung[49]. Die Verwandlung von Jerusalem in eine heidnische Stadt vollendete aus christlicher Sicht den Prozeß, der mit der Tempelzerstörung eingesetzt hatte, und bestätigte die Position des Christentums als Nachfolger des Judentums, als das ‚wahre Israel'. Dies führte auf der christlichen Seite zu einer Abwertung des irdischen Jerusalem, das nun keine heilige Stadt mehr war, zugunsten einer Hervorhebung des himmlischen Jerusalem im Sinne alter apokalyptisch-messianischer Tradition.

In der jüdischen Einstellung zu Jerusalem vollzog sich eine zweifache Wandlung analog zur Vorstellung vom Messias. Einerseits förderten das Scheitern des Bar-Kochba-Aufstands sowie das über Juden verhängte

49 Vgl. *James R. Harris*, Hadrian's Decree of Expulsion of the Jews from Jerusalem, in: HTR 19 (1926) 199–206.

Verbot, die Stadt zu betreten, das Aufkommen apokalyptisch-mystischer Lehren, die Flucht in höhere Welten bzw. in eine Endzeiterwartung. Andererseits reagierten bedeutende rabbinische Autoritäten mit antiapokalyptischen Äußerungen, die auf Rückführung dieser Hoffnungen in rationale Regionen gerichtet waren. Besonders markant ist hier die Reaktion von R. Jochanan bar Nappacha, einem Schüler von Rabbi Juda dem Fürsten und bedeutenden palästinischen Amoräer, der um die Mitte des 3. nachchristlichen Jahrhunderts wirkte:

> Der Heilige, gelobt sei Er, sprach: Ich will das obere Jerusalem nicht eher betreten, als bis ich in das untere Jerusalem komme[50].

Demnach wäre der Wiederaufbau des zerstörten irdischen Jerusalem die Vorbedingung für Gottes Eintritt in das himmlische Jerusalem. Rabbi Jochanan rüttelte also nicht an der Existenz des oberen Jerusalem, aber er machte es zu einer Art Anhängsel des unteren, insofern als er die Entstehung des himmlischen Jerusalem vom Auf- und Ausbau seines irdischen Gegenstücks abhängig erklärte.

Mir ist es angenehm, diesen Überblick mit der römischen Epoche abzuschließen, wo ich mit beiden Beinen fest auf der Erde stehe; als Historiker der Alten Zeit bin ich schließlich nicht verpflichtet, auch noch Ereignissen nach der muslimischen Eroberung im 7. Jahrhundert nachzuspüren. Doch wenn jemand von Ihnen für das Verständnis moderner Erscheinungen im Judentum, die ihn an Formen des Messianismus erinnern, den Begriff aus dem Altertum mit all seiner Bedeutungsvielfalt heranziehen möchte, so tut er dies mit größerer Berechtigung, als wenn er vergleichbare antike Ereignisse mit einem Messias-Begriff zu erklären sucht, wie er sich im Laufe der folgenden Jahrhunderte im Judentum herausgebildet hat.

[50] b Taanit 5a. Vgl. *Ephraim E. Urbach*, Das obere und das untere Jerusalem in: Jerusalem über seine Generationen hin (Jerusalem 1968) 156–171 [hebr.], wiederabgedruckt in Urbachs hebräischem Aufsatzband (wie Anm. 47) 376–391.

Stephen A. Schuker

Bayern und der rheinische Separatismus 1923–1924*

Das überlieferte Geschichtsbild betont den tiefen Gegensatz zwischen München und Berlin im kritischen Jahr 1923. In der 'Hauptstadt der Bewegung' kulminierte dieser Gegensatz im Hitler-Putsch vom 8./9. November. Das Scheitern des Putschs löste allerdings weder die grundlegenden politischen noch die verfassungsrechtlichen Fragen[1].

In den zwei Generationen nach 1871 pflegte das deutsche Reich mit großer Emsigkeit den aufkommenden patriotischen Nationalismus. Aber der selbstbewußte Bau von Monumenten und das Verfassen von national gesinnten Schulbüchern allein trug wenig dazu bei, die kulturellen Unterschiede zwischen Preußen und dem den Wittelsbachern loyalen Bayern zu verringern. In erster Linie katholisch und unbeirrbar agrarisch, wollte das unbekümmerte Bayern seinen geliebten Partikularismus gegen den strengen und pflichtbewußten protestantischen Ethos Preußens schützen, komme er in Form des Junkertums oder des Sozialismus.

Die Entwicklung von Wirtschaft, Finanzen, Verkehr und Kommunikation förderten mit der Zeit eine wachsende Integration. Dennoch trieben die unterschiedlichen Ergebnisse der Revolutionen 1918/19 in Berlin und München die beiden Gebiete weiter auseinander. Es gehört heute zum guten Ton, die Bedeutung der Ereignisse von 1918 in Berlin als „Revolution von oben" abzuwerten. Trotzdem wurden die Sozialisten zur einflußreichsten Partei bei der Schaffung der neuen Verfassung der Weimarer Republik und auch zur dominanten Kraft in Preußen. Bedeutsamerweise nahm die Reichsregierung, wenn auch ohne innere Überzeugung, den Versailler Vertrag an[2].

* Besonderen Dank für ihre Hilfe und Anregungen schuldet der Verfasser Frau Dr. Elisabeth Glaser und Frau Julia Kindt.

1 *Hans Hubert Hofmann*, Der Hitlerputsch. Krisenjahre deutscher Geschichte 1920–1924 (München 1961); *Harold J. Gordon, Jr.*, Hitler and the Beer Hall Putsch (Princeton 1972).

2 Eine kenntnisreiche Zusammenfassung der Forschung zur Weimarer Republik gibt *Hans Mommsen*, Die verspielte Freiheit. Der Weg der Republik von Weimar in den Untergang 1918–1933 (Berlin 1989).

Im Gegensatz dazu lösten die Exzesse der Münchner Räterepublik nach der Ermordung von Kurt Eisner im bayerischen Bürgertum derartige Bedrohungsvorstellungen aus, daß jegliche Zusammenarbeit zwischen SPD und der tonangebenden bayerischen Volkspartei (BVP) unmöglich wurde. Die Reichswehr wurde gerufen, um die Räterepublik zu stürzen. Nachdem der Sturm sich gelegt hatte, fanden in Bayern weniger soziale Veränderungen statt als anderswo. Die alten Eliten behielten ihre Stellung. Die herrschenden Klassen betrachteten den Machtzuwachs der Industriearbeiter in Preußen mit Mißtrauen. Überdies, keine der etablierten Kräfte in Bayern, außer der SPD, akzeptierte den Versailler Vertrag. Ab 1920 unterhielt die bayerische Regierung eine große Einwohnerwehr und bereitete den zahlreichen Freikorps, die gegen die Anerkennung der Kriegsniederlage ankämpften, einen freundlichen Empfang[3].

Die Mehrheit der Bayern jedweder politischen Überzeugung stießen sich auch daran, in welchem Ausmaß die Weimarer Verfassung die regionalen Rechte beschnitten hatte[4]. Allerdings sollte uns die lärmende Auseinandersetzung über den lokalen Partikularismus nicht dazu verleiten, die Bedeutung dieser Auseinandersetzung zu sehr zu betonen. Um sich Frankreich aktiv zu widersetzen, arbeitete die bayerische Staatskanzlei im Herbst und Winter 1923–24 eng mit den Reichsstellen zusammen. München wie auch Berlin weigerten sich, eine Einigung mit den Besatzungstruppen im Rheinland und in der Pfalz in Betracht zu ziehen. Staatsrat Hans Schmelzle*[5], die entscheidende Figur in der bayerischen Politik unter Ministerpräsident Eugen von Knilling* und Generalstaatskommissar Gustav von Kahr*, stimmte in dieser Hinsicht völlig mit dem Reichskanzler und Außenminister Gustav Stresemann* überein. Beide hielten es mit der Bismarckschen Devise des „Primats der Außenpolitik". Und beide erkannten in dem Konflikt mit Frankreich über die Ruhr eine Gelegenheit, durch resolutes Handeln das europäische Mächtegleichgewicht zu verändern, das aus dem Ersten Weltkrieg entstanden war. Deshalb zeigte keine der beiden Regierungen sich bereit, Konzessionen zu machen, um das Leiden der Bevölkerung in den besetzten Ge-

[3] *Karl Schwend*, Bayern zwischen Monarchie und Diktatur (München 1954); *Wolfgang Benz*, Süddeutschland in der Weimarer Republik (Berlin 1970); *Allan Mitchell*, Revolution in Bavaria, 1918–1919 (Princeton 1965).

[4] *D. R. Dorondo*, Bavaria and German Federalism: Reich to Republic (New York 1992) 1–26; *Werner G. Zimmermann*, Bayern und das Reich 1918–1923. Der Bayerische Föderalismus zwischen Revolution und Reaktion (München 1953). Viele der einschlägigen Dokumente finden sich in *Ernst Rudolf Huber* (Hrsg.), Dokumente zur deutschen Verfassungsgeschichte, Bd. 4 (Stuttgart 1991).

[5] Für Kurzbiographien der mit * bezeichneten Personen siehe Anhang.

bieten zu mildern. Anschaulich ausgedrückt, war, wenn es um Außenpolitik ging, die innere Frontstellung nicht Bayern gegen Preußen, sondern Berlin und München gegen Köln.

* * *

Der Versailler Vertrag von 1919 hat immer noch einen schlechten Ruf im deutschen Volksempfinden. Fachhistoriker gelangen in der Rückschau jedoch keineswegs einmütig zu dem Schluß, daß Deutschland durch den Vertrag eine harte Behandlung erfuhr, mißt man ihn am Grad der deutschen Verantwortung für den Ausbruch des Ersten Weltkriegs sowie den aggressiven Zielsetzungen während des Krieges. Im Westen verlor das Reich verhältnismäßig wenig Territorium. Zum zukünftigen Schutz seiner äußeren Sicherheit mußte sich Frankreich mit einer fünfzehnjährigen Besetzung des Rheinlands zufriedengeben. Die Besetzung sollte zu dem Zeitpunkt auslaufen, zu dem die Überlegenheit in der deutschen Heeresstärke aufgrund der unterschiedlichen demographischen Entwicklung am größten sein würde[6].

Nach Kriegsende versuchten die Alliierten von Deutschland Reparationen zu erhalten, genau wie das Deutsche Reich es nach dem Krieg von 1870/71 getan hatte. Sie hatten kaum Erfolg. Der Londoner Zahlungsplan von 1921 bestimmte einen hohen, jedoch nicht unbezahlbaren Betrag. Tatsächlich bezahlten die Alliierten in der Folge das Äquivalent der Netto-Reparationen an Deutschland: Der Kapitalzufluß aus Währungsspekulation und Krediten überstieg die unentgeltlichen Leistungen Deutschlands ans Ausland[7].

Im Januar 1923 stellte die Regierung Cuno die Zahlungen ein. Frankreich und Belgien besetzten die Ruhr. Der französische Premierminister Raymond Poincaré*, vom Temperament eher ein Paragraphenreiter, wurde im Simplicissimus als ein Mann porträtiert, der buchstäblich bereit war, deutsche Babys zum Frühstück zu verspeisen. In Wirklichkeit hatte Poincaré monatelang hin- und hermanövriert, um eine Alternative zur Ruhrbesetzung zu finden, die seinen Beratern zufolge nichts einbringen würde. Als er schließlich gezwungen war zu handeln, verglich sein

[6] Die neueste Forschung ist zusammengefaßt in: *Manfred Boemeke, Gerald D. Feldman, Elisabeth Glaser* (Hrsg.), The Treaty of Versailles: A Reassessment After Seventy-Five Years (New York 1998).

[7] *Stephen A. Schuker*, American „Reparations“ to Germany, 1919–33 (Princeton 1988).

Kriegsminister sein Dilemma mit dem „einer Henne, die gerade ein Entchen geboren hat“[8].

In der Tat ließ der Kurs der Regierung Cuno der Henne keinen Ausweg mehr. Berlin proklamierte den passiven Widerstand und hielt ihn erfolgreich für neun Monate aufrecht. Die Regierung druckte Papiergeld und subventionierte die Bevölkerung des Rheinlands und der Ruhr, damit sie nicht für die Besatzer arbeitete[9]. Als im September 1923 die Kosten des passiven Widerstands die deutsche Währung nahezu zerstört hatten, schlug Reichskanzler Stresemann widerstrebend die Beendigung der Unterstützung für den Ruhrkampf vor. Er bezeichnete dies als „interne deutsche Maßnahme“, denn er beabsichtigte „nicht etwa eine Kapitulation“. Er rechtfertigte diesen Schritt mit einer militärischen Analogie: „Kann eine Festung länger gehalten werden, die so viel Proviant verschlingt, daß das gesamte Heer leidet?“ Stresemann zog die amtlichen Verordnungen für den passiven Widerstand zurück. Er unterzeichnete jedoch keine Verpflichtungen und nahm die Reparationssachlieferungen nicht wieder auf. Auch weigerte er sich, die Firmen zu entschädigen, die dies doch taten, und lehnte es ab, den Beamten vor Ort die Zusammenarbeit mit den Invasoren zu befehlen. Er appellierte stattdessen an das Mitgefühl Großbritanniens und der Vereinigten Staaten und wartete in Ruhe die weiteren Ereignisse ab[10].

Der Kampf an Ruhr und Rhein ging unter diesen geänderten Vorzeichen weiter. Voller Verzweiflung setzte Frankreich nun auf die Karte des rheinischen Separatismus. Im Gegensatz zur herrschenden Meinung in Deutschland hatte Poincaré die Ruhrbesetzung nicht vorrangig aus Erwägungen über die äußere Sicherheit Frankreichs angeordnet. Der Aachener Separatistenputsch am 21. Oktober 1923 traf die Pariser Ministerien völlig unvorbereitet. Der Putsch wurde von Brüsseler Nationalisten angezettelt, die eine niederrheinische Republik zum Schutz Belgiens gegen eine französische Einkreisung schaffen wollten[11]. Obwohl

[8] Journal Edmond Buat, 5. Januar 1923, Institut de France, Paris.

[9] Hinweise auf die immense Forschung über die Ruhrbesetzung und die deutsch-französische Diplomatie geben *Jacques Bariéty*, Les Relations franco-allemandes après la première guerre mondiale (Paris 1977); *Peter Krüger*, Die Außenpolitik der Republik von Weimar (Darmstadt 1985).

[10] Alte Reichskanzlei, Weimarer Republik, Die Kabinette Stresemann I und II (Boppard am Rhein 1978) Bd. 1, 334–377, 378–385, 417–422 (im folgenden zitiert: AR Stresemann). Vgl. allerdings die positiveren Einschätzungen in *Michael-Olaf Maxelon*, Stresemann und Frankreich 1914–1929 (Düsseldorf 1972); *Christian Baechler*, Gustave Stresemann. De l'impérialisme à la sécurité collective (Strasbourg 1996).

[11] Neuere historische Einschätzungen haben *Walter A. McDougall*, France's Rhineland

der Aufstand sich also gegen Frankreich richtete, waren sich der Hohe Kommissar Paul Tirard* in Koblenz und die führenden Beamten im Quai d'Orsay in Paris einig: Wenn die Rheinland-Bewegung nun einmal in Gang gekommen war, konnte man es sich nicht leisten, sie scheitern zu lassen[12]. In den folgenden Wochen gewährten die französischen Besatzungstruppen wohlwollenden Schutz, während die Separatisten öffentliche Gebäude besetzten und die Rheinische Republik proklamierten – in den mittelrheinischen Städten und in der zweiten Novemberwoche auch in der Pfalz.

Die Pfalz ist bekanntermaßen eine Landschaft von überwältigender Schönheit. Unbestreitbar war sie nicht gerade der industrielle Hauptstandort des Rheinlandes. Abgesehen von den Chemieunternehmen in Ludwigshafen gab es nur wenige Fabrikbetriebe, um die man einen Krieg geführt hätte. Mit nur 880 000 Einwohnern war die Pfalz zu klein, um wirtschaftlich selbständig existieren zu können. Trotzdem sprachen die französischen Militärstrategen der Region beträchtliche Bedeutung zu. Sie bildete den logischen Ausgangspunkt für eine französische Offensive durch das Maintal, um im Osten eine Verbindung mit Polen und der Tschechoslowakei zu schaffen. Retrospektiv erscheint die Idee unrealistisch, Frankreichs Stellung gegenüber Deutschland durch Allianzen mit militärisch unterentwickelten Staaten in Osteuropa zu verbessern. Im Sinne dieser übergeordneten Zielsetzung versprach jedoch die militärische Kontrolle der Pfalz, den französischen Hilfszusagen an die östlichen Alliierten mehr Glaubwürdigkeit zu verleihen[13].

Zahlreiche französische Zeitungen versuchten den Eindruck zu erwecken, daß die Separatistenbewegung im Rheinland öffentliche Unterstützung genoß. Das französische Außenministerium wußte es besser. Der politische Direktor Peretti de la Rocca* machte sich keine Illusionen über Josef Matthes, Hans Dorten und die anderen rheinischen Separatisten. Sie waren allesamt, räumte er unter Freunden ein, „Schurken und

Diplomacy 1914–1924 (Princeton 1978) 306–311; *Klaus Reimer*, Rheinlandfrage und Rheinlandbewegung (1918–1933) (Frankfurt a.M. 1979) 306–313; *Christoph W. Jacobs*, Belgien und die Rhein-Ruhrfrage (1918–1923) (phil. Diss., Bonn 1976) 238–261, präsentiert.

12 *Bariéty*, Relations franco-allemandes 250–255.

13 *Piotr S. Wandycz*, France and Her Eastern Allies, 1919–1925 (Minneapolis 1962). Für die Einzelheiten von „Plan A", der nach langen Überlegungen am 1. Januar 1924 in Kraft trat, siehe *P.-E. Tournoux*, Défense des frontières: Haut Commandement-Gouvernement 1919–1939 (Paris 1960) 27–47, 333–335.

Tunichtgute"[14]. Die Franzosen gaben dennoch vor, daß die Bewegung in der Pfalz tief verwurzelt war. Das Hauptziel Frankreichs war es allerdings, die von den Separatisten gestiftete Unruhe als Druckmittel auszunutzen. Die Regierenden im Rheinland und der Pfalz sollten dazu bewegt werden, ihre Zukunft selbst in die Hand zu nehmen.

Frankreich hatte keine klaren Konzepte über die möglichen Konsequenzen. Wer hätte sie in einem solchen Augenblick? Es gibt Momente in der Geschichte, in denen politische Strukturen ins Wanken geraten. Politiker mit Vorstellungskraft können die Möglichkeiten des Augenblicks erkennen und den Lauf der Geschichte verändern. So nutzte Bismarck 1870 die Emser Depesche, um Frankreich in einen Krieg zu ziehen und das Deutsche Reich zu schaffen. 1989 erkannte Kohl den Fall der Mauer als einmalige Chance, die beiden deutschen Staaten zu vereinigen[15]. Nichtsdestoweniger erweist sich manchmal der scheinbare goldene Moment als Narrengold. 1923 setzte Poincaré darauf, die Mängel des Versailler Vertrags beheben zu können. Er verlor. Der kombinierte Widerstand in München und Berlin war dabei entscheidend.

1816 wurde die Rheinpfalz ein Teil des Königreichs Bayern. Zur gleichen Zeit annektierte Preußen die Rheinprovinz, die für eine Generation unter französischer Kontrolle gestanden hatte. Viele Pfälzer hatten den Code Civil Napoleons und die französischen Verwaltungsreformen gutgeheißen. Dennoch entwickelte sich während des 19. Jahrhunderts ein kraftvoller deutscher Patriotismus in der Region. Die Reichsgründung 1871 wurde mit Jubel begrüßt. Die Pfälzer pflegten zudem auch, wie alle deutschen Länder, ein leidenschaftliches Heimatgefühl. Wahre Begeisterung für Bayern stellte sich nicht ein[16]. Religiöse und politische Unterschiede trennten Bayern und die Rheinpfalz; die Tatsache, daß das

[14] Botschafter Edmond Gaiffier d'Hestroy an Henri Jaspar, 13. November 1923, Série Politique 10.441/3, Ministère des Affaires Etrangères et du Commerce Extérieur, Brüssel.

[15] *Lawrence Steefel*, Bismarck, the Hohenzollern Candidacy, and the Origins of the Franco-Prussian War of 1870 (Cambridge MA 1962); *Lothar Gall*, Bismarck, der weiße Revolutionär (Berlin 1980); *Helmut Kohl*, Ich wollte Deutschlands Einheit, dargestellt von *Kai Diekmann* und *Ralf Georg Reuth* (Berlin 1996); *Philip Zelikow* und *Condolezza Rice*, Germany Unified and Europe Transformed (Cambridge MA 1995).

[16] Siehe *Kurt Baumann*, Die Pfalz und die französische Revolution sowie Die Pfalz und die Reichsgründung von 1871, in: *Kurt Andermann* (Hrsg.), Von Geschichte und Menschen der Pfalz (Speyer 1984) 179–197, 349–364; *F. Thalmann*, Die Pfalz in der Zeit der Französischen Revolution und Napoleons, in: *Michael Geiger, Günter Preuß* und *Karl-Heinz Rothenberger*, Pfälzische Landeskunde (Landau 1981) 153–178; *Ernst Otto Bräunche*, Parteien und Reichstagswahlen in der Rheinpfalz von der Reichsgründung 1871 bis zum Ausbruch des Ersten Weltkrieges 1914 (Speyer 1982); *Celia Applegate*, A Nation of Provincials: The German Idea of Heimat (Berkeley 1990).

Gebiet Badens zwischen ihnen lag, ließ nicht viel Gemeinschaftsgefühl aufkommen. Die Speyerer Zeitung notierte 1918, daß „die Pfalz von Bayern recht stiefmütterlich behandelt wird“[17]. Es gibt jedoch wenig Belege dafür. Tatsächlich wollte die bayerische Regierung die Pfalz unbedingt behalten. Sie schlug während des Ersten Weltkriegs sogar vor, das benachbarte Elsaß zu annektieren[18]. Und obwohl einige Vertreter der bayerischen Geistlichkeit sich gegen den protestantischen Einfluß in der Landesverwaltung wandten, waren in den zwanziger Jahren sowohl Protestanten als auch Pfälzer im bayerischen Staatsdienst überrepräsentiert[19].

Bis Herbst 1918 glaubten viele Deutsche an einen Sieg im Krieg. Die Bürger der Pfalz teilten diese Hoffnung. Die französische Besatzung im Dezember 1918 kam als traumatischer Schock. Trotzdem erhob sich die Freie Pfalz-Bewegung des Jahres 1919 nie über das Niveau einer komischen Oper. Gewisse Mitglieder der Zentrumspartei hätten es im Idealfall vorgezogen, sich mit Köln in einer rheinischen Republik zu vereinigen. Aber die Freie Pfalz fand wenig Anhänger. Der Putschversuch des Chemikers Eberhard Haas am 1. Juni in Speyer fiel kläglich in sich zusammen[20].

Vor allem veranlaßten die Ereignisse des Jahres 1919 die bayerische Regierung dazu, zur Tat zu schreiten. Der ausgewiesene Regierungspräsident Theodor von Winterstein*, ein imponierender und selbstloser Beamter, sollte eine Verteidigungstroika organisieren, um ähnliche Versuche in Zukunft abzuwehren. Im August 1919 vergab der bayerische Landtag 10 Millionen Mark für die Verteidigung der Pfalz. Die Mittel sollten für Zwecke der Kulturpropaganda, der industriellen Entwicklung

[17] Speyerer Zeitung, 5. März 1918, zitiert bei: *Ernst Otto Bräunche*, Die Pfalz muß deutsch bleiben. Festschrift zum 100jährigen Bestehen der Pfälzischen Hypothekenbank (Speyer 1986) Bd. 2, 229.

[18] Siehe die Akte „Grenzangelegenheiten: Elsass-Lothringen Frage 1914–18“, Bayerische Gesandtschaft Berlin Nr. 1130, Bayerisches Hauptstaatsarchiv, München (im folgenden zitiert: BHStA).

[19] *Heinrich Jolas*, Berufliche Erlebnisse eines Pfalz-Bayerischen Verwaltungsbeamten, 3 Bde., Bd. 2, 291–292, C 1381, Landesarchiv Speyer (im folgenden zitiert: *Jolas*, Berufliche Erlebnisse).

[20] *Gerhard Gräber* und *Matthias Spindler*, Revolver Republik am Rhein. Die Pfalz und ihre Separatisten, November 1918–November 1923 (Landau 1992) 39–55; *Dr. Ritter-Mannheim* (Hrsg.), *Paul Jacquot*, General Gérard und die Pfalz (Berlin 1920). Zum größeren Zusammenhang siehe *Henning Köhler*, Novemberrevolution und Frankreich. Die französische Deutschland-Politik 1918–1919 (Düsseldorf 1980). Die Akten der 8. französischen Armee streichen das vorherrschende Chaos und die Inkompetenz der SRAC (Services des Relations avec les Autorités Civiles) heraus, 16 N 1666–1669, Service Historique de l’Armée de Terre, Vincennes.

sowie für politische Aktivitäten genutzt werden[21]. Als Staatskommissar für die Pfalz brachte Winterstein die lokalen Parteiführer dazu, sich der Münchner Linie zu unterwerfen und in einem Aktionsausschuß zusammenzuarbeiten. Gleichzeitig gründete er im badischen Mannheim die Zentralstelle für Pfälzische Angelegenheiten zur Koordinierung der Propaganda, des Nachrichtenwesens sowie der direkten Aktionen gegen die Besatzungskräfte[22].

Diese Pfalzzentrale wurde 1921 pro forma aufgrund von französischen Beschwerden aufgelöst und in Heidelberg unter dem Namen „Haupthilfestelle für die Pfalz" reorganisiert. Die Haupthilfestelle dirigierte durch ihre Propagandaeinheit, getarnt mit dem unschuldigen Namen Südwestdeutscher Verlag, die Pressekampagne gegen die Kolonialtruppen Frankreichs, die sogenannte 'Schwarze Schmach' am Rhein. Sie finanzierte diese Arbeit aus Mitteln der Reichsstelle für Heimatdienst in Berlin sowie des Staatsministeriums des Äußern in München. Ray Beveridge, die in den USA geborene und nunmehr in Bayern ansässige Frauenrechtlerin, hielt im Auftrag der Haupthilfestelle eine Reihe bemerkenswerter Vorträge[23]. Dabei stellte sie u.a. ein unterernährtes, sechsjähriges deutsches Kind zur Schau sowie ein strammes neunmonatiges Baby, das sie als „schwarzen Bastard" präsentierte. In Heidelberg entstand also eine gut durchorganisierte Dienststelle. 1923–24 konnte sie ausgebaut und zum Zwecke der aktiven Abwehr mobilisiert werden[24].

Die Haupthilfestelle war eine außergewöhnliche Institution. Sie war vom Münchner Ministerium des Äußern gegründet worden, erschien aber auf keinem Organisationsplan und operierte teilweise im Untergrund. Ihr Leiter mußte die Fähigkeiten eines Heeresoffiziers, Guerillachefs, Verwaltungsbeamten, Journalisten und Public Relations-Experten in sich vereinigen. Winterstein fand in Dr. August Ritter von Eberlein*, der zeitweilig als Sicherheitsfachmann für die Regierung Johannes Hoffmann in Bamberg arbeitete, einen solchen Mann.

Eberleins Autobiographie zeigt in komprimierter Form die Vieldeutigkeiten seines Lebenslaufes[25]. Als promovierter Historiker war Eber-

[21] Siehe die Akten „Hilfsaktion für die Pfalz" und „Wintersteinfonds", Ministerium des Äußern, MA 107751–107754, 107757, BHStA.

[22] Für eine kurze Verwaltungsgeschichte dieser Stelle siehe den Bericht an Herrn Staatskommissar für die Pfalz, 12. September 1922, MA 108271, BHStA.

[23] *Ray Beveridge*, Die schwarze Schmach (Heidelberg 1921); auch Mein Leben für euch (Berlin 1937).

[24] *Jolas*, Berufliche Erlebnisse Bd. 2, 108.

[25] „Vom Max-Josef-Ritter zum Kriegsverbrecher", Anhang zu seinem Roman, Die Spionin vom Rhein (Berlin 1930) 147–254.

lein bei Kriegsbeginn Direktor der städtischen höheren Töchterschule Pirmasens. Seine Aufsehen erregende Erscheinung und enorme physische Energie wirkten anziehend auf junge Frauen. Er wurde just zu dem Zeitpunkt als Leutnant des 18. Bayerischen Infanterieregiments mobilisiert, um eine Untersuchung seiner extra-curricularen Aktivitäten an der Schule zu vermeiden. Während des Einmarsches in Frankreich hatte Eberlein seine Kompanie in St. Dié von Freischärlern eingeschlossen gefunden. Kurzentschlossen drang er in ein Café ein und fesselte drei Zivilisten davor auf Stühle und schützte auf diese Weise seine Truppen, bis Verstärkung eintraf. In der Folge führten die Franzosen ihn als Nr. 42 auf der Liste der deutschen Kriegsverbrecher; im Gegensatz dazu verlieh ihm Bayern die höchsten militärischen Ehrungen für Tapferkeit. Waghalsig, äußerst erfinderisch und skrupellos erwies sich Oberregierungsrat von Eberlein als Dorn im Fleische der französischen Besetzung, indem er 1923 mühelos zwischen Propagandatätigkeit, passivem Widerstand und Sabotage hin und her wechselte[26].

Eberleins Schwäche lag auf dem Gebiet der Verwaltung. Nachdem die Franzosen die Kreisregierung in Speyer aufgrund mangelnder Zusammenarbeit ausgewiesen hatten, wurde eine bayerische Geschäftsstelle im Heidelberger Exil unter der Leitung des erfahrenen Regierungspräsidenten Jakob Mathéus* aufgebaut. Mathéus besaß ausgezeichnete Verbindungen mit den pfälzischen Gewerkschaften wie auch mit dem Bürgertum. Die Geschäftsstelle hatte ihr Büro in demselben Gebäude auf der Klingenteichstraße, in dem sich auch die Haupthilfestelle befand. Die Kreisregierung im Exil und die Geheimoperation diskutierten ihre gegenseitigen Zielsetzungen täglich[27]. Unvermeidlicherweise ergaben sich Differenzen über die zu verfolgende Taktik. Die Nr. 2 im Münchner Pfalzkommissariat Heinrich Jolas* monierte, daß Eberlein keinen Gemeinschaftssinn zeigte. Der „lebhaft fühlende und sprechende, von starkem Geltungsdrang besessene Mann war geneigt, Ansichten, die den seinigen zuwiderliefen, als unmoralisch zu betrachten“. Es überrascht kaum, daß der Freistaat Bayern nach dem Ende der Krise Eberlein und

[26] Siehe die Aktenbestände im Staatsministerium zu Eberlein MA 108356 und 107726; ebenfalls die Vormerkung Jolas, 16. Dezember 1930, in MA 107668, BHStA. Die Franzosen bewahrten einen reichen Aktenbestand über Ritter von Eberlein auf, zusammengefaßt in Note remise par le Haut Commissaire de France à la Haute Commission Interalliée des Territoires Rhénans, 10. Januar 1924 a/s „Dr. Ritter von Eberlein“, Série B-Relations Commerciales Nr. 352, Ministère des Affaires Etrangères, Paris (im folgenden zitiert: B-RC, MAE).

[27] Bayerischer Gesandtschaftsrat Stuttgart an Ministerium des Äußern, 2. November 1925, MA 107725, BHStA.

seine Mitarbeiter im Stich ließ. Man tat dies mit der Begründung, daß sie ja nicht 'beamtet' waren[28].

Während der Ruhrbesetzung bildete sich jedoch eine intime Zusammenarbeit zwischen den Einheiten des Abwehrkampfes in München, Heidelberg und Berlin heraus. Unter dem stillschweigenden Motto, daß „der unveränderte Bestand der Westgrenze wichtiger ist als irgend ein anderes deutsches Problem", führte man einen halboffiziellen Kleinkrieg gegen Frankreich. Staatsrat Hans Schmelzle, der Leiter dieser Abwehrstellen, war 1920 von Kahr in die bayerische Staatskanzlei geholt worden. Er zeigte jedoch keine Bewunderung für Kahrs Verdienste als Generalstaatskommissar. Die Bürokraten pflegten zu witzeln: „Kahr ist kein Kopf, sondern ein Schädel." Schmelzle unterhielt eine höfliche aber kühle Beziehung zu Ministerpräsident Eugen von Knilling. Knilling war als Mensch recht attraktiv: ein scharfsinniger Jurist, Freund der geselligen Unterhaltung und Mittelpunkt eines Kränzchens weiblicher Verehrerinnen, das von Außenseitern sein Hühnerhof genannt wurde. Vor 1918 war er ein vielbewunderter Kultusminister. Während der Krise von 1923 erwies er sich jedoch als zu wendig, um dem Druck der vaterländischen Verbände entgegenzuwirken. Dennoch überließ Knilling Schmelzle klugerweise alles, was mit der besetzten Pfalz zu tun hatte[29].

Schmelzle galt als ein Arbeitstier. Er hatte außer seiner öffentlichen Funktion keine ernsthaften Interessen. Er lachte nie und saß zwölf Stunden am Tag an seinem Schreibtisch in der Staatskanzlei, um seine Akten durchzuarbeiten. Schon früh verwitwet, galt „seine leidenschaftliche Liebe dem ... ehrwürdigen bayerischen Staat". Als passionierter Anhänger des „guten alten Rechts" weigerte sich Schmelzle, den Versailler Vertrag für rechtens zu erklären, da er seinem Eigensinn in Rechtsfragen zuwiderlief. So schloß 1921 die Ludwigshafener Eisenbahndirektion ein pragmatisches Abkommen mit den Franzosen. In diesem verpachtete die bayerische Regierung einen Teil der Ludwigshafener Hafenanlagen an die französische Verwaltung, um Ruhrkohle zu verschiffen. Die Kräne würden dem Reparationskonto gutgeschrieben werden, aber im Hafen verbleiben; Bayern würde dafür Pachtgebühren einstreichen. Obwohl die Landesfinanzen davon profitiert hätten, lehnte Schmelzle das Arrangement ab. „Die Kohlen sind an Frankreich zu liefern auf Grund des dem

28 *Jolas*, Berufliche Erlebnisse Bd. 2, 106–107, 306.
29 Ebd. Bd. 2, 243–246, 250–251.

Reich aufgezwungenen Versailler Vertrags", stellte er fest. „Bayern schließt freiwillig keinen Vertrag zum Vollzug jenes Friedensdiktats."[30]

Schmelzle sammelte um sich einen Kreis gleichgesinnter Beamter. Lorenz Wappes*, der nach Publicity strebende Staatskommissar für die Pfalz ab 1921, verbrachte einen Großteil seiner Zeit auf Inspektionsreisen. Seine Untergebenen nannten ihn „Reiseonkel". Aber Schmelzle arbeitete direkt mit den Dienststellen von Wappes zusammen wie auch mit der Haupthilfestelle in Heidelberg. Zu seinen Kontakten gehörten Pfälzer wie Eugen Mayer* und Friedrich Profit*, die wohlüberlegt dem Stab des Reichsministeriums für die besetzten Gebiete in Berlin zugeordnet wurden. Schmelzle koordinierte auch jeden Tag die Amtsgeschäfte mit Konrad von Preger*, dem bayerischen Gesandten in Berlin, sowie mit dessen Stellvertreter, dem gleichmütigen Franz Sperr*, vormals Vertreter Bayerns bei der Obersten Heeresleitung, der über alte Verbindungen zur Reichswehr verfügte[31].

Mitte September propagierte der DNVP-Politiker Karl Jarres*, kurz darauf Innenminister im zweiten Kabinett Stresemann, die Strategie der „Versackungspolitik". Deutschland solle den Versailler Vertrag für „aufgehoben" erklären und zum Kriegszustand zurückkehren. Zwar würden die Franzosen noch mehr deutsches Gebiet besetzen; das Rheinland würde vorübergehend verlorengehen. Jedoch würde die Versackungspolitik das öffentliche Bewußtsein festigen und den Tag des „europäischen Kampfes" näher bringen, an dem Deutschland alles zurückerobern werde[32]. Mehrere Minister in Stresemanns zweitem Kabinett, darunter Jarres, Luther, Brauns, Gessler und Koeth, traten energisch für die Versackungspolitik ein. Sie hielten nicht nur das Rheinland bereits für verloren; sie glaubten ebenfalls, daß Deutschland nicht die Rentenmark einführen könne, solange es Erwerbslosenunterstützung an zwei Millionen Arbeiter in den besetzten Gebieten zahlte.

Die Sozialdemokraten bekämpften die Versackungspolitik als Beschwichtigungstaktik gegenüber der Rechten und verließen schließlich das Kabinett. Hermann Müller-Franken faßte die Auffassung innerhalb der Partei zusammen: „Lieber Rheinland oder Bayern verlieren? Lieber

30 Ebd. Bd. 2, 276–282.

31 Ebd. Bd. 2, 213–219, 235–240, 274–275, 287–291.

32 OB Jarres an Mehlich, 10. September 1923, AR Kab. Stresemann Bd. 1, 217–20, 232–34; mit leichter Abweichung im Nachlaß Karl Jarres Nr. 49, Bundesarchiv Koblenz. Belege dafür, daß rechtsextreme Politiker und zumindest einige hohe Planungsoffiziere bei der Reichswehr einen Krieg gegen Frankreich innerhalb der nächsten zwei Jahre für sinnvoll hielten, finden sich bei *Raffael Scheck*, Alfred von Tirpitz and German Right-Wing Politics, 1914–1930 (Atlantic Highlands N.J. 1998) 132–143.

das letztere."[33] Es wird häufig übersehen, daß Schmelzle ebenfalls gegen die Versackungspolitik eintrat; schließlich überredete er auch Kahr und Knilling. Der klar zum Ausdruck gebrachte Standpunkt Bayerns spielte in den wegweisenden Diskussionen zwischen dem Reichskabinett und dem sogenannten Fünfzehnerausschuß, dem Sonderausschuß für die besetzten Gebiete, im November und Anfang Dezember eine wichtige Rolle[34].

Die wörtlichen Protokolle von Ministerrat Franz Sperr geben uns ein klareres Bild dieser kritischen Besprechungen als die flüchtigen Berichte in den Akten der Reichskanzlei. Das dramatische Treffen am 13. November hat die Aura einer Legende. Der Kölner Oberbürgermeister Konrad Adenauer* setzte sich für die Weiterführung der Erwerbslosenfürsorge durch das Reich ein. „Das Rheinland muß mehr wert sein als ein oder zwei oder selbst drei neue Währungen."[35] Dagegen insistierte der preußische Ministerpräsident Otto Braun: „Wir sind m. E. nicht mehr in der Lage zu helfen. Wir müssen gewissermaßen das besetzte Gebiet seinem Schicksal überlassen."[36] Jarres verfocht abermals die harte Linie: „Faktisch ist das besetzte Gebiet schon vom Reich getrennt. Diese Trennung wird sich infolge der Finanzsorgen verschärfen. ... Ich habe die Zuversicht, daß wir nur vorübergehend getrennt werden. Später werden wir uns wiederfinden."[37] Konfrontiert mit diesem Dilemma weigerte sich die Reichsregierung, dem Fünfzehnerausschuß breite politische Verhandlungen mit dem Hohen Kommissar Tirard über Eigenstaatlichkeit oder Autonomie für das Rheinland zu gestatten. Berlin erlaubte jedoch die Fortführung der schwammig definierten Gespräche über die „Erweiterung der Selbstverwaltung"[38]. Die bayerische Regierung widersetzte sich hingegen allen bedeutsamen Verhandlungen zwischen Rheinländern und den Besatzungsmächten.

Im Herbst 1923 hegte man in der Pfalz mehr Sympathie für den Separatismus als irgendwo anders am Rhein. Den passiven Widerstand hatten die Franzosen mit der Ausweisung von 21 000 Beamten erwidert. Fast

33 Aufzeichnung Wilhelm Keils über die Sitzung der SPD-Reichstagsfraktion, 2. November 1923, Nachlaß Wilhelm Keil, Mappe 40, Archiv der sozialen Demokratie, Bonn–Bad Godesberg (im folgenden zitiert: *AdSD*).

34 Siehe die Berichte vom 6., 13., 17., 27. und 29. November und 5. Dezember 1923 in MA 107697; auch in Bayerische Gesandtschaft Berlin 1421 und 1735 (im folgenden zitiert: *BGB*), BHStA.

35 AR Kabinett Stresemann Bd. 2, 1059.

36 Ebd. Bd. 2, 1052.

37 Ebd. Bd. 2, 1046.

38 Ebd. Bd. 2, 1054.

der gesamte Regierungsapparat war betroffen. Nur wenige einheimische Führungskräfte waren verblieben. Die Wirtschaft befand sich in einer tiefen Krise. Die Arbeitslosigkeit in den Textil-, Schuh-, Leder-, Holz und Papierindustrien bewegte sich um 80 Prozent. Die Firmen verfügten kaum über Arbeitskapital. Da die Preise in der Pfalz höher waren als im nichtbesetzten Reich, konnte man nicht darauf hoffen, Waren über den Rhein hinweg zu verkaufen, zumal diese auch noch mit dem von den Franzosen verfügten internen Zoll belastet waren. Der Absatz stockte[39].

Die Bauern, organisiert in der Freien Bauernschaft, lehnten die Zwangswirtschaft ab, nach deren Verordnungen sie Milch, Getreide und Gemüse für immer wertlosere Papiermark feilzubieten hatten. In den Grenzgebieten, wo die Bauern ihre Produkte auch für Francs verkaufen konnten, erhitzten sich die Gemüter. Franz-Josef Heinz-Orbis*, ein halbgebildeter Bauernführer, von dieser Konstellation in ihm unbekannte Gefilde der internationalen Politik gerissen, suchte nach Möglichkeiten, die Interessen seiner Standesgenossen zu verteidigen[40]. Er appellierte sogar einmal an Adolf Hitler, konnte ihn aber nicht für die Belange der Bauern interessieren[41]. Schließlich wandte sich Heinz der Autonomie zu, in der er eine politische Lösung für die Pfalz zu finden hoffte. Zwar fühlte sich die Mehrheit des Bürgertums weniger dem Reich entfremdet als die Arbeiterschaft und die Bauern, jedoch hegten einige kleine Geschäftsleute und ein großer Teil der Lehrerschaft ebenfalls Vorlieben für die Autonomie[42]. Der örtliche Delegierte Frankreichs, der listige General Adalbert de Metz*, hatte einstmals als Stabsoffizier unter dem Kolonisator Lyautey in Marokko gedient. Er sah nun eine Gelegenheit, ins Rampenlicht der Geschichte zu treten und einem Karriereabschluß als Brigadekommandant eines öden Provinznests aus dem Weg zu gehen. Seit vier Jahren hatte de Metz freundschaftliche Beziehungen zu den lokalen Parteiorganisationen gepflegt. Hier schien die einmalige Chance gekommen, eine Bauern-Arbeiter-Koalition für die Autonomie der Pfalz und die Sicherheit Frankreichs aufzubauen[43].

39 Comité Ministériel Restreint, 10. Dezember 1923, B-RC 157, MAE.

40 Siehe den kritischen Bericht von Heinz' Rivalen in der Bauernbewegung *Rudolf Hamm*, Freie Bauernschaft, Heinz-Orbis und Separatismus (Deileisterhof 1930). *Jolas*, Berufliche Erlebnisse Bd. 2, 262–263, berichtet über das merkwürdige Gespräch, als er und Heinz zufälligerweise ein Zugabteil teilten.

41 Zeugenaussage von Schwester Barbara Heinz im Römerprozeß, Der Rheinpfälzer, 23. April 1931, MA 107668, BHStA.

42 Lagebericht des Pfälzer Treubunds, 17. November 1923, MA 107648, BHStA.

43 Siehe de Metz' persönliche Akte in AJ9/4107 (Haut Commissariat de la République Française dans les Provinces du Rhin), Archives Nationales, Paris; seine Korrespondenz

In Anspruch genommen von dem Konflikt mit Berlin ignorierte Ministerpräsident von Knilling zunächst die Gefahr. Am 3. Oktober bat ihn eine Gruppe pfälzischer Landtagsabgeordneter, die bayerischen Verordnungen gegen die Linksparteien abzuschwächen. Diese Maßnahmen verstimmten die Arbeitermassen und die Gewerkschaften in der Pfalz. Nachdem er mit strenger Miene zugehört hatte, antwortete Knilling knapp: „Hier wird nicht marxistisch, hier wird bayerisch regiert." Der SPD-Landtagsabgeordnete Bruno Körner beharrte: „Auch auf die Gefahr hin, daß die Pfalz dabei verloren geht?" „Ich habe meiner Erklärung nichts hinzuzufügen", erwiderte der Ministerpräsident. Körner warnte: „Dann wird bei der bevorstehenden Aktion die pfälzische Arbeiterschaft Gewehr bei Fuß stehen." Knilling zuckte mit den Schultern. Die Männer waren entlassen[44]. Das Motto unter den pfälzischen Sozialisten hatte seit langem gelautet: „Mit Bayern für das Reich, jawohl. Mit Bayern gegen das Reich, niemals!"[45] Nach der disaströsen Unterredung mit dem Ministerpräsidenten erklärte Körner offen, die Sozialisten würden dafür sorgen, daß „die Pfalz nicht für das Reich verloren geht". Aber selbst wenn sie an einer separatistischen Aktion nicht teilnehmen würden, war es ihnen „gleichgültig, ob die Pfalz für Bayern verloren geht"[46].

Kahr reagierte ähnlich wie Knilling. Der Generalstaatskommissar unterschätzte allerdings keineswegs das Ausmaß der Unzufriedenheit in der Pfalz. Am 16. Oktober brachte Franz Bauer, der Leiter des Akademischen Rheinpfalzausschusses und dritter Mann in der Haupthilfestelle, einen ausgewiesenen Zweibrücker Rechtsanwalt namens Edgar Jung in Kahrs Büro. Der streitbare Jurist sollte später als Autor der jungkonservativen Kampfschrift „Die Herrschaft der Minderwertigen" und danach als Inspirator der Marburger Rede Franz von Papens einen gewissen Ruhm erlangen[47]. 1923 hatte er geholfen, einen Kampfverband gegen

mit Marschall Hubert Lyautey in Papiers Lyautey, 475 AP 274, Archives Nationales, Paris; und seine periodischen Gespräche mit Gesandtschaftsrat Siegmund Knoch in MA 107715, 107740; insb. Knoch an Staatsministerium des Äußern, 26. Oktober 1923, MA 107648, BHStA; zahlreiche weitere Gespräche finden sich ebenfalls in den Knoch-Akten, R12/208, Landesarchiv Speyer.

44 *Jolas*, Berufliche Erlebnisse Bd. 2, 246–248, zitiert die Niederschrift Oberlehrers Bernhard Lang, 3. Oktober 1923.

45 Erster Staatsanwalt bei dem Landgerichte Würzburg an Staatsministerium der Justiz, 27. November 1923, MA 107672, BHStA; ähnlich in *Gräber* und *Spindler*, Revolver Republik 398.

46 *Jolas*, Berufliche Erlebnisse Bd. 2, 247–248.

47 Siehe *Friedrich Grass*, Edgar Julius Jung (1894–1934), in: *Kurt Baumann* (Hrsg.), Pfälzer Lebensbilder (Speyer 1964) Bd. 1, 320–348; *Edmund Forschbach*, Edgar J. Jung als konservativer Revolutionär, 30. Juni 1934 (Pfullingen 1984), beide hagiographisch.

den Separatismus aufzubauen. Eine amtliche Genehmigung vorausgesetzt, sollte dieser Verband auch französische Offiziere ermorden[48]. Selbst Jung zeigte sich pessimistisch, was seine Landsleute anbetraf. „Die breite Masse der pfälzischen Bevölkerung ist unbedingt für eine Pfalz nach Art des Saargebietes", gab er zähneknirschend zu[49]. Kahrs Hauptzielsetzung war jedoch eine andere. Er erwarte Probleme in der Pfalz, teilte er dem Ministerrat am 19. Oktober mit, falls Bayern in offener Mißachtung der Anordnungen aus Berlin den Reichswehrkommandanten Otto von Lossow im Dienst hielte. „Die Regierung könne sich aber ihre Entschlüsse nicht aus der Rücksicht auf die Pfälzischen Sozialdemokraten vorschreiben lassen."[50] Jungs Gruppe war vorher, wie viele andere Kampfverbände, vom Reichswehrkreiskommando VII unterstützt worden. Kahr zog es vor, durch zusätzliche Mittelvergaben für Jungs Organisation die Gefahr in der Pfalz abzuwenden[51].

In der vierten Oktoberwoche gerieten die pfälzischen Sozialisten in Verzweiflung. Sie repräsentierten etwa ein Drittel der Bevölkerung. Eine Delegation unter dem ehemaligen sozialdemokratischen Ministerpräsidenten Johannes Hoffmann* kehrte aus Berlin in der traurigen Gewißheit zurück, daß die dort Zuständigen weder den Widerstand gegen die Franzosen aufgeben noch die hungrigen und bald frierenden Pfälzer unterstützen würden. Die Pfalz hatte somit den Preis für Berlins Unnachgiebigkeit zu zahlen. „Die Deputation verließ Berlin", so Hoffmann, „in großer Hoffnungslosigkeit … und in dem Gefühl, in einem … politisch wichtigen Augenblick vom Reiche im Stich gelassen zu sein."[52] Zwei zusammenlaufende Entwicklungen führten in der Folge Hoffmann und seine Parteigenossen dazu, eine Autonomielösung für die Pfalz im Rahmen des Reichs anzustreben. Nahezu gleichzeitig besetzten Separatistenbanden die Städte am Mittelrhein, und die Münchner Regierung ver-

Forschbach, ehemaliger Jung-Assistent und in den fünfziger Jahren Leiter des Presseamts der Bundesregierung, hat sich sehr darum bemüht, Jungs Image als Vorbild der Rechtsopposition gegen den Nationalsozialismus von Flecken zu befreien. Siehe Nachlaß Edmund Forschbach, I-199/012–2/014–1,2, Archiv für Christlich-Demokratische Politik der Konrad-Adenauer-Stiftung (im folgenden zitiert: *ACDP*), St. Augustin.

48 Siehe Jungs „Denkschrift über die Freiheitsbewegung der Westmark", 24. Juni 1923, MA 107636, BHStA.

49 Bericht vom 16. Oktober 1923, Generalstaatskommissar Nr. 26 (im folgenden zitiert: *GStK*), BHStA; ebenfalls zitiert bei *Gräber* und *Spindler*, Revolver Republik 644.

50 MA 99518, BHStA; wiederabgedruckt in *Ernst Deuerlein* (Hrsg.), Der Hitler-Putsch. Bayerische Dokumente zum 8./9. November 1923 (Stuttgart 1962) 235.

51 Kahr an Herrn Finanzminister, 20. Oktober 1923, GStK 100, BHStA.

52 „Die Lage in der Pfalz", Pfälzische Freie Presse, 15. Oktober 1923, wiederabgedruckt in *Gräber* und *Spindler*, Revolver Republik 831–832.

schärfte ihren Widerstand gegen Berlin. Wie Hoffmann öffentlich erklärte: „So groß in unsern Reihen die Empörung und der Haß gegen die bayerische Regierung und ihre reichszerstörende Politik ist, so hätten wir doch ohne die Separatistengefahr an unserem früheren Standpunkt festgehalten: Die Aktion gegen Bayern erst zu unternehmen, wenn der Bruch mit dem Reich offiziell vollzogen ist. Aber gerade ... die Separatistengefahr drängte zu einem raschen Entschluß."[53]

Wie die bürgerlichen Parteien in der Pfalz reagiert hätten, hätte Frankreich klüger agiert, läßt sich nicht mit Bestimmtheit sagen. Der Delegierte Frankreichs in Zweibrücken bemerkte später, daß die Frucht reif gewesen sei. Das Problem war, sie zu pflücken[54]. Paris ließ es zu, daß ihm die Frucht durch die Finger rutschte und am Boden verfaulte. General de Metz, ein glühender Katholik, der einer alten aristokratischen Familie entstammte, setzte seine Hoffnungen auf Michael Bayersdörfer* von der BVP. Er bedauerte die Bildung „einer neuen Bastion des Marxismus und Sozialismus am Rhein ... unmittelbar vor den Grenzen Frankreichs". Nur widerstrebend entschloß er sich, die Hoffmann-Aktion zu unterstützen[55]. Hoffmann kam auch nicht sofort bei den Vorgesetzten des Generals an. In einem Gespräch mit dem Hohen Kommissar Tirard sah er sich genötigt, eine Entscheidung über die künftige Bindung der Pfalz an das Reich zu vertagen. Hoffmann stellte jedoch zwei Bedingungen. Paris müsse die Finanzierung der Regierungsgeschäfte und die Nahrungsmittelversorgung garantieren bis die Pfalz ihre Finanzen in Ordnung gebracht hatte, und es müsse die Pfalz den Weg der Rheinischen Provinzen gehen lassen. Poincaré sah sich gezwungen, ohne ausreichende Information zu antworten; er lehnte das Angebot ab. Eine bloße Loslösung von Bayern bedeute keine „wirkliche Autonomie". Warum

[53] „Das Schicksal der Pfalz und des Rheinlandes", Pfälzische Freie Presse, 29. Oktober 1923, wiederabgedruckt in *Gräber* und *Spindler*, Revolver Republik 832–834; s.a. die Interpretation in ebd. 379–571; *Hans Fenske*, Der Konflikt zwischen Bayern und dem Reich im Herbst 1923 und die pfälzische Sozialdemokratie, in: Mitteilungen des Historischen Vereins der Pfalz 71 (1974) 203–216; biographische Information in *Diethard Hennig*, Johannes Hoffmann, Sozialdemokrat und Bayerischer Ministerpräsident (München 1990). Als Beleg für die starke Abneigung, die Nationalisten gegen Hoffmann hegten, siehe Äußerung des Domkapitulars Jakob Hildenbrand, 24. Oktober 1923, NL Gustav Wolff, I-100/93. ACDP.

[54] Col. Defoort, Rapport Spéciale No. 1154, 29. Dezember 1923, Série Z (Europe)-Rive Gauche du Rhin 38 (im folgenden zitiert: *Z-RG*), MAE.

[55] Gesandtschaftsrat Knoch an Staatsministerium des Äußern, 26. Oktober 1923, MA 107648, BHStA.

solle er „die Autorität von Herrn Stresemann stärken ohne einen Vorteil für Frankreich zu erhalten?“[56]

Hoffmann zog seinen Vorschlag zurück; der Moment zum Handeln war vorbei. Die SPD schickte Otto Wels aus Berlin, um die Einheitsfront wiederaufzubauen; während Hoffmann seine parlamentarische Immunität behielt, versuchte die bayerische Regierung ihn zu isolieren und seine Vertrauten durch die Androhung gesetzlicher Maßnahmen einzuschüchtern[57]. In Gewerkschaftskreisen und der SPD gärte es nach wie vor unter der Oberfläche, selbst nach dem Scheitern des Hitlerputsches. Als die Separatisten am 10. November die Regierungsgebäude in Speyer besetzten, berichtete der zuständige Beamte, daß „die sozialdemokratischen Gewerkschaften ... nicht nur passiv abseits standen, sondern es diesen durch Hinhalten der Abwehr ermöglichen wollten, einmal die Bayerische Regierung zu beseitigen. ... Sie erwarteten bestimmt eine Neuregulierung der staatsrechtlichen Verhältnisse und ... sahen ... die separatistische Regierung nur als eine harmlose, vorübergehende Erscheinung an, die auf französischen Befehl verschwinden würde“[58]. Ende Dezember argumentierte Eberlein von der Haupthilfestelle ganz ähnlich, daß „der ganze separatistische Schwindel trotz aller französischen Unterstützung mit einem Schlag weggefegt werden könnte, wenn es gelingen würde, die Arbeiterschaft aus dem Banne des Hoffmann'schen Defaitismus herauszureißen“[59].

Die absolutistische Haltung des Freistaates resultierte aus der Wahrnehmung einer doppelten Bedrohung. Auf einer Ministerratssitzung am 19. November legte die Regierung ihre Strategie gegenüber der separatistischen Gefahr fest. Maßgebende Sachbearbeiter äußerten die Überzeugung, daß Frankreich sich nicht mit einem autonomen Rheinland im Reichsverband bescheiden würde, sondern „die Zerschlagung Deutschlands in seine früheren Bestandteile“ anstrebe. Gleichzeitig fürchtete man, daß weite Teile der pfälzischen Bevölkerung eine Vereinigung mit

[56] Telegramme Tirard an MAE, 25.-26. Oktober; Notiz von Peretti, 25. Oktober; Telegramme von Poincaré, 25. und 26. Oktober 1923, Z-RG 34, MAE.

[57] Aufzeichnung Wilhelm Keils über die Sitzung der SPD-Reichstagsfraktion, 31. Oktober 1923, Nachlaß W. Keil, Mappe 40, AdSD; Staatsanwalt bei dem Landgerichte Würzburg Schülain an Staatsministerium der Justiz, 27. November 1923, MA 107672; auch in Ministerium des Innern 47099, BHStA; Staatsrat Dr. von Nüsslein an Staatsministerium der Justiz, 29. Februar 1924, MA 107672; Eberlein an Staatskommissar für die Pfalz, 15. Januar 1924, MA 107648, BHStA.

[58] Eberlein an Staatskommissar für die Pfalz, 15. Januar 1924, MA 107648, BHStA.

[59] Eberlein an Staatskommissar für die Pfalz, 24. Dezember 1923; s.a. 14. Dezember 1923, MA 107648, BHStA.

dem Rheinland vorziehen würden, solange sie eine gewisse administrative Selbständigkeit behalten könnten. Demgemäß beharrte Staatsrat Schmelzle kategorisch darauf, daß es „keinen Rheinstaat und keinen Anschluß der Pfalz an einen solchen geben dürfe". Obwohl Berlin bereit erschien, begrenzte Gespräche durch den Fünfzehnerausschuß zu tolerieren, schloß Knilling jegliche Verhandlungen aus. „Man dürfe sich zwar nicht verhehlen, daß es zurzeit mit der Ausübung der bayerischen Hoheit in der Pfalz schlecht bestellt sei und wir uns die Pfalz eigentlich erst dann und zwar mit Waffengewalt werden zurückholen können, wenn eine ganz andere europäische Konstellation eingetreten sei; aber selbst diese Aussicht würde außerordentlich erschwert, wenn sich jetzt ein eigener Rheinstaat bilden würde."[60]

Bayern beschloß demzufolge, Baden, Hessen und Oldenburg gegen den sogenannten „Kölnischen Staat" zusammenzutrommeln, und die herrschenden Gruppen in der Pfalz zu ermahnen, zur kölnischen Richtung Abstand zu halten. Aus der finanziellen Zwangslage heraus hatte der rheinisch dominierte Fünfzehnerausschuß in der zweiten Novemberhälfte beschlossen, daß man mit Tirard so gut wie es ging verhandeln sollte[61]. Der vorherrschende Defätismus in Berlin hatte sogar den Gesandten von Preger ergriffen. Dieser rief am 19. November eine pfälzische Abordnung unter der Führung von Michael Bayersdörfer dazu auf, sich vaterlandstreu zu verhalten und zum Reich auf Distanz zu gehen: „Ihre Pflicht und Ihr Gewissen gebieten Ihnen, zu handeln und sich unter den jetzigen schwiergen Verhältnissen dem neu zu schaffenden, rheinischen Staatsgebilde anzuschließen."[62] Am folgenden Tag machten Knilling und Schmelzle diese Anordnung wieder rückgängig und drohten stattdessen Bayersdörfers Gruppe Strafverfolgung wegen Landesverrats an, falls sie diesen Weg gehen würden. Ihre rheinländischen Kollegen ersehnten vielleicht „die Lösung ihrer Heimat vom preußischen Staat". Aber eine derartige Vorsorge bedeute schon „eine halbe Preisgabe des positiven Willens auf Erhalten des bestehenden Zustandes. Und ... jedes

[60] Ministerratssitzung, 19. November 1923, MA 107697, Kopie auch in MA 99518, BHStA.

[61] *Karl Dietrich Erdmann*, Adenauer in der Rheinlandpolitik nach dem Ersten Weltkrieg (Stuttgart 1966) 121–155; *Henning Köhler*, Adenauer und die Rheinische Republik (Opladen 1986) 196–230; *Klaus Reimer*, Rheinlandfrage und Rheinlandbewegung 338–345, 356–368.

[62] Protokoll über Verhandlungen einer pfälzischen Delegation bei dem Herrn bayer. Gesandten von Preger im Gesandtschaftsgebäude zu Berlin, 19. November 1923, MA 108274, BHStA.

Abgehen vom Bestehenden [sei] ein Hinabgleiten ins Ungewisse"[63]. München ließ eine Mischung von nationalen und rassistischen Themen im Aktionsausschuß Pfalz laut werden. Es gäbe keine Garantien, daß „die Herren Louis Levi genannt Hagen*, der ungekrönte Wirtschaftsgewaltige des Rheinlandes, und der aus der 'Los von Berlin' Bewegung des Jahres 1919 bekannt gewordene Oberbürgermeister Adenauer ... die in nationalen Dingen erforderliche pupillarische Sicherheit bieten"[64].

Auf Treffen mit anderen süddeutschen Staaten äußerte Schmelzle ein verfassungsrechtliches Argument gegen jegliche Verhandlungslösung: „Auch wenn der Rheinstaat kommen sollte, dürfte er nicht mit der Zustimmung der Reichs- oder einer Landesregierung kommen. ... Wir würden uns des Rechtes begeben, in der Zukunft den Rheinstaat als Akt der Vergewaltigung hinzustellen und die Franzosen anzuklagen, wenn wir in irgendeiner Form der beabsichtigten staatlichen Neubildung entgegenkämen."[65] Jedoch erwies sich die Eigenstaatlichkeit als das entscheidende Moment. Unter diesem Banner konnten sich die Zentrumspolitiker und Sozialdemokraten von Hessen, Baden und Oldenburg zusammenfinden und sich der bayerischen Position anschließen. Wie der hessische Justizminister Otto von Brentano bemerkte, konnte Rumpfhessen nicht weiter als selbständiger Staat bestehen, falls Rheinhessen sich einem westdeutschen Bundesstaat anschlösse. „Wenn es je wieder zu einer Rückgewinnung des Rheinstaates käme, so würde dieser ganz von Preußen eingesteckt werden. ... Für [mich] aber wäre ein Anschluß etwa an Preußen ganz und gar ausgeschlossen; lieber würde [ich mich] an die Türkei anschließen."[66]

Der Wendepunkt in der Reichspolitik kam zwischen dem 5. und 7. Dezember. Das neugebildete Kabinett Marx bot den besetzten Gebieten weitere Erwerbslosenunterstützung und einige Industriekredite an. Es gestattete den dortigen Lokalverwaltungen auch, die Hälfte der Steuereinkünfte für sich zu behalten. Auf der anderen Seite untersagte man den einheimischen Ausschüssen im Rheinland weitere politische Verhand-

[63] Dr. Will Hausmann (ehemaliger Referent des Pfalzkommissariats) an Jolas, 12. Juni 1936, zitiert in: *Jolas*, Berufliche Erlebnisse Bd. 2, 270–72; s.a. Die Pfalz unter französischer Besatzung von 1918 bis 1930, hrsg. vom Bayerischen Staatskommissar für die Pfalz (München 1930) 179.

[64] Gesandtschaftsrat Knoch (Heidelberg) an Staatsrat Schmelzle, 29. November 1923, MA 107697, BHStA.

[65] Vormerkung Schmelzle, 28. November 1923, MA 107697, BHStA.

[66] Ebd., s.a. Vormerkung über die Sitzung der Ländervertreter zu Heidelberg am 22. November 1923, MA 107697, BHStA.

lungen mit dem Hohen Kommissar Tirard in Koblenz[67]. Innenminister Jarres teilte Adenauer mit: „Nicht das Kabinett habe seine Meinung geändert, sondern die Verhältnisse hätten sich geändert."[68] Jarres' Äußerung war gleichzeitig wahr und falsch. Es traf zu, daß die Rentenmark sich wunderbarerweise gehalten hatte und daß sich die düstere Situation vom November einigermaßen aufgehellt hatte. Jedoch hatte das Reich, anders als Stresemann es behauptet hatte, noch keine direkten Verhandlungen mit Frankreich angeknüpft. Auch hatte Stresemann nicht vor, in solchen Gesprächen ein ernsthaftes Angebot zu machen. Geheimrat Heinrich von Friedberg vom Auswärtigen Amt versicherte Bayern, daß „wir bei den Verhandlungen nur Forderungen zu erheben, keine Konzessionen zu machen hätten"[69]. Mit dieser Hinhaltetaktik gewann Stresemann entscheidenden Handlungsspielraum. Im Januar 1924 erläuterte er sein Manöver gegenüber dem Reichsrat: „Wären solche Verhandlungen nicht eingeleitet worden, so wären die Verhandlungen zwischen den Vertretern des Rheinlandes und der Rheinlandkommission, die bereits im Zuge waren, ... weitergegangen, während die Reichsregierung mit dem Argument, daß sie nunmehr selbst in solchen Verhandlungen stehe, den Rheinlandvertretern verbieten könne, ihrerseits sich an die Rheinlandkommission zu wenden."[70]

Am 7. Dezember konnte Dr. Siegmund Knoch* von der Heidelberger Geschäftsstelle jubelnd feststellen, daß das Reichskabinett sich der Linie

[67] Sperr an Staatsministerium des Äußern, 6. Dezember 1923, MA 107697, BHStA; auch AR Kabinett Stresemann Bd. 2, 39–65, 78–82; verspätete französische Einsichten in diese Arrangements zeigen sich in Botschafter Pierre de Margerie No. 941 an Poincaré, 15. Dezember 1923 (a/s question rhénane), Z-RG 37, MAE.

[68] Besprechung des Kabinetts mit Vertretern des besetzten Gebietes, 7. Dezember 1923, AR Kab. Stresemann Bd. 2, 63.

[69] Zitiert in: Sperr an Staatsministerium des Äußern, 18. Dezember 1923, BGB 1421, BHStA. Beamte im Quai d'Orsay gaben während der folgenden Monate wiederholt ihrer Frustration über Stresemanns irreführende Taktik Ausdruck. Unterstaatssekretär Jules Laroche sprach über „Lügen", „Verrat" und „Täuschung"; General Degoutte zitierte die Einschätzung von Dr. Albert Wiedemann von der Kölner Handelskammer, „grossière tromperie" [grober Betrug]. Jedoch konnten die französischen Dementis nicht den öffentlichen Eindruck abwehren, daß geheime Verhandlungen im Gange waren. Siehe Margerie an Poincaré, 15. Dezember 1923, Z-RG 37; Poincaré an Tirard, 24. Dezember 1923, 5. Februar, 6. März 1924, bzw. Z-RG 38, 41, 43; Kommentar Laroche, 17. Februar 1924, in Z-RG 42; Degoutte an Président du Conseil, 27. Februar 1924, Z-RG 42, MAE.

[70] Rede Stresemanns an den Auswärtigen Ausschuß des Reichsrats, zitiert in: Preger an Staatsministerium des Äußern, 15. Januar 1924, BGB 1435, BHStA. Trotzdem gab Stresemann noch mehrere Wochen danach gegenüber Adenauer vor, daß er seine „geheimen" Verhandlungen mit den Franzosen nicht enthüllen konnte. Siehe Besprechung des Rhein-Ruhr Ausschusses des Kabinetts mit Vertretern des besetzten Gebietes, 7. Februar 1924, Alte Reichskanzlei, Die Kabinette Marx I und II (Boppard am Rhein 1973) Bd. 1, 329–335.

Bayerns angeschlossen habe: „Westdeutschland darf nicht amputiert werden, um Restdeutschland zu retten."[71] Weder die französischen Besatzer noch die deutsche Öffentlichkeit erfaßten völlig, daß eine Wende eingetreten war. Die wirtschaftliche Lage in den besetzten Gebieten blieb verzweifelt; selbst nach den Micum-Abkommen vom 23. November, die es der Kohle- und Stahlindustrie an der Ruhr erlaubten, die Produktion wieder aufzunehmen, blieb die Pfalz ein Katastrophengebiet. Der Kölner Bankier Louis Hagen fuhr fort, die Voraussetzungen für die Gründung einer rheinischen Gold-Notenbank zu prüfen[72]. Und Oberbürgermeister Adenauer gab die Hoffnung, eine echte Verständigung zwischen den deutschen und französischen Nationen gemäß der von ihm seit 1919 verfochtenen Linie herbeizuführen, nicht auf.

Von Adenauers Kölner Perspektive bildete das Rheinland das Herz Deutschlands. Wie er 1925 reflektierte, habe „man ... im Rheinland nicht immer das Gefühl gehabt, als ob die rheinische Frage in der Politik, auch in der Auslandspolitik, die entschiedene Frage gewesen sei. Man habe unter dem Eindruck gestanden, als ob im unbesetzten Deutschland die innerpolitischen Streitigkeiten in dem Vordergrund gestanden hätten."[73] Adenauer suchte eine umfassende Entspannung einschließlich einer allgemeinen Lösung der Reparationsfrage, einen Austausch von Kohle gegen Eisenerz, den Abzug der Besatzungstruppen sowie, um die äußere Sicherheit Frankreichs zu gewährleisten, die Schaffung eines nordrhein-westfälischen Bundesstaates im Rahmen des Reichs. Solch ein Staat würde die schädliche Machtfülle sowohl der Junker als auch der preußischen Sozialisten verringern und einen aktiven Beitrag für den Frieden liefern[74]. Adenauers Vision kam jedoch eine Generation zu früh.

[71] Knoch an Staatsrat Schmelzle, 7. Dezember 1923, MA 107697, BHStA.

[72] *Hans Otto Schötz*, Der Kampf um die Mark 1923/24 (Berlin 1987) 51–99; s.a. *Gerald D. Feldman*, The Great Disorder (New York 1993) 821–835.

[73] Zitiert in: Sperr an Staatsministerium des Äußeren, 10. Januar 1925, BGB 1735, BHStA.

[74] Eine grobe Zusammenfassung von Adenauers Auffassungen findet sich in seinen Gesprächen mit V.-M. Arnaud, 4. und 28. Dezember, „Gegenvorschlag" an Tirard, 12. Dezember; s.a. Adenauer an Hamspohn, 28. Dezember 1923; auch Unterredung mit Tirard, 19. Januar 1924, in: *Erdmann*, Adenauer in der Rheinlandpolitik 327–331, 336–346, 367–368. Arnauds Briefe nach Paris in Z-RG 37–38, MAE, zeigen kein substantiell unterschiedliches Bild. Allerdings wollte der Hohe Kommissar Tirard aktiv die Meldungen gestalten, die nach Paris gehen sollten. Seine Telegramme vom 15. November, 15. Dezember 1923 und 13. Februar 1924, Z-RG 36, 37, 39, MAE, über die Gespräche vom 14. und 27. November weichen von den deutschen Darstellungen ab; er berichtete überhaupt nicht über die Gespräche vom 27. Dezember und 19. Januar. Tirards selektive Berichterstattung hat eine wissenschaftliche Polemik provoziert. Da der Quai d'Orsay Adenauer für einen unbeugsamen Nationalisten hielt, schrieb Tirard ihm listigerweise am 15. November die Patenschaft seiner eigenen Ideen zu. *Köhler*, Adenauer und die Rheinische Republik

Die Vereinigten Staaten hatten sich aus Europa zurückgezogen. Keine andere Macht hätte einen Gleichgewichtsfrieden durchsetzen können. Es gab keine Lösung der Reparationsfrage, die sowohl Frankreich als auch Deutschland freiwillig akzeptiert hätten. Mehr noch, die Regierung in Berlin wurde während der meisten Zeit der Weimarer Republik durch hartgesichtige Nationalisten wie Stresemann oder noch radikalere Revisionisten dominiert. Solche Politiker hatten sich nie von ihren annektionistischen Phantasien aus dem Krieg losgesagt und nie den status quo aufgrund der von Versailles verfügten Ordnung innerlich akzeptiert. Zudem war Dezember 1923 der ungünstigste Moment, eine Détente vorzubereiten.

* * *

Anfang November begannen die Autonomisten, die öffentlichen Gebäude in der Pfalz zu besetzen. Generalstaatskommissar von Kahr reagierte, indem er den bewaffneten Konflikt auf die nächsthöhere Ebene trug. „Die Pfalz ist m. E. für uns zur Zeit nicht mehr zu retten“, teilte er Ministerpräsident von Knilling mit, „sondern muß später auf dem Schlachtfeld wieder gewonnen werden. Was jetzt von Bayern geschehen muß, ist die Erweckung und Erhaltung einer Irredenta.“ Er empfahl, daß die Staatsregierung Edgar Jung mit Geld und Gewehren ausstatten solle. „Die Kampforganisation der Pfalz verspricht dafür, die Sonderbündler glatt zu erledigen und scheut keine Gefahr.“[75]

Über die Notwendigkeit der Finanzierung einer direkten Aktion erklärte man sich bei den entscheidenden Stellen in Berlin und München mit gehöriger Leidenschaft einig. Trotz Kahrs Klagen über das jüdisch-marxistische Regime in der Hauptstadt arbeiteten das Reich und die bayerischen Stellen nahtlos während der Phase des sogenannten passiven Widerstands zusammen, indem man nichtamtliche Gewaltausübung subventionierte. Die Haupthilfestelle erhielt den Großteil ihrer Mittel von der Reichskanzlei oder vom Reichsministerium für die besetzten Gebiete. Ministerialdirektor Franz Kempner von der Reichskanzlei bezog das erforderliche Geld aus einem Fonds für die „Unterstützung notleidender Deutscher aus dem Ausland“. Der Reichsminister für die

207–209, hat dieses Telegramm eher unvorsichtig interpretiert, um den Kölner Oberbürgermeister zu beschuldigen.

[75] Kahr an Knilling, 7. November 1923, GStK 26, BHStA.

besetzten Gebiete Johannes Fuchs verwaltete persönlich das Konto „Reichsmittel für Abwehr von Separatistenbanden". Das Rheinministerium leistete am 13. Oktober eine erste Zahlung für „Beschaffung von Abwehrwaffen", zumeist Handfeuerwaffen und Gummiknüppel. Berlin spuckte periodisch weitere Beträge bis zum folgenden März aus; wie alle guten Beamten rechneten die Empfänger ihre Kosten sorgfältig ab. Am 9. November lieferten die Mauser-Werke 100 Selbstlade-Pistolen und 6000 Patronen an die Haupthilfestelle Heidelberg, wobei man Eberlein in charakteristischer Manier daran erinnerte, daß die Zahlungen „in wertbeständiger Währung" zu entrichten waren[76]. Der private Sektor leistete ebenfalls eine großzügige Spende. Der frühere Münchner Polizeipräsident Eduard Nortz* erhielt einen Dollarbetrag von seinem Bruder, einem New Yorker Kaffeeimporteur[77]. Der unternehmerische Jung, der die Kunst beherrschte, Geld aus verschiedenen Quellen für den gleichen Zweck einzustreichen, lebte im Stil eines Grandseigneurs im feinsten Heidelberger Hotel[78].

Im Sommer 1923 kehrte Theodor von Winterstein vorübergehend als „Sonderbevollmächtigter" des Außenministeriums nach Heidelberg zurück. Der passive Widerstand war erschlafft. Winterstein befahl Walter Antz*, dem zuständigen Mann für die Polizei im Pfalzkommissariat, ein Sonderkommando zu organisieren, dessen Auftrag darin bestand, „Schädlinge in den eigenen Reihen" zu eliminieren. Obwohl in Bayern zahllose paramilitärische Verbände mit Tausenden von bewaffneten Mitgliedern beheimatet waren, konnte Antz überraschenderweise für diese Aufgabe niemand geeigneteren finden als Edgar Jung[79].

Antz wußte, daß Jung seine Leistungen im Krieg übertrieben hatte; Antz' Vetter Jolas bezeichnete ihn als „eine sehr unerfreuliche Erscheinung"; und Eberlein ging mit der Zeit dazu über, ihn als „einen politi-

76 Eine detaillierte Aufzählung all dieser finanziellen Transaktionen, eingeschlossen der zugehörigen Quittungen, kann in der Akte „Reichs- und Landesmittel zur Bekämpfung des Separatismus", MA 107692, BHStA, gefunden werden.

77 *Jolas*, Berufliche Erlebnisse Bd. 2, 266–267; Otto Betz an Staatskommissar für die Pfalz, 14. September 1927, Mappe „Pfälzer Angelegenheiten", Nachlaß Eduard Nortz/Heinrich Jolas, BHStA.

78 Vormerkung Jolas, 13. Juli 1930, MA 107674. Im Herbst beschaffte sich Jung 8 000 Rentenmark vom Staatsministerium der Finanzen, um die Ermordung von Heinz-Orbis zu finanzieren; anschließend erhielt er von Nortz eine Spende von 10 000 Rentenmark in bar für den selben Zweck. Siehe Vormerkungen Jolas, 7. Juni 1930, 2. Januar 1931 sowie Walter Antz an Jolas, 27. März 1931, MA 107668 and 107674, BHStA.

79 Antz an Jolas, 27. März 1931, MA 107674, BHStA.

schen Hochstapler und charakterlosen Burschen“ zu betrachten[80]. Als jedoch Antz in geheimer Mission in der Woche nach dem Hitlerputsch die Pfalz auskundschaftete, fand er heraus, daß der lokale Widerstand gegen die Separatisten zusammengebrochen war. Einzelne Terrorakte versprachen wenig. Zudem würden „die Arbeiter, durch die Vorgänge in München mißtrauisch geworden, nicht dazu zu bewegen sein, durch Massenkundgebungen die Separatisten zu vertreiben“. Antz griff angesichts dessen auf den von Kahr bevorzugten Plan für den Einsatz einer Kommandogruppe zurück, die alle Separatistenführer „auf einen Schlag“ vernichten sollte[81]. Ein solcher Plan entsprach gleichfalls den Wünschen des Reichsministers für die besetzten Gebiete. Dieser hatte Ende Oktober die Anordnung bestätigt, daß „die Usurpatoren gewaltsam aus den öffentlichen Gebäuden herauszuwerfen [sind], soweit ein Zusammenstoß mit den Besatzungstruppen damit nicht verbunden ist“[82].

Antz fand heraus, daß Frankreich die Separatisten nicht mit modernen Waffen versorgt hatte. Die Banden, die überall in der Pfalz die Rathäuser besetzt hatten, besaßen zumeist lediglich Handfeuerwaffen und Jagdgewehre; für ernsthafte Zusammenstöße verfügten sie über eine mobile Stoßtruppe von 80 Männern und eine Rotkreuzschwester, „deren Hauptgewerbe allerdings auf einem andern Gebiet zu liegen scheint“[83]. Gleichviel, die autonome Regierung arbeitete nicht nur in dem Regierungsgebäude von Speyer, sondern schlief auch dort. Deshalb versprach ein frontaler Angriff keinen Erfolg[84].

Mitte Dezember verbesserten sich die Aussichten für einen strategischen Schlag, gleichzeitig verstärkte sich der Druck für eine Aktion von oben. Kundschafter berichteten, daß Heinz-Orbis und seine Kabinettskollegen angreifbar erschienen, weil sie jede Nacht im unbewachten Wittelsbacher Hof in Speyer aßen[85]. Zu diesem Zeitpunkt hatten die Autonomisten die faktische Macht über alle Städte mit Ausnahme Zwei-

[80] Jolas an Dr. Eugen Mayer, 12. Februar 1931; Strafsache Jung gegen Eberlein, 17. März 1926, MA 107674, BHStA.

[81] Antz an Jolas, 27. März 1931, MA 107674; Antz an Staatskommissar für die Pfalz, 11. und 13. November 1923, MA 107668, BHStA.

[82] Erlaß Generalkommissar Carl Christian Schmid, Reichsministerium für die besetzten Gebiete, 23. Oktober 1923, MA 107648, der die vorherige Anordnung bestätigt, die in Sperr an Ministerium des Äußern, 12. Juli 1923, MA 107647, BHStA, übermittelt wurde.

[83] Antz an Staatskommissar für die Pfalz, 13. November 1923, MA 107668, BHStA.

[84] Die Haupthilfestelle wiederholte diese Einschätzung, siehe Eberlein an Staatskommissar für die Pfalz, 8. November 1923, MA 107648, BHStA.

[85] Im Dritten Reich zu einer Art nationalen Denkmal geworden, dient der Wittelsbacher Hof heute als Pizzeria und Jugendtreff. Nur die Fassade erinnert an die Vergangenheit.

brückens. Regierungspräsident Mathéus lamentierte, daß sie eine „energische und leider auch zum Teil erfolgreiche Tätigkeit" an den Tag gelegt hätten. Bürgermeister von 600 Dörfern hatten dem neuen Regime Treueide geleistet, obwohl sie damit den Verlust ihrer Pensionsansprüche riskierten. Sollte es der de facto-Regierung in Speyer gelingen, genügend Steuern für die Arbeitslosenunterstützung einzunehmen, würde sie alle wichtigen Hebel der Verwaltung kontrollieren[86]. Die Hohe Kommission des Rheinlands sollte im Januar darüber befinden, ob der neuen Regierung eigene Steuererhebungsrechte zugesprochen werden sollten. Die Zeit wurde also knapp. Eberlein notierte scharfsinnig, daß die vom Bauernstand beherrschte Heinz-Orbis-Gruppe wachsende politische Differenzen mit den radikalen Gewerkschaftlern hatte, die die Ludwigshafener Arbeitslosen vertraten. Gleichviel, wenn auch der Zersetzungsprozeß in den Reihen der Separatisten fortschritt, konnte der Sozialdemokrat Johannes Hoffmann immer noch sein Autonomieprojekt im Rahmen der „großen rheinischen Republik" wiederauflegen[87].

Eberlein war derart verzweifelt, daß er vorschlug, die Bevölkerung der Pfalz durch „Hungernlassen, sprich die sofortige Einstellung aller Zahlungen für die Erwerbslosenfürsorge und sofortige Einstellung sämtlicher Lieferungen von Lebensmitteln" niederzuzwingen[88]. Nicht gewillt, so weit zu gehen, befahl Staatskommissar Wappes am 22. Dezember, die Separatistenführer „um die Ecke" zu bringen. Antz sowie die beiden mit der Vorbereitung des Coups befaßten Mitarbeiter waren um glaubhafte Nichtbeteiligung der leitenden Stellen bemüht. Deshalb unterließen sie es, Wappes oder Schmelzle über Einzelheiten des Vorhabens zu unterrichten. Analog stellte Heinrich Jolas bewußt keinerlei Fragen über die militärischen Stadtpläne von Speyer, die sich auf Antz' benachbartem Schreibtisch befanden[89].

Jung rekrutierte eine Kampfgruppe von 21 Männern aus dem Wikingbund, dem Hermannbund und dem Bund Oberland. Obwohl besorgt über Jungs Unzuverlässigkeit, hoffte Antz, daß dessen Mitverschwörer seine Unzulänglichkeiten als taktischer Planer wettmachen würden. Zwei der

[86] Mathéus an Staatsrat Schmelzle, 7. Dezember; Mathéus an Reichsminister für die besetzten rheinischen Gebiete, 28. Dezember 1923, MA 107648, BHStA.

[87] Eberlein an Staatskommissar für die Pfalz, 1. und 24. Dezember 1923, MA 107648, BHStA.

[88] Eberlein an Staatskommissar für die Pfalz, 21. Dezember 1923; siehe allerdings die technischen Einwände vom Staatsministerium für Landwirtschaft, 11. Januar 1924, MA 107648, BHStA.

[89] Antz an Jolas, 27. März 1931, MA 107674; Vormerkung Jolas, 15. April 1931, MA 107668, BHStA.

leitenden Aktivisten, Rechtsanwalt Otto Leibrecht und Regierungsassessor Dr. Otto Graf, galten als erfahrene Frontkämpfer. Die drei anderen Leutnants, der Student Karl Weinmann vom Wikingbund, der Ingenieur Hugo Burgart vom Bund Oberland und der junge Mainzer Jurist Werner Best vom Deutschen Hochschulring, waren gebildete und tüchtige Männer. Antz' Vertrauen auf die untergebenen Verschwörer erwies sich trotzdem als Fehler[90].

Am 5. Januar 1924 bestiegen Wappes und Eberlein den Zug nach Berlin, um Koordinierungsgespräche mit den einschlägigen Reichsstellen und gewissen Vertretern der Pfalz zu führen. Auf einer Sitzung in der Reichskanzlei legten sie einen Bericht über die politische Situation in der Region vor. Reichskanzler Marx gab die Zusicherung, „man werde zur Rettung des besetzten Gebietes bis zur Grenze des Äußersten gehen". Es ist aber zu vermuten, daß man rücksichtsvollerweise Marx mit Einzelheiten nicht belastete[91].

Die Liquidierung von Heinz-Orbis erwies sich als taktisch schwierig, aber strategisch äußerst erfolgreich. Der Vortrupp des Liquidierungskommandos passierte die Ludwigshafener Brücke nach Speyer und nahm seine Stellung im Wittelsbacher Hof am Abend des 8. Januar ein. Allerdings verpfuschten Jungs und Leibrechts Schwadronen, die mit der Bewachung der Straße beauftragt waren, den Rheinübergang. Sie brachen im Eis des Altwassers zwischen der Insel Flotzgrün und dem Fest-

[90] Antz an Jolas, 27. März 1931, ebd.; Will Hausmann an Pfalzkommissar, 10. April 1931, MA 107668, BHStA. Alle von Jungs wichtigsten Adjutanten machten später bedeutende Karrieren. Otto Graf war zunächst Reichstagsabgeordneter und 1949–53 als Ministerialdirektor im Bundeswirtschaftsministerium bei der Verwirklichung des Schumanplans federführend. Siehe Ludwig Erhard an Otto Seeling, 4. November 1952, NL Ludwig Erhard NE I. 4/64, Ludwig-Erhard Stiftung, Bonn. Das herausragendste Beispiel dafür ist jedoch Werner Best, Verfasser der „Boxheimer Dokumente" (die juristischen Pläne für Hitlers Machtergreifung), 1931; Justitiar, stellvertretender Leiter und führender Ideologe der Geheimen Staatspolizei bzw. des Reichssicherheitshauptamtes, 1935–40; nach Ausbruch des Kriegs Organisator der Einsatztruppen in Polen; Chef der Verwaltung beim Militärbefehlshaber in Frankreich, 1940–42; Reichsbevollmächtigter in Dänemark, 1942–45. Siehe *Ulrich Herbert*, Best. Biographische Studien über Radikalismus, Weltanschauung und Vernunft 1903–1989 (Bonn 1996). Herbert betont zurecht die „bemerkenswerten personellen und ideologischen Kontinuitäten zwischen der jungen rechtsradikalen Intelligenz der Weimarer Republik und der neuen SS-Elite" des Dritten Reichs (ebd., 17). Die Juristen und Akademiker, die nach 1933 die Führungsgruppen innerhalb der SS und der Gestapo bildeten, hatten ihre wohldurchdachten Volkstumspostulate und sozialdarwinistischen Anschauungen gegenüber der Machtausübung schon während der Weimarer Republik entwikkelt. Abschätzende Hinweise auf die „Banalität des Bösen" (Hannah Arendt) unterschätzen ihr geistiges Niveau.

[91] Aktenvermerk Sperr, 5. Januar, auch Vormerkung Wappes, 5. Januar 1924, MA 107648, BHStA.

land ein und mußten umkehren. Die Speyerer Gruppe verschob die Aktion. Am 9. Januar übernahm Otto Betz, Eberleins routinierter Vertreter, die Leitung der Rheinüberschreitung und nahm einen Brückenkopf am Westufer ein. Am Abend kamen aber nur Heinz und zwei Kollegen statt dem gesamten Autonomistenkabinett zum Abendessen. Treffsicher erschoß die Gruppe der Attentäter unter Karl Weinmann die drei verfügbaren Opfer. Draußen jedoch verlor Jung die Fassung und tötete versehentlich einen seiner eigenen Männer[92]. Das Sonderkommando kehrte niedergeschlagen zum Treffpunkt am Rhein zurück. Und am folgenden Tag mußte Antz gewandt verhandeln, um die Entlassung mehrerer Mittäter zu bewirken, die ungeschickterweise von der Badener Polizei verhaftet worden waren[93].

Die Ermordung von Heinz und eine begleitende Pressekampagne, dirigiert von der Haupthilfestelle, sorgte dennoch für Jubel im ganzen Reich. Ausländische Sympathisanten teilten die Begeisterung. Die Haupthilfestelle hatte G.E.R. Gedye, dem deutschfreundlichen Korrespondenten der London Times, einen Tip im Voraus gegeben. Nur Minuten nach der Tat schickte Gedye einen ausführlichen Augenzeugenbericht ab, der die öffentliche Meinung in Großbritannien mobilisierte[94]. Beamte im Foreign Office äußerten ihre Zufriedenheit. Whitehall intervenierte nicht nur, um die Steuererlasse der autonomen Regierung zu blockieren, sondern hinterfragte auch die Berechtigung der Rheinlandkommission, per Stimmenmehrheit Entscheidungen zu treffen[95]. Der

[92] Ohne diese bedauerlichen Umstände zu erläutern, fungierte Jung später als leitender Redner bei der Errichtung eines Denkmals für seinen gefallenen Kameraden Franz Hellinger. Siehe „Den Freiheitskämpfern des 9. Januar 1924. Ein Gedenkblatt an den Befreiungskampf der Pfalz“ (Speyer 1932), in: NL Gustav Wolff, I-100/88, ACDP.

[93] Otto Grafs detaillierter Gedächtnisbericht über die Operation ist wiedergegeben in *Karlheinz Lintz*, Großkampftage aus der Separatistenzeit in der Pfalz (Edenkoben 1930) 93–138. Jung veröffentlichte eine höchst tendenziöse Schilderung. „Die Erschießung des Heinz-Orbis“, Münchner Neueste Nachrichten, 23. November 1930, MA 107674. Eberlein entgegnete mit einer verdeckten Korrektur in der Pfälzischen Rundschau vom 6. Dezember 1930, Kopie in MA 107668. Otto Betz bereitete seine Geschichte für das Staatskommissariat am 17. Dezember 1930 vor (ebd.). 1931 trug der Staatskommissar für die Pfalz die vertraulichen Aussagen der wichtigsten Beamten zusammen, die an dem Anschlag beteiligt waren, nun zusammengezogen in MA 107668, BHStA.

[94] *Lintz*, Großkampftage 101–102; Knoch an Staatsministerium des Äußern, 24. Juli 1924, MA 107650, BHStA; *G.E.R. Gedye*, The Revolver Republic (London 1930). Zu Verbindungen zwischen Knoch, britischen Journalisten und ihren Freunden im Foreign Office s.a. *Karl Heinrich Pohl*, Bayern contra Stresemann, Die Aktivitäten des Gesandtschaftsrates Dr. Knoch, die besetzten Gebiete und die deutsche Sicherheitspaktpolitik, in: Zeitschrift für bayerische Landesgeschichte 42 (1979) 351–368.

[95] Miles Lampson, der Leiter des Central European Department, erläuterte: „Not that I

britische Generalkonsul in München wurde angewiesen, eine Untersuchung der Situation in der Pfalz durchzuführen. Er machte die erste Station in Heidelberg und ließ sich von Eberlein und Mathéus Stichworte liefern.

Die Lage der autonomen Regierung verschlechterte sich rasch. Am 19. Januar konnte Eberlein mit Befriedigung berichten: „Die seit langer Zeit vorbereitete Generaloffensive gegen die Separatisten in der Pfalz dürfte in der Hauptsache als durchgeführt zu betrachten sein."[96] Die französische Regierung erkannte das Menetekel. Das interministerielle Ruhrkomitee in Paris konzedierte am 16. Januar, daß die Deutschen auf breiter Front den Widerstand wiederaufgenommen hätten, diesmal mit Erfolg. Konfrontiert mit dem Abfall seiner Alliierten sowie einer Finanzkrise suchte Poincaré beinahe um jeden Preis eine Verständigung[97].

Es wäre unklug von der Bayerischen Regierung gewesen, sich das Gelingen der Unternehmung als Verdienst anzurechnen. Als der heiter gestimmte Wappes eine Versammlung der Pfalzreferenten über die blutigen Einzelheiten zu unterrichten versuchte, fiel ihm Jolas sofort ins Wort: „Wir wissen nichts und wollen nichts wissen!" Der Vertreter des Justizministeriums schloß sich dem an: „Stimmt." Die amtlichen Kreise behielten also diskretes Schweigen[98]. Mangels anderer Kandidaten wurde Edgar Jung der Held des Tages. Als bekannt wurde, daß der Oberstaatsanwalt keine Strafverfolgung betreiben würde, „behaupteten mindestens hundert Pfälzer, den Heinz-Orbis erschossen zu haben"[99]. Jung hob in einer Ansprache im Löwenbräukeller hervor: „Deutscher sein, heißt Frankreich hassen."[100] Stresemann schickte 5 000 Mark. Zur Unterstützung von Jungs Vorhaben, „die aktive Jugend im besetzten Gebiete vor innerpolitischen radikalen Einflüssen zu bewahren und sie den

defended the deed, very far from it; but there came a point where a patriotic race ... would kick against the pricks. Surely the remedy for this lay not in representations to the German government ... but rather in removing the irritant, namely, the support of German seditionists in the Palatinate." Siehe Documents on British Foreign Policy, 1919–1939 (London 1985), 1st Series, Band XXVI, Nr. 332 (17. Januar 1924).

[96] Eberlein an Staatskommissar für die Pfalz, 19. Januar 1924, MA 107648, BHStA.

[97] Comité Interministériel Restreint, 12. und 16. Januar, Aufzeichnung Jacques Seydoux, 14. Januar 1924, B-RC 158, MAE.

[98] Vormerkung Jolas, 15. April 1931, MA 107668, BHStA.

[99] Zeugenaussage des Staatsanwalts von Heidelberg, wiedergegeben in Vormerkung Jolas, 15. April 1931, MA 107668, BHStA.

[100] Rede vom 27. März 1924, kommentiert in Jolas an Hausmann, 7. und 16. Januar 1931, MA 107674, BHStA.

großen staatspolitischen Zielen dienstbar zu machen", öffnete Vizekanzler Jarres die Tresore des Innenministeriums[101].

Währenddessen begann eine große Debatte zwischen den bayerischen Stellen. Regierungsdirektor Alfred Staehler* von der Heidelberger Geschäftsstelle und pfälzische Politiker wie Michael Bayersdörfer waren gewillt, die Angelegenheit für erfolgreich abgeschlossen zu erklären und die Separatistenfrage jetzt ordentlich abzuwickeln. Generalstaatsanwalt Nortz repräsentierte die entgegengesetzte Auffassung. Er riet Kahr: „Der Kampf ist noch nicht zu Ende. ... Das Ziel Frankreichs, das es schon seit Jahrhunderten mit bewundernswerter Ausdauer verfolgt, den Rhein zu Frankreichs Grenzstrom zu machen, steht nach wie vor fest."[102] Diese Überzeugung teilend beklagte Eberlein, daß man sich die Gelegenheit entgehen ließe, die Idee eines neutralen Staates auf „kerndeutschem Land" für immer zu vereiteln. „Wenn also Frankreich so ungeheuer Wert darauf legt, ein solches neutrales Glacis zwischen sich und dem wiedererstarkenden Deutschland zu legen, [kann] dieser Wunsch Frankreichs mit Leichtigkeit erfüllt werden ... , indem man ... Elsass-Lothringen, Luxemburg und Flandern als neutrale Zone erklärt."[103]

Zur Verdeutlichung der neuen geopolitischen Lage plante Eberlein einen bewaffneten Angriff auf die noch im Bezirksamt von Pirmasens verbliebenen Separatisten. Noch einmal verpatzten seine Leute die Sache. Als der Stoßtrupp nicht in Erscheinung trat, begann Kommandoführer Albert Gießler den Angriff mit einheimischen Freiwilligen. Die größtenteils betrunkene Menge zündete das Gebäude an, brach die Türen mit Hieb- und Stichwaffen auf, knallte einige Separatisten ab und entkam über Leitern als der Brand sich ausbreitete. Nach dem Bericht der Haupthilfestelle wurde „der Afterbezirksamtmann Schwaab von der rasenden Menschenmenge buchstäblich in Stücke gerissen und der Leichnam desselben in das Feuer geworfen". Die überlebenden Separatisten wurden auf der Straße mit Äxten in Stücke gehackt, nachdem sie aus den

[101] Jung an Stresemann, 22. September 1924; Jung an Jarres, o.D. [Mai 1924], wiedergegeben in Landtagsabgeordneter Paul Zitzlberger an Staatsministerium des Äußern, 26. April 1925, MA 107674, BHStA. S.a. die umfangreiche Jung-Jarres Korrespondenz, 1924–26, in Nachlaß Karl Jarres Nr. 54, BAK. Mit dem Rat für zusätzliche Unterstützung für Jung schrieb Jarres dem Ministerium für die besetzten Gebiete am 14. Dezember 1925: „Nach meiner Überzeugung ist der Erfolg der Abwehr im Süden wesentlich seiner Tätigkeit zuzuschreiben " (ebd.).

[102] Nortz' Bericht für den Generalstaatskommissar, „Der Separatismus in der Pfalz", 21. Februar 1924, MA 107649, BHStA.

[103] Eberlein (Haupthilfestelle) an Staatskommissar für die Pfalz, 3. Februar 1924, MA 107649, BHStA.

Fenstern gesprungen waren[104]. Als wollten sie den demütigenden Zusammenbruch des gallischen Prestiges in der Pfalz noch dramatisieren, machte sich die örtliche französische Garnisonstruppe rar. Eine Entsetzungskolonne aus dem nur 23 Kilometer entfernten Zweibrücken brauchte volle acht Stunden bis nach Pirmasens[105].

Stresemann verkündete seine Reaktion im Reichstag: „Wenn heute Protest dagegen erhoben wird, daß es zu Bluttaten gekommen sei, ... so soll man sich doch bewußt sein, daß es, wenn man die Geduld eines Volkes bis aufs Äußerste spannt, Taten gibt, die juristisch zwar zu verurteilen sind, die aber vor Gott und dem Göttlichen in uns, dem Gewissen des Menschen, durchaus zu verteidigen sind."[106] Unmittelbar nach dem Massaker von Pirmasens setzte sich die politische Debatte in Bayern fort. Staehler und Bayersdörfers Kreisausschuß einigten sich darauf, mit einer alliierten Sonderkommission zusammenzuarbeiten, um Ruhe und Ordnung wieder herzustellen. Eberlein gab seinem Ärger über die verpaßte Gelegenheit Ausdruck, „General de Metz für immer zu erledigen". „Es wäre ein gefahrvoller Optimismus zu glauben, daß heute ohne die Blutopfer, die in Speyer und Pirmasens gebracht worden sind, ein bayerischer Regierungspräsident wieder in Speyer hätte einziehen können. Die aktive Abwehrpropaganda in Wort und Tat war der Wegbereiter für diese Lösung."[107] Gleichzeitig agierte Eberlein ganz nüchtern, um seinen radikalen Flügel unter Kontrolle zu halten. Als Kapitän Hermann Göring aus seinem österreichischen Unterschlupf seinen Heidelberger Verbindungsleuten die Ermordung von General de Metz anordnete, legte Eberlein sein Veto ein[108].

[104] Bericht Albert Gießler an die Haupthilfestelle, „Erstürmung des Bezirksamtsgebäudes in Pirmasens am 12.2.24"; Bericht der Haupthilfestelle (Otto Betz) über die Ereignisse in Pirmasens, 18. Februar 1924, MA 107649, BHStA.

[105] Tirard an Poincaré, 16. und 23. Februar 1924 (Z-RG 42, MAE), wollte zunächst das verzagte Verhalten der lokalen Garnison geheimhalten. General Jules Mordacq, der ehemalige Adjutant Clemenceaus, nunmehr Kommandeur des 30. Armeekorps in Mainz, schlug Alarm. Ein öffentlicher Skandal brach aus. Degoutte an Ministre de la Guerre, 18. Februar; Poincaré an Tirard, 22. Februar; Maginot an M. le Président du Conseil (Europe), 28. Februar 1924, ebd., MAE.

[106] *Gustav Stresemann*, Vermächtnis. Der Nachlaß in drei Bänden (Berlin 1932) Bd. 1, 317–318 (22. Februar 1924).

[107] Eberlein an Staatskommissar für die Pfalz, 23. Februar; Staehler an Schmelzle, 25. Februar 1924, MA 107649, BHStA.

[108] Treffen vom 8. März 1924, beschrieben im Protokoll der Sûreté, „Interrogatoire de SERFLING, Hans, de Mannheim", in: Tirard an Poincaré, 2. April 1924, Z-RG 44, MAE.

Staatsrat Schmelzle pflichtete Eberleins mittlerer Linie bei. Er mißbilligte Attentate auf Besatzungsbehörden, lehnte es aber ab, einen Minister zu einer persönlichen Unterredung mit de Metz zu entsenden[109]. Und mannhaft wehrte er sich gegen die Auflösung der Haupthilfestelle, bis sie im Mai von der sozialistischen Regierung Badens geschlossen wurde, nachdem Frankreich die Besetzung Mannheims angedroht hatte[110]. Zu diesem Zeitpunkt hatte das Dawes-Komitee sein Sachverständigen-Gutachten zur Reparationsfrage vorgelegt, und Stresemann hatte, nach der ihm eigenen Diktion, „einen Sieg über den Imperialismus Frankreichs" errungen[111].

* * *

1930 schrieb Edgar Jung, daß er und eine kleine Gruppe gleichgesinnter Helden eigenhändig die Ehre des Vaterlands während der Ruhrkrise verteidigt hätten. „Das pazifistische Dogma war damals Trumpf, und die deutsche Regierung ... begriff immer noch nicht, daß man der Doppelzüngigkeit der Gegner nicht mit bürokratischer Ehrlichkeit begegnen könne. ... Endlich hatte man sich noch nicht zu jener Ethik durchgerungen, der alle Völker in ihren schweren Stunden huldigen müssen, sollen sie sich behaupten: der Ethik, die besagt, daß zur Rettung des Lebens eines Volkes alle Mittel recht sind."[112] Das alte Team des Pfalzkommissariats fühlte sich ob dieses Anspruchs gekränkt, und das mit Recht. Tatsächlich hatten die höchsten Stellen der Regierungen in München und Berlin der Ermordung von Heinz-Orbis und seinen Anhängern, der Niederbrennung des Pirmasenser Bezirksamts, der Zirkulierung von gefälschten Régie-Francs und zahlreichen weiteren Sabotage- und Gewaltakten am Rhein zugestimmt, dafür bezahlt und sie mit ihrer Amtsgewalt gedeckt[113].

[109] Vormerkung Schmelzle, 21. Februar 1924, MA 107649; Knilling (von Schmelzle geschrieben) an Staehler, 27. März 1924, MA 107650, BHStA.

[110] Telegramme Tirards an MAE, 16., 24. und 29. Mai 1924, Z-RG 45, MAE.

[111] Stresemann in Reichstagsausschuß für Auswärtige Angelegenheiten, 19. Februar, zitiert in: Preger an Staatsministerium des Äußern, 19. Februar 1924, BGB 1735, BHStA.

[112] *Edgar J. Jung*, „Die Erschießung des Heinz-Orbis", Münchner Neueste Nachrichten, 23. November 1930, MA 107674, BHStA.

[113] Die Kontroverse entzündete sich aufs neue, als ein führender Nazi-Historiker der angeblich spontanen Selbsthilfe des Volkes 1923 die Unzulänglichkeit der deutschen und bayerischen Regierungen gegenüberstellt. Siehe *Paul Wentzcke*, Separatismus. Angriff und Abwehr am Rhein 1923, Süddeutsche Monatshefte (Oktober 1933) 6–51. Der im Ruhe-

In der Rückschau gab Staatsrat Schmelzle der Überzeugung Ausdruck „daß die bayerische Regierung durch ihre Haltung im Jahre 1923 ‚Es gibt kein Verhandeln über die Pfalz mit irgend jemand' das Reich gerettet hat"[114]. Die beamteten Frontkämpfer, die die Befehle vollstreckt hatten, stimmten nachdrücklich zu. „Es war ein Glück", sinnierte Staatskommissar Heinrich Jolas, „daß über die Zukunft von Rheinland, Hessen und Pfalz nicht in Köln, Darmstadt und Karlsruhe, sondern fernab vom Rhein in Berlin und München entschieden wurde"[115]. Es überrascht nicht, daß Adenauer anders urteilte. „Das Verdienst daran, daß damals das Rheinland nicht abgeschrieben wurde", rechnete er sich eindeutig selbst an[116]. Aber wenn Deutschland die schwersten Ketten des Versailler Vertrags 1923–24 abstreifte, spielte die Militanz der Reichskanzlei in Berlin und der Staatskanzlei in München dabei eine große Rolle. Es stellt sich jedoch die Frage, ob die Treibhauspflanze der Demokratie in dem Klima der staatlich sanktionierten politischen Gewalt gedeihen konnte. Der Journalist Tim Klein, Leiter des Kulturteils der Münchner Neuesten Nachrichten, schlug am Tag nach dem Hitlerputsch eine mögliche Antwort vor:

Ihr habt bei Nacht und Nebel gekriegt,
Und euer Feind – er lag besiegt.
Doch als ihr die Leiche bei Licht erkannt,
War es das eigene Vaterland[117].

stand lebende Staatskommissar Heinrich Jolas verfaßte einen zornigen Protest mit dem Vorwurf einer Geschichtsverfälschung. Siehe Jolas an Wentzcke, 23. Oktober 1933, MA 105999, BHStA; auch *Jolas*, Berufliche Erlebnisse Bd. 3, 203–208.

114 Schmelzle an Staatsministerium des Äußern, 5. April 1933, MA 107697, BHStA.

115 *Jolas*, Berufliche Erlebnisse Bd. 2, 276.

116 *Karl Dietrich Erdmann*, Unterredung mit Konrad Adenauer, Dienstag, 9. März 1965, in: Klett-Cotta. Das erste Jahrzehnt, ein Almanach 1977–1987 (Stuttgart 1987) 188.

117 Zitiert in: *Stresemann*, Vermächtnis Bd. 1, 241.

Anhang: Dramatis Personae

Konrad Adenauer (1876–1967), 1917–33, 1945 Oberbürgermeister von Köln; 1920–33 Präsident des Preußischen Staatsrats; 1949–63 Bundeskanzler. 1922 hat Kardinal Faulhaber ihm eine päpstliche Auszeichnung verweigert, weil er als Präsident des Münchner Katholikentages ohne Umschweife die Republiktreue befürwortet hatte.

Walter Antz (1888–1955), Vetter und Vertrauter von Heinrich Jolas; 1919–23 Bezirksamtmann von Zweibrücken; 1923–25 Sachbearbeiter beim Pfalzkommissariat; 1925–30 bei der Polizeidirektion München; ab 1930 Polizeidirektor in Ludwigshafen. Nach seiner Entnazifizierung 1947 Rechtsrat in Nördlingen und Reg.-Vizepräsident in Ansbach. Hielt sich für einen unpolitischen Berufspolizisten.

Michael Bayersdörfer (1867–1940), Sanitätsrat und Krankenhausarzt in Neustadt/Haardt; Vorsitzender der BVP in der Pfalz; 1920–24 stellv. Vorsitzender des pfälzischen Kreistags; 1924–33 MdR. Obwohl er während der Krise von 1923–24 mit äußerster Geschicklichkeit agierte, hielt ihn das Staatsministerium des Äußern für nicht genügend militant; diese Beleidigung verletzte seine Selbstachtung.

August Ritter von Eberlein (1877–1949), Oberstudiendirektor in Pirmasens; 1914 mobilisiert als Leutnant (bald danach Hauptmann) der Reserve, Träger des Max-Joseph-Ordens aufgrund seines Einsatzes bei Gefechten in den Vogesen, nahm später an Kämpfen in Belgien, Rumänien und im Baltikum teil; 1919–24 Leiter der Zentralstelle für pfälzische Angelegenheiten bzw. Haupthilfestelle für die Pfalz; trat nach erfolgloser Tätigkeit in Holzbau- und Filmindustrie zur NSDAP über; kämpfte als Oberst und Kommandeur eines Sicherungsregimentes im Zweiten Weltkrieg gegen Partisanen in Griechenland; starb nach fünfjähriger jugoslawischer Militärgefangenschaft in Sarajevo.

Louis Hagen (1855–1932), führender Kölner Privatbankier, geb. Louis Levy, nahm 1893 den Namen seines Schwiegervaters an; ab 1873 Erbe und Inhaber des Bankhauses A. Levy; ab 1922 Mitinhaber des Bankhauses Sal. Oppenheim jr. & Cie; Meister der unternehmerischen Kombinatorik, Mitglied von insg. 64 Aufsichtsräten; 1915–32 Präsident der Kölner Industrie- und Handelskammer; bemühte sich 1923–24 erfolglos um die Bildung der Rheinisch-Westfälischen Notenbank. Bekannt für seine katholische Frömmigkeit, wurde er von denen, die seine jüdische Herkunft hervorheben wollten, mit satirischem Verweis als „heiliger Louis" bezeichnet.

Franz-Josef Heinz, genannt Heinz-Orbis (1884–1924), Landwirt in Orbis bei Kirchheimbolanden, im Ersten Weltkrieg Artillerieunteroffizier; 1921–23 Gesamtvorsitzender der Freien Bauernschaft, Mitglied des Kreistags (DVP); 1923–24 Präsident der Autonomen Pfalz; ihm wurde ein christliches Begräbnis durch den Bischof von Speyer verweigert. Ein gewandter Volksredner, wurde von Gegnern als herrschsüchtig und prahlerisch getadelt.

Johannes Hoffmann (1867–1930), Volksschullehrer in Kaiserslautern, 1887–1908, 1920–23; ab 1908 Führer der pfälzischen SPD; 1920–30 MdR; 1918–19 Kultusminister unter Kurt Eisner; 1919–20 Ministerpräsident der bayer. Regierung in Bamberg; Landesverratsklage gegen ihn wurde 1924 eingestellt. Hoffmann fehlte es nicht an Mut. Nach dem Scheitern seines Versuchs, die Pfalz von Bayern loszureißen, weigerte sich das Kultusministerium, ihn wieder in den Staatsdienst aufzunehmen oder seiner Witwe eine Pension zu bewilligen.

Karl Jarres (1874–1951), 1914–33 Oberbürgermeister von Duisburg; von den Belgiern während der Ruhrbesetzung verhaftet, in Handschellen vor Gericht gestellt und ausgewiesen; 1923–25 Vizekanzler und Innenminister; kandidierte 1925 für den rechtsparteilichen Reichsbürgerblock als Reichspräsident; nach 1933 Aufsichtsratsmitglied der Ruhrunternehmen, u.a. Klöckner-Werke. Trotz langer Studienzeit in London und Paris von vaterländischer Gesinnung alten Stils besessen.

Heinrich Jolas (1866–1949), Verwaltungsbeamter in versch. Stellen, zuletzt als Polizeireferent in Oberbayern; als Regierungsrat in Speyer, hat 1909–13 die elektrische Versorgung der Pfalz mitgeplant; ab 1919 leitende Figur hinter den Kulissen im Pfalzkommissariat; 1919–33 Staatskommissar für die Saarpfalz, 1925–30 Staatskommissar für die Pfalz; überzeugter Nazigegner, schlug 1927 als erster vor, die sog. ‚Rheinland-Bastarde' zu sterilisieren.

Gustav von Kahr (1862–1934), 1917–20 nach Verwaltungslaufbahn im bayer. Innenministerium Regierungspräsident von Oberbayern; 1920–21 bayer. Ministerpräsident; 1923–24 Generalstaatskommissar; 1924–30 Präsident des bayer. Verwaltungsgerichtshofs; während des sog. Röhmputschs von den Nationalsozialisten ermordet.

Eugen von Knilling (1865–1927), 1912–18 bayer. Kultusminister; 1920–22 MdL (BVP); 1922–24 Ministerpräsident; danach Präsident der Staatsschuldenverwaltung. Witzig, voller Humor, als geheimer Freigeist bei Akademikern in der Schulverwaltung beliebt, galt er später aufgrund seiner Neigung zur Bequemlichkeit als Opportunist.

Siegmund Knoch (1881–1945), 1912 nach Sprachstudien in Paris und Oxford Eintritt in den bayer. Staatsdienst; 1915–18 Mitglied der Zivilverwaltung beim Stab des Deutschen Generalgouverneurs in Brüssel; 1918–24 Dolmetscher und politischer Berater im Rang eines Gesandtschaftsrats bei der Regierung der Pfalz; 1924–30 bayer. Vertreter bei den Reichskommissaren bei der Interalliierten Rheinlandkommission; aufgrund seiner Opposition gegen Stresemann gelang es ihm nicht, zum deutschen Delegierten im Völkerbund ernannt zu werden; 1930–33 Auslandsreferent der Staatskanzlei, wurde wider Willen in den Ruhestand versetzt, da seine Kritiker seine sprachlichen Talente für politische Zuvorkommenheit gegenüber den Franzosen hielten. Von glühendem Eifer beseelt, pflegte Knoch nützliche Kontakte mit ausländischen Journalisten, jedoch ermüdete sein ‚Wortschwall in Rede und Schrift' seine diplomatischen Gesprächspartner und brachte seine Vorgesetzten gegen ihn auf.

Jakob Mathéus (1862–1946), stattliche Figur mit gezwirbeltem Schnurrbart, verbrachte fast die ganze Beamtenlaufbahn nach 1891 in der Pfalz; 1902–20 Vorstand des Bezirksamts Ludwigshafen, zuletzt als ORR; knüpfte gute Beziehungen zu Gewerkschaftsvertretern sowie Wirtschaftsführern an; 1920–33 Mitgl. d. Aufsichtsrats d. Pfälzischen Hypothekenbank; 1920–23 Leiter der Kammer des Innern und Regierungsdirektor in Speyer; 1923–28 Leiter der Geschäftsstelle der Regierung der Pfalz in Heidelberg, bzw. Regierungspräsident in Speyer. Als „richtiger Mann für diesen wichtigen Posten in gefährlicher Zeit" allgemein anerkannt, wurde er nichtsdestoweniger wegen seines protestantischen Glaubens von Innenminister Karl Stützel rechtzeitig in den Ruhestand versetzt.

Eugen Mayer (1883–1963), nach Dienst im bayer. Ministerium des Innern 1921–32 als Referent des Staatssekretärs für Besatzungs- und Westmarkfragen ins Reichsministerium für die besetzten Rheinischen Gebiete bzw. Reichsministerium des Innern versetzt; 1932–51 wieder im bayer. Staatsdienst, zuletzt als Ministerialdirigent im Kultusministerium; von seinen Mitarbeitern wegen seines Ideenreichtums als „Maschinengewehr" bezeichnet; Verfasser zahlreicher Publikationen im Rheinischen Beobachter und später zu Themen der pfälzischen Heimatkunde.

Adalbert François Alexandre de Metz, geb. 1867, Sprößling des katholischen Adels, Absolvent von Saint-Cyr, Kolonialkarriere u.a. in Marokko; Kavallerieoberst im Ersten Weltkrieg, Freund von General Maxime Weygand; 1918 Oberkontrolleur in Kaiserslautern, Gegner der groben Verwaltungspolitik General Gérards; 1920–24 als Brigadegeneral Oberdelegierter der Rheinlandkommission in der Pfalz. Ein gebildeter und belesener Offizier, bemühte sich, deutsch zu lernen. De Metz bezeichnete sich als Exzellenz und versuchte, die Pfälzer durch Höflichkeit und Hochkultur für Frankreich zu gewinnen; träumte von einer christlichen Verbindung Frankreich-Bayern-Österreich. Von pfälzischen Honoratioren 1923–24 der Heuchelei angeklagt, wurde de Metz durch die Regierung Herriot seines Postens enthoben, der regulären Armee wieder eingegliedert und als Kommandeur des Forts von Grenoble gezielt der Vergessenheit überantwortet.

Eduard Nortz (1868–1939), ab 1903 Regierungsrat in Speyer; 1918 im bayer. Staatsministerium des Äußern; 1920–21 Landesentwaffnungskommissar und Staatskommissar zur Bekämpfung des Aufruhrs in Oberfranken; 1921–23 Polizeipräsident in München; danach Generalstaatsanwalt am Verwaltungsgerichtshof; Organisator des 'Pfälzer Treuebunds' in München.

Emmanuel Marie Joseph Peretti de la Rocca (1870–1958), freimütiger und aufrichtiger Berufsdiplomat, 1920–24 Direktor der Abteilung Politik und Handel des frz. Außenministeriums; 1924–31 Botschafter in Madrid und danach in Brüssel; 1940 Vorsitzender des Rats für politische Justiz in Vichy.

Raymond Poincaré (1860–1934), 1887–1903 Mitglied der frz. Deputiertenkammer, ab 1903 des Senats; seit 1893 Inhaber verschiedener Ministerialämter; 1912–13, 1922–24, 1926–29 Ministerpräsident; 1913–20 Staatspräsident; Befürworter der ‚juste milieu', als Poincaré-la-guerre ungerecht verleumdet.

Konrad von Preger (1867–1933), Beamter im Kultusministerium, zuletzt als Ministerialdirektor (1906–14); 1914–19 Generalstaatsanwalt d. Verwaltungsgerichtshofes; 1919–32 bayer. Gesandter bei der Reichsregierung. Trotz hoher geistiger Begabung und guter Informationsquellen stieß der hochmütige Preger auf Schwierigkeiten, sich als Nachfolger des beliebten Grafen Lerchenfeld zu behaupten. „Mehr als korrekte Höflichkeit", so seine Untergebenen, „konnte niemand von dem frostigen Manne erfahren".

Friedrich Profit (1875–1951), ab 1906 Bezirkssekretär der SPD in der Pfalz; 1912–21 MdL (Bayern); rührigster Kämpfer unter den pfälzischen SPD-Landtagsabgeordneten bei der Separatistenabwehr von 1919; 1921–30 Ministerialrat für sozialpolitische Fragen im Ministerium für die besetzten Rheinischen Gebiete, diente während des Widerstands gegen die frz. Besatzung als Verbindungsmann mit Gewerkschaftsstellen in Heidelberg, Dortmund und Köln; 1930–33 Referent für Saargängerfragen im Reichsarbeitsministerium. So eng mit BVP-Mitarbeitern verbunden, daß er bei der Fronleichnamsprozession „mit der Kerze unmittelbar hinter dem Himmel schritt"; fand es schmerzlich, daß er infolge seiner Gegnerschaft zum Nationalsozialismus am Saarabstimmungskampf 1935 nicht teilnehmen konnte.

Hans Schmelzle (1874–1955), trat nach Abschluß seiner preisgekrönten Dissertation „Staatshaushalt des Herzogtums Bayern im 18. Jahrhundert" 1904 in den Staatsdienst ein; schrieb als Mitarbeiter des Statistischen Landesamts (1908–14) grundlegende Studien über die bayer. Wirtschaft und Gesellschaft; 1914–18 in verantwortlichen Stellen im bayer. Ernährungswesen; 1919 Präsident der bayer. Landwirtschaftsbank; 1920 Ministerialrat in der Staatskanzlei; 1921–27 Staatsrat im Ministerium des Äußern; 1927–30 bayer. Finanzminister; 1931–39 tätig im bayer. Verwaltungsgerichtshof bzw. Staatsgerichtshof des Reiches.

Franz Sperr (1878–1945), Sprößling einer alten Beamtenfamilie, 1897–1918 Laufbahn im bayerischen Heer, zuletzt als Oberstleutnant; 1918 bayer. geschäftsführender Militärbevollmächtigter; 1919–32 stellvertretender Bevollmächtigter zum Reichsrat; 1933–34 bayer. Gesandter in Berlin; 1934 auf eigenen Wunsch in den vorzeitigen Ruhestand versetzt als Protest gegen die Aushöhlung der Eigenstaatlichkeit Bayerns. Überzeugter Monarchist und Vertrauter Kronprinz Rupprechts, nach dem 20. Juli 1944 verhaftet und in Plötzensee hingerichtet.

Alfred Staehler (1867–1938), 1897 Eintritt in den bayer. Staatsdienst, Bezirksamtmann bzw. Regierungsrat u.a. in Germersheim, Bayreuth, Illertissen, Ansbach; 1917–20 Landwirtschaftsfachmann bei der Reichsgetreidestelle; 1920–32 Regierungsdirektor und Leiter d. Kammer d. Innern bei der Regierung der Pfalz in Speyer; versah Feb.-Juli 1923, März-Sept. 1924 kommissarisch das Amt des stellvertretenden Regierungspräsidenten; Juli-Dez. 1923 von den Franzosen inhaftiert, nachdem er sich geweigert hatte, Gendarmen die Bewachung der Eisenbahnlinien zu befehlen. Als nüchtern denkender und politisch moderater Protestant wurde Staehler 1928 nach dem Ausscheiden von Mathéus bei der Beförderung übergangen.

Gustav Stresemann (1878–1929), MdR seit 1907; leitender Politiker in der Nationalliberalen- bzw. Deutschen Volkspartei; starker Annexionist im Ersten Weltkrieg; 1923 Reichskanzler; 1923–29 Reichsaußenminister; 1926 Friedensnobelpreisträger; erhielt aufgrund seiner politischen Talente von zahlreichen Historikern einen Persilschein.

Paul Tirard (1870–1945), Sprößling einer bekannten Politikerfamilie, machte kometenhafte Karriere im Conseil d'Etat; Dozent für Verwaltungslehre an der Ecole des Sciences Politiques; Kabinettschef für mehrere Minister; 1912–14 Generalsekretär des Protektorats von Marokko; diente im Ersten Weltkrieg (zuletzt als Oberstleutnant) auf Militärmissionen in Rußland sowie in den Stäben von Joffre und Foch; 1918–19 Contrôleur-Général de l'Administration des Territoires Rhénans; 1919–30 frz. Haut-Commissaire dans les Provinces du Rhin. Für seine Schlauheit und Umsicht berüchtigt, ließ er sich von niemandem in die Karten schauen.

Lorenz Wappes (1860–1952), ab 1909 Leiter des pfälzischen Forstwesens; Staatskommissar für die Pfalz, 1921–25, diente als liebenswürdiges Aushängeschild, aber delegierte die Verwaltungsaufgaben an seine Untergebenen; 1919–33 Vorsitzender des Deutschen Forstvereins. Als Ministerialdirektor i.R. veröffentlichte er mehr als 125 Publikationen im Fachbereich Forstwissenschaft.

Theodor von Winterstein (1861–1945), 1902–5 Regierungsrat bei der Regierung der Pfalz; 1905–18 Beamter im Kultusministerium, zuletzt als Ministerialdirektor; 1918–19 Regierungspräsident der Pfalz, von der frz. Militärbehörde ausgewiesen; 1919–21 Staatskommissar für die Pfalz; 1921–27 Regierungspräsident der Oberpfalz und von Regensburg. Parteiloser und landestreuer Verwaltungsbeamter, lehnte er 1921 das Angebot, Staatssekretär im Reichsministerium für die besetzten Rheinischen Gebiete zu werden, ab.

Gerhard Schuck

Zwischen Ständeordnung und Arbeitsgesellschaft Der Arbeitsbegriff in der frühneuzeitlichen Policey am Beispiel Bayerns

I.

Der Titel ‚Zwischen Ständeordnung und Arbeitsgesellschaft' scheint auf den ersten Blick ein diachrones Spannungsverhältnis anzusprechen, nämlich zwischen der mittelalterlich-frühneuzeitlichen Ordnung der Ständegesellschaft, die von einem perfekt gedachten und religiös begründeten Weltbild ausgeht, auf Statik angelegt ist und auf Rechtsungleichheit beruht, und dem im 19. Jahrhundert zum Durchbruch kommenden neuen Strukturprinzip der bürgerlichen Gesellschaft, das von Soziologen und Sozialphilosophen retrospektiv auf den Begriff ‚Arbeitsgesellschaft' gebracht wurde[1]. Dieser Terminus erklärt sich, jenseits der Trivialität, daß jede Gesellschaft irgendwie auf Arbeit beruht, von der Schlüsselstellung her, die in der Phase der bürgerlichen Gesellschaft in nahezu allen großen Sozialtheorien hinsichtlich der Prinzipien, „welche die Struktur der Gesellschaft prägen, ihre Interpretation bzw. ihre Konflikte programmieren, ihre objektive Entwicklung steuern und ihr Bild von sich selbst und der eigenen Zukunft regieren", der Arbeit zugemessen wurde[2]. Die bürgerliche Gesellschaft, so kann man sagen, begreift

[1] *Hannah Arendt*, Vita activa oder Vom tätigen Leben (München [7]1991) 11f. Vgl. dazu *Ralf Dahrendorf*, Wenn der Arbeitsgesellschaft die Arbeit ausgeht, in: *Joachim Matthes* (Hrsg.), Krise der Arbeitsgesellschaft? Verhandlungen des 21. Deutschen Soziologentages in Bamberg 1982 (Frankfurt a.M., New York 1983) 25–37, hier 30. Zum Begriff ‚Ständegesellschaft': *Winfried Schulze*, Die ständische Gesellschaft des 16./17. Jahrhunderts als Problem von Statik und Dynamik, in: *ders.* (Hrsg.), Ständische Gesellschaft und soziale Mobilität (Schriften des Historischen Kollegs, Kolloquien 12, 1988) 1–17; *ders.*, Die ständische Gesellschaft des 16./17. Jahrhunderts und die moderne historische Forschung, in: *Hans Erich Bödeker, Ernst Hinrichs* (Hrsg.), Alteuropa – Ancien Régime – Frühe Neuzeit. Probleme und Methoden der Forschung (Stuttgart, Bad Cannstatt 1991) 51–77.

[2] *Claus Offe*, „Arbeitsgesellschaft": Strukturprobleme und Zukunftsperspektiven (Frankfurt, New York 1984) 13f.

sich im Gegensatz zur Antike, in der Arbeit aus der Gesellschaft (societas civilis) gewissermaßen ausgeschlossen war, und auch im Gegensatz zur mittelalterlich-frühneuzeitlichen Ständegesellschaft, die Arbeit nur einem der drei Stände als Pflicht zuordnete, als ‚Arbeitsgesellschaft', d.h. als eine Gesellschaftsordnung, die auf Arbeit als zentralem Vergesellschaftungsprinzip beruht.

Diese gesellschaftliche Stellung der Arbeit und des Arbeitsbegriffs in der Moderne ist jedoch nicht erst aus der Industrialisierung im Übergang zum 19. Jahrhundert entsprungen, sondern ist Ergebnis eines langfristigen Prozesses, der innerhalb der Ständegesellschaft stattfand und mit dem zumindest seit dem hohen Mittelalter, wie vor allem Otto Gerhard Oexle gezeigt hat, das ständische Ordnungsdenken strukturell verknüpft ist[3]. In diesem Sinn beziehe ich mich im Titel auf ‚Ständeordnung' und ‚Arbeitsgesellschaft' nicht als Stationen auf der Zeitachse, sondern als zwei Prinzipien, die innerhalb des Normensystems der frühneuzeitlichen Ständeordnung selbst angelegt sind. Dies möchte ich an der Stellung des Arbeitsbegriffs in der Policey diskutieren, wobei ich mich auf das 16. und 17. Jahrhundert beschränke und mit dem Beispiel Bayerns einen katholischen, von seiner Wirtschaftsstruktur her eher undynamischen, jedoch sehr früh eine moderne, zentralistische Staatsverwaltung aufbauenden Territorialstaat wähle[4]. Ich lasse also die Phase des Aufgeklärten Absolutismus, in der sich unstreitig die Vision einer Arbeitsgesellschaft in staatlichen Reformen abzeichnete[5], und das in der Forschung im

[3] *Otto Gerhard Oexle*, Die funktionale Dreiteilung als Deutungsschema der sozialen Wirklichkeit in der ständischen Gesellschaft des Mittelalters, in: *Schulze* (Hrsg.), Ständische Gesellschaft (wie Anm. 1) 19–51.

[4] *Max Spindler*, Handbuch der bayerischen Geschichte. Bd. 2. Zweite, überarb. Aufl., hrsg: von *Andreas Kraus* (München 1988); *Eckart Schremmer,* Die Wirtschaft Bayerns. Vom hohen Mittelalter bis zum Beginn der Industrialisierung. Bergbau, Gewerbe, Handel (München 1970); *Volker Press*, Die Wittelsbachischen Territorien: Die Pfälzischen Lande und Bayern, in: *Kurt G. A. Jeserich*, *Hans Pohl*, *Georg Christoph von Unruh* (Hrsg.), Deutsche Verwaltungsgeschichte, Bd. 2 (Stuttgart 1983) 552–599; *Reinhard Heydenreuter*, Der landesherrliche Hofrat unter Herzog und Kurfürst Maximilian I. von Bayern (1598–1651) (München 1981) v.a. 231–272; *Heinz Lieberich*, Die Anfänge der Polizeigesetzgebung des Herzogtums Baiern, in: *Dieter Albrecht*, *Andreas Kraus*, *Kurt Reindel*, Festschrift für Max Spindler zum 75. Geburtstag (München 1969) 307–378; *Hans Schlosser*, Rechtsetzung und Gesetzgebungsverständnis im Territorialstaat Bayern im 16. Jahrhundert, in: ZBLG 50 (1987) 41–61; *Karl-Ludwig Ay*, Land und Fürst im alten Bayern 16.-18. Jahrhundert (Regensburg 1988).

[5] *James Van Horn Melton*, Arbeitsprobleme des aufgeklärten Absolutismus in Preußen und Österreich, in: MIÖG 90 (1982) 49–75; *Peter Lewisch*, Der Wandel von Arbeitsethos und Arbeitsrecht in der Zeit von Maria Theresia bis zum ABGB (Wien 1988). Bezogen auf

Anschluß an Max Weber vielfach in den Vordergrund gerückte Moment des Protestantismus beiseite und konzentriere mich auf den policeylichen Ansatz im engeren Sinn.

‚Policey' bezeichnet hier die seit Ende des 15. Jahrhunderts vom Reich und den Reichsständen entfaltete Gesetzgebungs- und Ordnungstätigkeit, die unter der Zielvorgabe der Herstellung ‚guter Policey' den Anspruch erhob, tendenziell alle Bereiche des öffentlichen und privaten Lebens einer normierenden Regelung zu unterwerfen[6]. Gerade im Hinblick auf den Bereich der Arbeit ist das Entstehen dieser Policeygesetzgebung zu verstehen als Reaktion auf die krisenhaften Entwicklungen im Spannungsfeld von Bevölkerungsvermehrung und beengtem Nahrungsspielraum, die im Zusammenhang mit dem Vordringen der Marktökonomie die Gleichgewichtsordnung der ständischen Gesellschaft bedrohten[7] und dazu führten, daß den entstehenden Territorialstaaten eine übergreifende Problemlösungs- und Ordnungsaufgabe zuwachsen konnte[8]. In

Bayern: *Angelika Baumann*, „Armuth ist hier wahrhaft zu Haus ..." Vorindustrieller Pauperismus und Einrichtungen der Armenpflege in Bayern um 1800 (München 1984).

[6] Zum frühneuzeitlichen Polizeibegriff vgl. *Franz-Ludwig Knemeyer*, Art. ‚Polizei', in: Geschichtliche Grundbegriffe. Historisches Lexikon zur politisch-sozialen Sprache in Deutschland, hrsg. von *Otto Brunner*, *Werner Conze*, *Reinhart Koselleck* Bd. 4 (Stuttgart 1978) 875–897; *Peter Nitschke*, Von der Politeia zur Polizei. Ein Beitrag zur Entwicklungsgeschichte des Polizei-Begriffs und seiner herrschaftspolitischen Dimensionen von der Antike bis ins 19. Jahrhundert, in: ZHF 19 (1992) 1–27. Zur frühneuzeitlichen Policey grundlegend: *Gustav Klemens Schmelzeisen*, Polizeiordnungen und Privatrecht (Münster, Köln 1955); *Hans Maier*, Die ältere deutsche Staats- und Verwaltungslehre (München 1986); *Marc Raeff*, The Well-Ordered Police State. Social and Institutional Change through Law in the Germanies and Russia, 1600–1800 (New Haven/London 1983); *Michael Stolleis*, Geschichte des öffentlichen Rechts in Deutschland. Bd. 1: Reichspublizistik und Policeywissenschaft 1600–1800 (München 1988); *ders.* (Hrsg.), Policey im Europa der Frühen Neuzeit. Unter Mitarbeit von *Karl Härter* und *Lothar Schilling* (Frankfurt a.M. 1996).

[7] *Wilhelm Abel*, Massenarmut und Hungerkrisen im vorindustriellen Deutschland (Göttingen 1972); *Peter Kriedte*, Spätfeudalismus und Handelskapital. Grundlinien der europäischenWirtschaftsgeschichte vom 16. bis zum Ausgang des 18. Jahrhunderts (Göttingen 1980) 28–79.

[8] Sowohl die Tatsache, daß bis ins 17. Jahrhundert der Erlaß von Policeyordnungen häufig auf ständische Initiative zurückging, also nicht etwa vom Landesherrn den Ständen aufgezwungen wurde, als auch – eine ständestaatliche Hierarchiestufe höher – die Tatsache, daß im Zeitalter der Glaubensspaltung eine auf dem Konsens der Reichsstände beruhende umfangreiche Policeygesetzgebung des Reiches zustande kommen konnte, belegen, daß die Herrschaftsstände selbst von der Notwendigkeit der Ersetzung lokal begrenzter und kleinräumiger durch überregionale Problemlösungsstrategien ausgingen. Vgl. *Maier*, Verwaltungslehre (wie Anm. 6) 76; *Karl Härter*, Entwicklung und Funktion der Policeygesetzgebung des Heiligen Römischen Reiches Deutscher Nation im 16. Jahrhundert, in: Ius Commune 20 (1993) 61–141.

diesem Kontext entwickelte sich in Bayern seit dem späten 15. Jahrhundert eine immer weiter ausdifferenzierte, aber in den Grundintentionen konstante policeyliche Gesetzgebung zum Arbeitsverhalten der Menschen, deren Prinzipien im 17. und auch noch im 18. Jahrhundert trotz vieler Neuansätze im Zeichen von Merkantilismus und Aufklärung, nicht wirklich aufgehoben, sondern allenfalls modifiziert und ergänzt wurden. Dabei lassen sich grob drei, auf jeweils unterschiedliche Adressatenkreise angewandte, arbeitspolitische Schwerpunkte unterscheiden: 1. eine auf Bettler, Arme und andere Randgruppen bezogene, am Prinzip einer allgemeinen Arbeitspflicht ausgerichtete, repressive Sozialpolitik; 2. eine auf neuartige Probleme des Arbeitsmarktes reagierende Arbeitsordnungspolitik für städtische und ländliche Arbeitskräfte sowie 3. ein Bündel von Maßnahmen zur tendenziell gesamtgesellschaftlichen Durchsetzung einer neuen Arbeitsmoral im Sinne einer sittlichen Erneuerung und der Zurückdrängung volkskultureller Gebräuche[9].

Die policeylichen Ordnungsversuche waren von Anfang an zwiespältiger Natur. Sie reagierten auf die Auflösungserscheinungen der ständischen Ordnung mit einer konservativen Stabilisierungspolitik, die mit einem auf Statik beruhenden Normensystem tendenziell auf eine Stillstellung der sozialen Verhältnisse zielte, gleichzeitig aber trieb der damit verbundene Prozeß der Monopolisierung legitimer Gewalt im Staat die Auflösung der Ständeordnung voran. Die darin für die Ständegesellschaft liegende Dialektik, daß sie nämlich „just durch jenes Mittel ausgehöhlt wurde, das zu ihrer Rettung ersonnen wurde“[10], betraf umgekehrt auch den Policeystaat. Er konnte, ohne sich selbst aufzuheben, aus dem Widerspruch nicht herauskommen, daß er seiner verfassungsrechtlichen Struktur, seiner politischen Legitimation und seiner sozialen Interessenbasis nach selbst auf ständischen Grundlagen beruhte, zur erfolgreichen Wahrnehmung seiner Ordnungsfunktion aber, auf der seine Existenzberechtigung letztlich basierte, auf Reformen und auf Partizipation an der Entfesselung der wirtschaftlichen und sozialen Dynamik der Moderne angewiesen war.

So stützte sich die Policey in ihrem auf die Bewahrung der Ständeordnung gerichteten gesellschaftspolitischen Ansatz auf das Konzept einer Arbeitspflicht, die zwar zunächst auf bestimmte soziale Gruppen angewandt wurde, aber in der darin liegenden Bezugnahme auf Arbeit als ge-

[9] *Gerhard Schuck*, Überlegungen zum Verhältnis von Arbeit und Policey in der Frühen Neuzeit, in: Ius Commune 22 (1995) 121–150.

[10] *Christof Dipper*, Deutsche Geschichte 1648–1789 (Frankfurt a.M. 1991) 86.

sellschaftskonstituierender Norm über diese ständische Begrenzung hinauswies und vom Ansatz her die Gesellschaft bereits als Arbeitsgesellschaft definierte. Arbeit war in diesem Sinn also nicht nur Gegenstand einer – zunächst ständisch-konservativen, seit dem 17. Jahrhundert zunehmend mit modernisierenden Intentionen verbundenen – Arbeitspolitik, sondern zugleich eine mit dem Gemeinwohlgedanken eng verbundene Begründungskategorie, die ihre spezifische Normativität nur vom modernen Arbeitsbegriff her bezog.

Ich möchte im folgenden zunächst versuchen zu klären, in welchem Sinn man im Übergang vom Spätmittelalter zur Frühen Neuzeit überhaupt von ‚modernem Arbeitsbegriff' sprechen kann und worin dessen gesellschaftliche Normativität begründet liegt, um dann die Verwendung und Funktion dieses Arbeitsbegriffs in der bayerischen Policeygesetzgebung zu beleuchten.

II.

In der antiken praktischen Philosophie (Platon, Aristoteles) wird Arbeit innerhalb eines Bewertungsschemas menschlicher Tätigkeiten als niedrigste gesellschaftliche Tätigkeit angesehen, weil sie mit Mühe und Last untrennbar verbunden ist und weil sie nur von denjenigen ausgeführt wird, die dazu gezwungen sind. Ziel der sittlichen Lebensführung ist dagegen die ‚Muße', die ‚Reichtum' und ‚Freiheit' voraussetzt, während Arbeit notwendiges Attribut der ‚Armut' und ‚Unfreiheit' ist[11]. Ein erster Ansatz einer Umwertung vollzog sich im Übergang von der Antike zum Mittelalter auf der Grundlage der christlichen Ethik und Soziallehre, derzufolge Arbeit keineswegs per se negativ war. Von der Paulinischen Arbeitsethik über Augustinus, Benedikt von Nursia und Thomas von Aquin bis Luther läßt sich eine der „prinzipiellen Arbeitsverachtung der Antike"[12] entgegengesetzte christliche Tradition der Gleichwertigkeit aller weltlichen Arbeit vor Gott feststellen, die jedoch vor allem im

[11] Zur Geschichte des Arbeitsbegriffs allgemein: *Werner Conze*, Art. ‚Arbeit', in: Geschichtliche Grundbegriffe (wie Anm. 6) Bd. 1 (1972) 154–215; *Rudolf Walther*, Arbeit – Ein begriffsgeschichtlicher Überblick von Aristoteles bis Ricardo, in: *Helmut König*, *Bodo von Greiff*, *Helmut Schauer* (Hrsg.), Sozialphilosophie der industriellen Arbeit (Opladen 1990) 3–25; *Konrad Wiedemann*, Arbeit und Bürgertum. Die Entwicklung des Arbeitsbegriffs in der Literatur Deutschlands an der Wende zur Neuzeit (Heidelberg 1979); *Herbert Applebaum*, The Concept of Work. Ancient, Medieval, and Modern (New York 1992).
[12] *Rudolf Walther*, Arbeit (wie Anm. 11) 9.

Zusammenhang mit der Dichotomisierung der Kirche in Klerus und Laien sowie der Aristotelesrezeption in der Scholastik durch eine gleichzeitige Unterordnung praktischer unter kontemplative Tätigkeiten relativiert wurde. In christlicher Perspektive wurde Arbeit als Tätigkeit wie in der Antike negativ, als Mühe und Last, letztlich als Strafe Gottes, betrachtet und nur im Sinn eines Gottesdienstes geschätzt. Noch Luthers Berufsethik, so sehr sie faktisch Arbeit als soziale Grundnorm in den Mittelpunkt der christlichen Lebensführung rückte, blieb im Rahmen dieser rein jenseitsbezogenen christlichen Arbeitsdeutung. Dezidiert antimodern ist der Lutherische Arbeitsbegriff insofern, als er zwischen der Arbeit und ihren Ergebnissen strikt trennt. Letztere werden eben nicht auf die Arbeit selbst zurückgeführt, sondern auf Gott, und nur so kann die von ihrem Erfolg abgetrennte und als Gottesdienst verstandene Arbeit zugleich aufgewertet und zu einer die soziale Herrschaftsordnung stützenden Pflicht umgedeutet werden. „Erbeytten mus und soll man, aber die narung und des hauses fuelle ja nicht der arbeyt zu schryben, sondern alleyn der guete und dem segen Gottes.“[13]

Bildet der christlich-lutherische Arbeitsbegriff, der in seinen wesentlichen Inhalten die gesamte Frühe Neuzeit über dem theologischen Arbeitsdiskurs im Reich konfessionsübergreifend zugrunde lag, gleichsam die Mitte zwischen traditionellem und modernem Arbeitsbegriff, so beruht der eigentliche Durchbruch zum modernen Arbeitsbegriff genau auf den vom christlichen Arbeitsbegriff so heftig bekämpften produktiven Charakter der Arbeit, aus der sich ein säkulares, auf Freiheit bezogenes bürgerliches Gesellschaftsmodell herleiten ließ. Von einer theoretischen Ausformulierung eines systematisch auf die Erkenntnis der Produktivität der Arbeit – den ‚productive powers of labour‘ – bezogenen ‚modernen‘ Arbeitsbegriffs kann man dann erst bei Locke und Adam Smith sprechen[14].

Allerdings läßt sich auf dieser Ebene ausformulierter Begriffskonzepte allein die Frage nach der Eigenart des modernen Arbeitsbegriffs – jedenfalls im Hinblick auf meine Frage nach der Arbeit in der Policey – kaum befriedigend klären, ordnet man die Begriffsentwicklung als Gan-

[13] Zit. nach *Wulf D. Hund*, Stichwort: Arbeit. Vom Banausentum zum travail attractif (Heilbronn 1990) 41.

[14] *Johannes Burckhardt*, Das Verhaltensleitbild „Produktivität“ und seine historisch-anthropologische Voraussetzung, in: Saeculum 25 (1974) 277–289, v.a. 284f.; *ders.*, Der Umbruch der ökonomischen Theorie, in: *August Nitschke* (Hrsg.), Verhaltenswandel in der Industriellen Revolution (Beiträge zur Sozialgeschichte, Stuttgart u.a. 1975) 57–72, v.a. 63f.; *Manfred Brocker*, Arbeit und Eigentum. Der Paradigmenwechsel in der neuzeitlichen Eigentumstheorie (Darmstadt 1992) 426–430.

zes nicht in den Kontext der sozioökonomischen Transformation und den Staatsbildungsprozeß seit dem späten Mittelalter ein. So lassen sich doch einige gemeinsame Bestimmungen herausstellen, die diesem Prozeß insgesamt zugrunde liegen und – wenn auch in den verschiedenen Diskursen in sehr unterschiedlicher Weise theoretisch und ideologisch verarbeitet – Kernbestimmungen des modernen Arbeitsbegriffs ausmachen. Ich nenne drei solcher Aspekte der Modernität des ‚modernen' Arbeitsbegriffs.

Der moderne Arbeitsbegriff ist 1. ökonomisch fundiert auf jenen mit dem Aufstieg der Städte im 11./12. Jahrhundert beginnenden Umwälzungsvorgängen, die auf die Entstehung der kapitalistisch-industriellen Wirtschaft hinausliefen. Auch wenn dieses ökonomische Moment erst im 17. und vor allem im 18. Jahrhundert in den Arbeitsbegriff aufgenommen wurde – systematisch erst bei Adam Smith -, bildet es doch schon sehr viel früher die notwendige Voraussetzung für dessen frühneuzeitliche Karriere. Die Zunahme der Arbeitsproduktivität, die Entstehung eines Arbeitsmarktes seit dem Spätmittelalter und der einsetzende Strukturwandel der Arbeit selbst mit ersten Ansätzen der Ausrichtung der Arbeit an abstrakten Zeitnormen[15] sind Aspekte dieser Bestimmung.

Mit dem ökonomischen Bedeutungszuwachs der Arbeit am Beginn der Neuzeit ist als 2. ein sozialer Bedeutungswandel verbunden. Seit der von Karl Bosl so genannten „mittelalterliche[n] Aufbruchsepoche"[16] des 11. bis 13. Jahrhunderts entstand sowohl im Bereich der städtischen als auch der ländlichen Arbeit mit dem Übergang breiter Gesellschaftsgruppen von fremdbestimmter zu eigenverantworteter Arbeit eine vom traditionalen Arbeitsverständnis sich abhebende positive Arbeitsauffassung[17]. Insbesondere im städtischen Handwerk stellte Arbeit so bereits

[15] *Edward P. Thompson*, Zeit, Arbeitsdisziplin und Industriekapitalismus, in: *ders.*, Plebeische Kultur und moralische Ökonomie. Aufsätze zur englischen Sozialgeschichte des 18. und 19. Jahrhunderts. Ausgewählt und eingeleitet von *Dieter Groh* (Frankfurt a.M., Berlin, Wien 1980) 35–66, 319–331; *Jacques Le Goff*, Die Arbeitszeit in der ‚Krise' des 14.Jahrhunderts: Von der mittelalterlichen zur modernen Zeit, in: *ders*, Für ein anderes Mittelalter. Zeit, Arbeit und Kultur im Europa des 5.-15. Jahrhunderts. Ausgew. von *Dieter Groh*, eingel. von *Juliane Kümmel* (Frankfurt a.M., Berlin, Wien 1984) 29–42; *Volker Stamm*, Ursprünge der Wirtschaftsgesellschaft. Geld, Arbeit und Zeit als Mittel von Herrschaft (Frankfurt a.M. 1982) 107–117; *Stefan Wulf*, Arbeit und Nichtarbeit in norddeutschen Städten des 14. bis 16. Jahrhunderts. Studien zur Geschichte sozialer Zeitordnung (Hamburg 1991).

[16] *Karl Bosl*, Aufbruch von Mensch und Gesellschaft. Eine epochale Struktur in der europäischen Geschichte, in: *Rüdiger Krohn*, *Bernd Thum*, *Peter Wapnewski* (Hrsg.), Staufer-zeit. Geschichte, Literatur, Kunst (Stuttgart 1978) 11–27, Zitat 13.

[17] *Bosl*, Aufbruch (wie Anm. 16) 14f.; *Ferdinand Seibt*, Vom Lob der Handarbeit, in:

seit dem Hochmittelalter einen ein bürgerliches Selbstbewußtsein konstituierenden Faktor dar[18].

Daß sich ein solches Arbeitsethos tatsächlich ausbildete, zeigt sich zunächst jedoch kaum in Form unmittelbarer Artikulation, sondern läßt sich eher rückschließen: etwa aus der neuartigen Beachtung und Behandlung der Arbeitsthematik in den theologischen Diskursen, in der Scholastik und im kanonischen Recht[19], in der Predigttätigkeit der Bettelorden, die sich im 13. Jahrhundert in den Städten niederließen[20], aber auch in der Heiligenikonographie[21] und in den, oft von Zünften oder Bruderschaften gestifteten, Arbeitsdarstellungen auf Kirchenfenstern, durch die im 13. Jahrhundert „die Darstellung von Arbeit in den sakralen Bereich" eindrang[22]. Selbstverständlich geht es diesen meist eher reakti-

Hans Mommsen, Winfried Schulze (Hrsg.), Vom Elend der Handarbeit. Probleme historischer Unterschichtenforschung (Stuttgart 1981) 158–181, hier 161; *Peter Blickle*, ‚Handarbeit', ‚gemeiner Mann' und ‚Widerstand' in der vorrevolutionären Gesellschaft, in: ebd. 234–239, hier 238, hält dies „für eine Achsenzeit in der Geschichte der Arbeitsverfassung, die, was die Dimension betrifft, nur noch eine Parallele hat im Übergang von der Agrargesellschaft zur Industriegesellschaft".

18 *Wilfried Reininghaus*, Arbeit im städtischen Handwerk an der Wende zur Neuzeit, in: *Klaus Tenfelde* (Hrsg.), Arbeit und Arbeitserfahrung in der Geschichte (Göttingen 1986) 9–31, v.a. 10–13.

19 *Robert Linhardt*, Die Sozialprinzipien des heiligen Thomas von Aquin. Versuch einer Grundlegung der speziellen Soziallehren des Aquinaten (Freiburg i. Br. 1932); *A. Auer*, Zum christlichen Verständnis der Berufsarbeit nach Thomas von Aquin und Martin Luther (Rotteburg 1953); *Otto Gerhard Oexle*, Die funktionale Dreiteilung der „Gesellschaft" bei Adalbero von Laon. Deutungsschemata der sozialen Wirklichkeit im früheren Mittelalter, in: Frühmittelalterliche Studien 12 (1978) 1–54; *Applebaum*, Work (wie Anm. 11) 227–252; *Jaqueline Hamesse*, Le travail chez les auteurs philosophiques du 12e et du 13e siècle. Approche lexicographique, in: *dies, Colette Muraille-Samaran* (Hrsg.), Le Travail Au Moyen Age. Une Approche Interdisciplinaire (Louvain-La-Neuve 1990) 115–127; *Ph. Delhaye*, Quelques aspects de la doctrine thomiste et néothomiste du travail, in: ebd. 157–176; *Gerard Fransen*, La notion d'oeuvre servile dans le droit canonique, in: ebd. 177–184.

20 Vgl. *Dieter Berg* (Hrsg.), Bettelorden und Stadt. Bettelorden und städtisches Leben im Mittelalter und in der Neuzeit (Werl 1992); *Chr. Wenin*, Saint Bonaventure et le travail manuel, in: *Hamesse, Muraille-Samaran* (Hrsg.), Travail (wie Anm. 19) 141–156. Siehe auch die unten in Anm. 24 angegebene Literatur zum Arbeitsbegriff bei Berthold von Regensburg.

21 *Nikolaus Paulus*, Die Wertung der weltlichen Berufe im Mittelalter, in: Historisches Jahrbuch 32 (1911) 725–755, hier 749.

22 *Jaques Le Goff*, Art. 'Arbeit V. Mittelalter', in: Theologische Realenzyklopädie. Bd. 3 (Berlin, New York 1978) 626–635, v.a. 630–632, Zitat 632; *Jane Welch Williams*, The New Image of Peasants in Thirteenth-Century French Stained Glass, in: *Del Sweeney* (Hrsg.), Agriculture in the Middle Ages. Technology, Practice, and Representation (Philadelphia 1995) 277–308. Abbildungen: *Paul Brandt*, Schaffende Arbeit und Bildende Kunst in Altertum und Mittelalter (Leipzig 1927); *Václav Husa*, Homo faber. Arbeitsmotive auf alten Abbildungen (Prag 1967).

ven Zeugnissen nicht um ein vorbehaltloses „Lob der Arbeit“ – wie sollte es, fragt Ferdinand Seibt zu Recht, „in einer Welt, die vom Adel regiert und vom Klerus interpretiert wurde“, auch anders sein[23]? –, sondern um deren Integration in ein die herrschende Ordnung bewahrendes Weltbild. So läßt sich die Aufwertung der Arbeit in den Predigten des Franziskanermönchs Berthold von Regensburg als Versuch deuten, den moralischen Verfallserscheinungen einer durch Eigennutz und Gewinnstreben geprägten neuen städtischen Wirtschaftsform eine am Handwerksberuf orientierte, gemeinschaftsbezogene Ethik entgegenzuhalten[24]. Aber gerade die im Spätmittelalter einsetzenden theologischen Abwehrkämpfe gegen die Ausbreitung eines auf Arbeit beruhenden – bäuerlichen oder bürgerlichen – säkularen Leistungsbewußtseins belegen dessen Virulenz. So wird am hohen Stellenwert, den, wie Konrad Wiedemann nachgewiesen hat, die „Bekämpfung dieses Selbstbewußtseins“ in der protestantischen Arbeitslehre inne hatte, deutlich, daß Luther und die ihm folgenden Theologen am Beginn der Neuzeit davon ausgingen – und davon ausgehen konnten –, „daß die überwiegende Anzahl der Laien ein Selbstbewußtsein entwickelt hatte, dessen Grundlage die positive Einstellung zur eigenen physischen und psychischen Leistung war“[25].

Das im Laufe des Hoch- und Spätmittelalters neu entstandene, auf Arbeit beruhende soziale Selbstbewußtsein der Bauern und vor allem des städtischen Bürgertums fand also einerseits nur in einer entschärften, seiner emanzipatorischen und latent adelskritischen Implikationen entleerten Form Ausdruck in den herrschenden sozialen Deutungsmustern[26].

[23] *Seibt*, Lob (wie Anm. 17). Zitat 180.

[24] *Helmuth Stahleder*, Arbeit in der mittelalterlichen Gesellschaft. Ihre Erscheinungsformen und ihre Wertung und das Bild der arbeitenden Menschen, dargestellt an Hugo von Trimbergs „Renner“ und den deutschen Predigten Bertholds von Regensburg (München 1972); *Irmela von der Lühe, Werner Röcke*, Ständekritische Predigt des Spätmittelalters am Beispiel Bertholds von Regensburg, in: *Dieter Richter* (Hrsg.), Literatur im Feudalismus (Stuttgart 1975) 41–82; *Werner Röcke*, Nachwort, in: *Berthold von Regensburg*, Vier Predigten. Mittelhochdeutsch / Neuhochdeutsch, übers. und hrsg. von *Werner Röcke* (Stuttgart 1983); *Ludolf Kuchenbuch, Sabine Teubner-Schoebel, Christina Vanja*, Grundkurs Ältere Geschichte. Arbeit im vorindustriellen Europa. Kurseinheit 5: Späteres Mittelalter (Fernuniversität Hagen 1989) 13–23. – Weitere Beispiele für die Rezeption eines handwerklichen oder auch bäuerlichen Arbeitsverständnisses in der vorlutherschen Predigt- und Erbauungsliteratur bei *Paulus*, Wertung (wie Anm. 21) 737–749 und *Wiedemann*, Arbeit (wie Anm. 11) 95–114.

[25] *Wiedemann*, Arbeit (wie Anm. 11) 168.

[26] Zum Begriff ‚Deutungsschema sozialer Realität‘ vgl. *Oexle*, Dreiteilung (wie Anm. 19) 7; *ders.*, Deutungsschemata der sozialen Wirklichkeit im frühen und hohen Mittelalter. Ein

Dies gilt insbesondere für das sich seit Beginn des 11. Jahrhunderts ausbreitende, dreigliedrige Ständemodell, das auf eine Festschreibung der hierarchischen Ordnung der Gesellschaft hinausläuft[27]. Andererseits zeigt aber die – keineswegs selbstverständliche – „Anerkennung der Arbeit der Beherrschten“[28], die in diesem Ständemodell in der funktionalen Aufeinanderbezogenheit von Adel, Klerus und ‚Arbeitern‘ auch liegt[29], daß der neue, ein soziales Selbstbewußtsein begründende Status der Arbeit nicht ohne Konsequenzen auch für die Diskurse der normsetzenden Schichten geblieben war.

Die dritte Kernbestimmung des modernen Arbeitsbegriffs ist seine auf das gesellschaftliche Verhalten des einzelnen und die Ordnung der Gesellschaft bezogene Normativität. Dies war den antiken Arbeitsvorstellungen, die „für ein unmittelbares Herrschaftsverhältnis“ standen[30], fremd und war auch nicht wesentlich mit der christlichen Arbeitspflicht verknüpft, in deren Mittelpunkt der Bußcharakter der Arbeit stand. Das Verständnis von Arbeit als sozialer, und nicht primär religiös begründeter, Pflicht hat vielmehr ihren Ursprung in den oben dargestellten ökonomischen und sozialen Transformationen seit dem Hochmittelalter und bildet eine Konsequenz der neu entstehenden sozialen Aufwertung der Arbeit.

Deutlich wird dies vor allem seit der Mitte des 14. Jahrhunderts, als als Folge der unter dem Begriff „Krise des Spätmittelalters“ zusammengefaßten ökonomischen Umbrüche und sozialen Auflösungserscheinungen ständischer Ordnung nach dem Einbruch der Pest[31] diese Normativität des Arbeitsbegriffs eine völlig neue, man kann sagen ‚gesellschaftspolitische‘ Qualität erlangte. So fand im Gegensatz zum Hochmittelalter

Beitrag zur Geschichte des Wissens, in: *František Graus* (Hrsg.), Mentalitäten im Mittelalter. Methodische und inhaltliche Probleme (Sigmaringen 1987) 65–117.

27 Vgl. *Jacques Le Goff*, Métier et profession d'après les manuels de confesseurs du Moyen Age, in: *ders.*, Pour un autre Moyen Age. Temps, travail et culture en Occident : 18 essais (Paris 1977) 162–180, hier 166: „ce schéma est celui d'une hiérarchie.“

28 *Seibt*, Lob (wie Anm. 17) 164.

29 Dazu *Otto Gerhard Oexle*, Art. ‚Stand, Klasse I.-VI.‘, in: Geschichtliche Grundbegriffe (wie Anm. 6) Bd. 6 (1990) 155–182, v. a. 185 f.; *ders.*, Dreiteilung (wie Anm. 4).

30 Walther, Arbeit (wie Anm. 11) 7.

31 *František Graus*, Vom „Schwarzen Tod“ zur Reformation. Der krisenhafte Charakter des europäischen Spätmittelalters, in: *Peter Blickle* (Hrsg.), Revolte und Revolution in Europa (München 1975) 10–30; *ders.*, Pest – Geißler – Judenmorde. Das 14. Jahrhundert als Krisenzeit (Göttingen 1987); *Neithard Bulst*, Der schwarze Tod. Demographische, wirtschafts- und kulturgeschichtliche Aspekte der Pestkatastrophe von 1347–52. Bilanz der neueren Forschung, in: Saeculum 30 (1979) 45–67; *Ferdinand Seibt*, *Winfried Eberhard* (Hrsg.), Europa 1400. Die Krise des Spätmittelalters (Stuttgart 1984).

die im Spätmittelalter hervortretende sozial-normative Seite der neuen Arbeitswertschätzung nicht nur indirekt, sondern auch unmittelbar aus der Perspektive derjenigen sozialen Gruppen, die diese neue Wertschätzung der Arbeit hervorgebracht hatten, ihren Ausdruck. So etwa in dem Mitte des 15. Jahrhunderts entstandenen Reimspruch ‚Vom Müßiggänger' des Nürnberger Handwerkerdichters Hans Rosenplüt, der zwar formal noch in religiöser Terminologie befangen ist, aber inhaltlich, in der Gegenüberstellung von Bauern und Handwerkern auf der einen und ‚Müßiggängern' auf der anderen Seite, auf eine Infragestellung adeliger Lebensformen, wohl vor allem des Patriziats, hinzielt[32]. Zweifellos handelt es sich hier noch um ein Verständnis von Arbeit als „rein schichtspezifischer Wert, der – entwickelt als Oppositionsbegriff zu den Leitbildern des Patriziats – zunächst nur dazu angetan war, das Selbstbewußtsein des Handwerkerstandes zu steigern", der aber in seiner Normativität über diese ständische Begrenztheit bereits hinauswies[33]. In der nun, im Spätmittelalter, als Topos hervortretenden Dichotomisierung von Arbeit und Müßiggang, die eine Verurteilung des Müßiggangs als sozialschädliches Verhalten intendiert, wird Arbeit nicht nur als ethischer Wert, der ein soziales Selbstbewußtsein begründen kann, unterstellt, sondern zugleich auch zur gesellschaftskonstituierenden Norm erklärt.

Dabei ist jedoch idealtypisch zu unterscheiden zwischen einer vor allem gegen Klerus und Adel gerichteten kritischen Seite dieser Normativität des Arbeitsbegriffs, mit der ein ständeübergreifender, allgemeiner Geltungsgedanke und ein emanzipatorischer Anspruch verbunden waren, und einer anderen, die ständische Stellung nach unten absichernden, also konservativen Seite. Erstere wurde nicht nur in der adelskritischen Literatur des Spätmittelalters und des Humanismus[34] sowie in den frühneuzeitlichen Sozialutopien[35] und Ständekritiken[36] formuliert und

[32] *Jörn Reichel*, Handwerk und Arbeit im literarischen Werk des Nürnbergers Hans Rosenplüt, in: *Rainer S. Elkar* (Hrsg.), Deutsches Handwerk in Spätmittelalter und Früher Neuzeit. Sozialgeschichte – Volkskunde – Literaturgeschichte (Göttingen 1983) 245–263, v.a. 257–263. Vgl. auch *Wiedemann*, Arbeit (wie Anm. 11) 201–207.

[33] *Reichel*, Handwerk (wie Anm. 32) 263.

[34] *Otto Gerhard Oexle*, Aspekte der Geschichte des Adels im Mittelalter und in der Frühen Neuzeit, in: *Hans-Ulrich Wehler* (Hrsg.), Europäischer Adel 1750–1950 (Göttingen 1990) 19–56, hier 54f.; *Gerd Dose*, Adel und Gemeinwesen. Studien zur Beurteilung des Adels in spätmittelalterlicher und humanistischer englischer Literatur (Frankfurt a.M., Bern, Las Vegas 1977) v.a. 49–53. Zu Erasmus von Rotterdam als Beispiel vgl. *Wiedemann*, Arbeit (wie Anm. 11) 215f.

[35] *Oexle*, Aspekte (wie Anm. 34) 54; *Walther*, Arbeit (wie Anm. 11) 17; *Richard Saage*, Politische Utopien der Neuzeit (Darmstadt 1991) 38–41; *ders.*, Technik, Arbeit und Bedürfnisse im utopischen Denken der Neuzeit, in: *Dieter Emig*, *Christoph Hüttig*, *Lutz*

in den bürgerlichen Sozialphilosophien zum Legitimationskern ihrer Konzeptionen einer antiständischen, bürgerlichen Gesellschaft erhoben[37], sondern äußerte sich – ebenfalls bereits im Spätmittelalter – auch in sozialen Bewegungen und Konflikten[38]. Ein prägnantes Beispiel ist der während des Aufstandes in England von 1381 von dem Priester John Ball formulierte und im 16. Jahrhundert auch in Deutschland in Flugblättern verbreitete Kampfspruch: „Whan Adam dalf, and Eve span, Wo was thanne a gentilman?" („Als Adam grub und Eva spann, wo war denn da der Edelmann?")[39]. Wenn solche die Ständeordnung in Frage stellenden Äußerungen eines politischen Selbstbewußtseins des dritten – also durch Arbeit definierten – Standes in dieser Deutlichkeit im Spätmittelalter und in der Frühen Neuzeit nur selten zu finden sind, so belegen diese Zeugnisse doch, daß die emanzipatorische Seite des Arbeitsbegriffs nicht erst durch die Sozialphilosophie der Aufklärung hervorbracht wurde, sondern in den im 14. Jahrhundert einsetzenden sozialpolitischen Auseinandersetzungen zumindest als potentieller Anspruch von Anfang an enthalten war.

Bezogen auf Deutschland läßt sich ein Zusammenhang herstellen zwischen dieser emanzipatorischen Seite des gegen die Herrschaftsstände gewendeten Arbeitsverständnisses und dem Begriff des ‚gemeinen Mannes', der nach Peter Blickle die gesamte arbeitende Bevölkerung im Ge-

Raphael (Hrsg.), Sprache und Politische Kultur in der Demokratie. Hans Gerd Schumann zum Gedenken (Frankfurt a.M. 1992) 135–161, v.a. 142f.; *Peter Nitschke*, Staatsräson kontra Utopie? Von Thomas Müntzer bis zu Friedrich II. von Preußen (Stuttgart, Weimar 1995) 87–91.

[36] *Wiedemann*, Arbeit (wie Anm.11) 153–271.

[37] *Thomas Krämer-Badoni*, Zur Legitimität der bürgerlichen Gesellschaft. Eine Untersuchung des Arbeitsbegriffs in den Theorien von Locke, Smith, Ricardo, Hegel und Marx (Frankfurt a.M., New York 1978); *Brocker*, Arbeit (wie Anm. 14).

[38] *Graus*, Reformation (wie Anm. 31) 22; *Otto Gerhard Oexle*, Armut, Armutsbegriff und Armenfürsorge im Mittelalter, in: *Christoph Sachße*, *Florian Tennstedt* (Hrsg.), Soziale Sicherheit und soziale Disziplinierung. Beiträge zu einer historischen Theorie der Sozialpolitik (Frankfurt a.M. 1986) 73–100, hier 92. Zur Argumentation in Flugschriften des deutschen Bauernkriegs vgl. *Wiedemann*, Arbeit (wie Anm. 11) 153–160.

[39] Engl. Zitat nach *R.B. Dobson*, The Peasants' Revolt of 1381 (London 1970) 374. Weitere Nachweise, auch zu deutschen Varianten, bei *Rodney Hilton*, Bond Men Made Free. Medieval Peasant Movements and the English Rising of 1381 (London 1973) 211f.; *Le Goff*, Art. ‚Arbeit' (wie Anm. 22) 633; *Seibt*, Lob (wie Anm. 17) 175. – Aus der immensen Literatur zum Bauernaufstand von 1381 hier nur der Hinweis auf zwei neuere Darstellungen: *Lawrence R. Poos*, A Rural Society after the Black Death. Essex 1350–1525 (Cambridge 1991), Kap. 11; *Herbert Eiden*, „In der Knechtschaft werdet ihr verharren ..." Ursachen und Verlauf des englischen Bauernaufstandes von 1381 (Trier 1995).

gensatz zu Adel, Klerus und Obrigkeit umfaßt[40] und dessen politische Leitkategorie die des ‚gemeinen Nutzens' war. Blickle zufolge ist ‚Gemeiner Nutz' eine Kategorie, an der sich der Widerstand des ‚gemeinen Mannes' entzündet. Er bricht dann auf, „wenn die Wertnorm des gemeinen Nutzens von herrschaftlicher Seite erkennbar verletzt wird"[41]. Mit dieser Orientierung am Prinzip des gemeinen Nutzens wird am Ausgang des Spätmittelalters „die bisher unbestrittene dreigliedrige ständische Gesellschaft durch neue Funktionsbezüge in ein polares Bezugssystem transformiert: in solche, die Handarbeit verrichten, und solche, die nicht arbeiten"[42]. Gemeiner Nutz und Arbeit, verstanden als selbstverantwortete Arbeit mit „emanzipatorische[m] Charakter", sind demnach aufeinander verwiesen: „Erst der arbeitende gemeine Mann kann als ein Legitimationskriterium von Herrschaft den gemeinen Nutzen entwickeln und damit ein Korrektiv zu feudaler Herrschaft sein."[43] So wurde durch diesen „Bezug von Arbeit und Gemeinnutz" tendenziell ein Gesellschaftsbegriff etabliert, der die Selbstverständlichkeit und Unhinterfragbarkeit der Dreiständeordnung erschütterte[44]. In diesem Sinn kann man seit dem Spätmittelalter sich politisch artikulierende Ansätze eines sich vom Standpunkt der arbeitenden Stände her normativ auf die Gesellschaftsordnung als ganze beziehenden Arbeitsbegriffs feststellen, eines Arbeitsbegriffs, der dann vor allem in der Aufklärung zur zentralen Kategorie zur Untermauerung politischer Emanzipationsansprüche des Bürgertums wurde und so „eine Sprengkraft [entfaltete], die das Fundament der ständischen Gesellschaft unterhöhlte und schließlich zum Einsturz brachte"[45].

Andererseits läßt sich an der Verbindung von Arbeit und Gemeinnutz auch die zweite der oben genannten Seiten der Normativität des Arbeitsbegriffs festmachen. Denn wie die Gemeinnutz-Kategorie war auch der Arbeitsbegriff „vielfältig nutzbar"[46]. Diente die Berufung auf den ge-

40 *Peter Blickle*, Die Revolution von 1525 (München, Wien 1977) 177ff. Daran anschließend *Oexle*, Armut (wie Anm. 38) 92; *ders.*, Dreiteilung (wie Anm. 19) 46f.

41 *Blickle*, Handarbeit (wie Anm. 17) 237.

42 Ebd. 238. So auch *Seibt*, Lob (wie Anm. 17) 177f., an den *Blickle* hier anschließt.

43 Ebd. 239.

44 *Seibt*, Lob (wie Anm. 17) 177f., Zitat 178.

45 *Paul Münch*, Lebensformen in der frühen Neuzeit (Frankfurt a.M., Berlin 1992) 383.

46 *Winfried Schulze*, Vom Gemeinnutz zum Eigennutz. Über den Normenwandel in der ständischen Gesellschaft der Frühen Neuzeit, in: HZ 243 (1986) 591–626, hier 600. *Schulze* konstatiert den „Eindruck eines durchaus ambivalenten Begriffs von Gemeinnutz" (600) und betont die „Widersprüchlichkeit des Begriffs" (599). Vgl. auch *ders.*, Deutsche Geschichte im 16. Jahrhundert 1500–1618 (Frankfurt a.M. 1987) 223.

meinen Nutz gleichzeitig als Legitimation herrschaftlicher wie genossenschaftlicher bzw. oppositioneller Zwecke[47], so gilt dies genauso für den Arbeitsbegriff. Von der kritischen Verwendung einer auf Arbeit beruhenden Sozialnorm gegen die des Müßiggangs bezichtigten Herrschaftsstände und damit gegen die Ständeordnung überhaupt ist die Anwendung des Müßiggang-Vorwurfs zur Abgrenzung nach unten und damit zur Absicherung der eigenen ständischen Position kaum zu trennen. Dies ist vor allem im Handwerk zu beobachten, in dem mit der Gegenüberstellung von Arbeit und Müßiggang auch die Abschließung der Zünfte gegenüber den Gesellen legitimiert wurde. Forderungen der Gesellen nach mehr Lohn und mehr Freizeit, wie sie seit dem späten 14. Jahrhundert – einerseits als Ausdruck eines veränderten Konsumverhaltens im Gefolge der Pest[48], andererseits aufgrund eines arbeitsmarktbedingt gestiegenen Selbstbewußtseins[49] – erhoben wurden, begegneten die Meister mit der „Ächtung derer [...], die nicht arbeiteten. [...] Die Anfänge des ‚freien Montags' [...] wurden als Müßiggang verfolgt und als Arbeitsverweigerung interpretiert"[50]. Der Müßiggang-Vorwurf, wie er in vielen spätmittelalterlichen Zunftstatuten gegen aufmüpfige Gesellen erhoben wurde[51], diente dabei der Rechtfertigung des Aufbaus einer

[47] *Adolf Diehl*, Gemeiner Nutzen im Mittelalter, nach süddeutschen Quellen, in: ZWLG 1 (1937) 296–315, hier 302, konstatiert eine sowohl konservative als auch revolutionäre Wirksamkeit der Bezugnahme auf Gemeinnutz. Noch weiter geht *Winfried Eberhard*, Der Legitimationsbegriff des ‚gemeinen Nutzens' im Streit zwischen Herrschaft und Genossenschaft im Spätmittelalter, in: *Joerg O. Fichte, Karl Heinz Göller, Bernhard Schimmelpfennig* (Hrsg.), Zusammenhänge, Einflüsse, Wirkungen. Kongreßakten zum ersten Symposium des Mediävistenverbandes in Tübingen 1984 (Berlin, New York 1986) 241–254, der die herrschaftliche Seite stärker hervorhebt: „die Herkunft und Verwendung des Begriffs lagen auch im Mittelalter nicht in erster Linie im genossenschaftlichen oder gar im oppositionellen Bereich des Widerstands, sondern im Bereich der Herrschaft und ihrer Legitimation" (243f.). Vgl. auch *ders.*, ‚Gemeiner Nutzen' als oppositionelle Leitvorstellung im Spätmittelalter, in: *Manfred Gerwing, Godehard Ruppert* (Hrsg.), Renovatio et Reformatio. Wider das Bild vom „finsteren Mittelalter". Festschrift für Ludwig Hödl (Münster 1985) 195–214.

[48] *Bulst*, Der schwarze Tod (wie Anm. 31) 62 und 67; *Wilfried Reininghaus*, Die Entstehung der Gesellengilden im Spätmittelalter (Wiesbaden 1981) 36f., 42, 164–172. *Wilhelm Weber, Theo Mayer-Maly*, Studien zur spätmittelalterlichen Arbeitsmarkt- und Wirtschaftsordnung, in: Jahrbücher für Nationalökonomie und Statistik 166 (1954) 358–389, sprechen von durch die Pest verursachter „Arbeitsunlust" (384) und dem „Verfall der Arbeitswilligkeit" (388) bei den Arbeitskräften.

[49] *Reininghaus*, Gesellengilden (wie Anm. 48) 37–42, 62.

[50] *Reininghaus*, Arbeit (wie Anm. 18) 13; weitere Belege: *ders.*, Gesellengilden (wie Anm. 48) 165 Anm. 1047. Vgl. auch *Mathilde Schlemmer*, Arbeitszwang für freie Menschen in der deutschen Geschichte seit dem 14. Jahrhundert (Diss. Bonn 1957) 25ff.

[51] Belege bei *Reininghaus*, Gesellengilden (wie Anm. 48) 165 Anm. 1047. Zum Gesamtzusammenhang zusammenfassend *Eberhard Isenmann*, Die deutsche Stadt im Spätmittel-

die Hausherrschaftsposition und das Nahrungsinteresse der Handwerksmeister nach unten absichernden Barriere.

An diese im städtischen Bürgertum ebenfalls zum Ausdruck kommende ständisch-konservative Seite der Normativität des Arbeitsbegriffs konnten die Obrigkeiten mit ihren auf den Einbruch der Pest reagierenden sozialpolitischen Maßnahmen und überhaupt mit der im Spätmittelalter in den Städten entstehenden und seit dem 15. Jahrhundert vor allem von den Territorialstaaten getragenen policeylichen Gesetzgebung anknüpfen. So wurden in der nach 1348 einsetzenden ersten europaweiten Welle von Wirtschafts- und Arbeitsordnungen, die mit Lohnfestschreibungen, Verboten des Arbeitsplatzwechsels, Abwerbeverboten und anderen Restriktionen auf den pestbedingten Arbeitskräftemangel und die damit einhergehenden Forderungen nach höheren Löhnen reagierten[52], Arbeitspflicht und Müßiggangvorwurf für Nichtarbeitende, seien es Arme oder höhere Löhne fordernde, streikende Arbeiter, miteinander verknüpft[53]. Vor allem in der veränderten Haltung zur Armut, wie sie der Gesetzgebung nun zugrunde lag, drückt sich diese neue Normativität des Arbeitsbegriffs aus: „Armut und Arbeit wurden jetzt erstmals als polare Gegensätze empfunden. Darin trennen sich diese spätmittelalterlichen

alter 1250–1500. Stadtgestalt, Recht, Stadtregiment, Kirche, Gesellschaft, Wirtschaft (Stuttgart 1988) 321–335, v.a. 324, 328 und 334.

52 Vor allem sind hier zu nennen das Statute of Labourers König Edwards III. von England vom Juni 1349, die Ordonnance König Johanns II. von Frankreich vom Februar 1351, die Tiroler Wirtschaftsordnungen von 1349 und 1352, die Lohnordnung für Oberbayern von 1352, außerdem Lohnordnungen in Aragon (1349), Kastilien (1351) sowie eine Reihe von Ordnungen in Portugal zwischen 1349 und 1401. Vgl. dazu *Catharina Lis*, *Hugo Soly*, Poverty and Capitalism in Pre-Industrial Europe (New Jersey 1979) 48–50; *Bulst*, Der schwarze Tod (wie Anm. 31) 55; *Reininghaus*, Gesellengilden (wie Anm. 48) 34–37; *Rainer Schröder*, Zur Arbeitsverfassung des Spätmittelalters. Eine Darstellung mittelalterlichen Arbeitsrechts aus der Zeit nach der großen Pest (Berlin 1984) v.a. 75–82; *Oexle*, Armut (wie Anm. 38) 88–90; zu England: *Bertha Haven Putnam*, The Enforcement of the Statute of Labourers during the First Decade after the Black Death 1349–1359 (New York, London 1908); zu Frankreich: *Robert Vivier*, La grande ordonnance de Février 1351. Les mesures anticorporatives et la liberté du travail, in: Revue Historique 46 (1921) 201–214; zu Tirol: *Karl Moeser*, Die drei Tiroler Wirtschaftsordnungen aus der Pestzeit des 14. Jahrhunderts, in: *Ernest Troger*, *Georg Zwanowetz* (Hrsg.), Beiträge zur geschichtlichen Landeskunde Tirols. Festschrift für Franz Huter (Innsbruck 1959) 253–263; zu Oberbayern: *Hanns Platzer*, Geschichte der ländlichen Arbeitsverhältnisse in Bayern (München 1904) 65–67; *Friedrich Lütge*, Das 14./15. Jahrhundert in der Sozial- und Wirtschaftsgeschichte, in: *ders.*, Studien zur Sozial- und Wirtschaftsgeschichte. Gesammelte Abhandlungen (Stuttgart 1963) 281–335.

53 Vgl. *Volker Hunecke*, Überlegungen zur Geschichte der Armut im vorindustriellen Europa, in: Geschichte und Gesellschaft 9 (1983) 480–512, hier 507; *Reininghaus*, Gesellengilden (wie Anm. 48) 36f.; *Lis*, *Soly*, Poverty (wie Anm. 52) 51.

Auffassungen von Armut in grundsätzlicher Weise von den früh- und hochmittelalterlichen ebenso wie von den antiken. Armut wurde jetzt erstmals nicht mehr durch den Zwang zur Arbeit definiert, sondern vielmehr Arbeit als Mittel gegen Armut verstanden, Armut also als ‚Nicht-Arbeit' aufgefaßt"[54]. Das bedeutete zugleich eine Diffamierung der nicht durch Arbeitsunfähigkeit legitimierten Armen, insbesondere der Bettler, als Müßiggänger, die nun zum Objekt einer an die Stelle kirchlicher ‚Armenfürsorge' tretenden obrigkeitlichen ‚Armenpolitik' wurden[55].

In dieser in einigen größeren europäischen Städten bereits im Spätmittelalter, auf breiter Front – vor allem im Reich – aber erst im späten 15. Jahrhundert beginnenden Armenpolitik[56], wurde die Arbeit zur entscheidenden Kategorie, die über gesellschaftliche Zugehörigkeit und Ausgrenzung von Untertanen entschied. Nur wer arbeitete (oder als arbeitsunfähig anerkannt war), so lautete das damit als sozialpolitische Grundnorm etablierte Prinzip, wurde als Teil der Gesellschaft akzeptiert und nicht als Müßiggänger bestraft oder ausgegrenzt. Wie gesagt, spielten diese Ansätze einer vom Arbeitsbegriff ausgehenden Sozialpolitik im Spätmittelalter eine noch sehr begrenzte Rolle. Es gilt jedoch festzuhalten, daß die Grundprinzipien in dieser Zeit entstanden, und nicht erst in der Frühen Neuzeit[57]. Ihre gesamtgesellschaftliche Bedeutung als ordnungsbegründende Norm und integrales Element der ‚herrschenden Ideologien' erlangten sie erst im Zuge der ‚Verallgemeinerungsschübe'[58] des normativen Arbeitsdenkens, die in Deutschland durch die Reformation und die territorialstaatliche Policey in Gang gesetzt wurden. Wichtig ist jedoch, daß diese protestantische und policeyliche Nor-

[54] *Otto Gerhard Oexle*, „Die Statik ist ein Grundzug des mittelalterlichen Bewußtseins". Die Wahrnehmung sozialen Wandels im Denken des Mittelalters und das Problem ihrer Deutung, in: *Jürgen Miethke*, *Klaus Schreiner* (Hrsg.), Sozialer Wandel im Mittelalter. Wahrnehmungsformen, Erklärungsmuster, Regelungsmechanismen (Sigmaringen 1994) 45–70, hier 59.

[55] Nach *Christoph Sachße*, *Florian Tennstedt*, Geschichte der Armenfürsorge in Deutschland. Vom Spätmittelalter bis zum Ersten Weltkrieg (Stuttgart, Berlin, Köln, Mainz 1980) 90; so auch *Oexle*, Armut (wie Anm. 36) 88; *ders.*, Statik (wie Anm. 54) 59.

[56] *Oexle*, Statik (wie Anm. 54) 60 (Zitat); *Hunecke*, Überlegungen (wie Anm. 53) 491 f.

[57] *Oexle*, Armut (wie Anm. 38) 85–91; *Ludolf Kuchenbuch*, *Thomas Sokoll*, Vom Brauch-Werk zum Tauschwert: Überlegungen zur Arbeit im vorindustriellen Europa, in: *König*, *von Greiff*, *Schauer* (Hrsg.), Sozialphilosophie (wie Anm. 11) 26–50, hier 45 f.

[58] Vgl. *Ludolf Kuchenbuch*, Epilog, in: *Thomas Sokoll*, *Christina Vanja*, Grundkurs Ältere Geschichte. Arbeit im vorindustriellen Europa. Kurseinheit 6: Frühe Neuzeit (Fernuniversität Hagen 1990) 114–118, hier 117; vgl. auch *Kuchenbuch*, *Sokoll*, Kurseinheit 1: Einführung (1989) 56.

mativität der Arbeit nicht losgelöst von den sozialen Implikationen des im Spätmittelalter entstehenden neuen Arbeitsdenkens betrachtet werden kann. Zwar ging es in den religiösen und staatlichen Ansätzen einer vom Arbeitsbegriff ausgehenden sozialen Verhaltensnormierung seit dem 16. Jahrhundert ausdrücklich um die Lösung einer Ordnungskrise im Sinne der Verteidigung und Verfestigung der Ständeordnung gegen dynamische Elemente ökonomischen und sozialen Wandels[59], aber durch die Bezugnahme auf Arbeit wird eine soziale Grundnorm zum Dreh- und Angelpunkt der Ordnungspolitik gemacht, die mit der Ständeordnung langfristig nicht oder nur gewaltsam vereinbar war.

III.

Wie sieht diese policeyliche Verallgemeinerung des normativen Arbeitsbegriffs nun am konkreten Beispiel aus?

Die grundlegende Funktion des Arbeitsbegriffs in der Policey besteht wohl in seiner Rolle als Auswahl- bzw. Ausgrenzungskriterium im Bereich des Armenwesens. Arbeitsfähigkeit – oft kombiniert mit der Unterscheidung in In- und Ausländer – war das zentrale Kriterium in der um 1500 in den Städten und Territorien des Reichs, ja europaweit[60], beobachtbaren normativen und institutionellen Reorganisation des Armenwesens als obrigkeitliche Armenpolicey[61]. So galt seit dem Lindauer Reichsabschied von 1497 ein grundsätzliches Bettelverbot für alle Arbeitsfähigen, das reichsweit in die territorialstaatliche und städtische Gesetzgebung übernommen wurde[62]. Im Teilherzogtum Bayern-München findet sich schon 1483 ein Verbot, „zur Arbeit geschickt[e]" „Landläufer [...] Bettlers- oder Freyheitsweise [...] umgehen" zu lassen[63]. Die

59 *Hans Maier*, Die ältere deutsche Staats- und Verwaltungslehre (München ²1980) 63–73.

60 *Bronislaw Geremek*, Geschichte der Armut. Elend und Barmherzigkeit in Europa (München 1991) 145–244; *Robert Jütte*, Poverty and Deviance in Early Modern Europe (Cambridge 1994) 100–142; *Stolleis* (Hrsg.), Policey (wie Anm. 6).

61 *Thomas Fischer*, Städtische Armut und Armenfürsorge im 15. und 16. Jahrhundert (Göttingen 1979) 180; *Sachße*, *Tennstedt*, Armenfürsorge (wie Anm. 55) 30–40; *Jütte*, Poverty (wie Anm. 60) 100–142, 158–177.

62 *Karl Härter*, Entwicklung und Funktion der Policeygesetzgebung des Heiligen Römischen Reiches Deutscher Nation im 16. Jahrhundert, in: Ius Commune 20 (1993) 61–141, 102–107, *Karl Otto Scherner*, Das Recht der Armen und Bettler im Ancien Régime, in: ZRG GA 96 (1979) 55–99, hier 64.

63 Landgebot 17.3.1483, in: *Franz von Krenner*, Baierische Landtags-Handlungen in den Jahren 1429 bis 1513. 18. Bde. (München 1803–1805) Bd. 8, 392–394.

Lindauer Norm wird 1501 in ein Bayern-Landshuter Polizeigebot wörtlich übernommen[64] und 1516 in der ersten großen Polizei- und Landesordnung des wiedervereinigten Herzogtums in etwas erweiterter Form zum Grundsatz der bayerischen Armenpolitik erhoben. Darin heißt es, „das nyemanndt in vnnserm Fürstenthumb, Stetten, vnnd Märckhten vnnd auf dem Lande zupettln gestatt werde, der nit mit wissenlicher swacheit oder geprechen seins leibs beladen, oder zu arbaiten geschickt vnd allso pettlens vnd allmusens nit nottürfftig ist"[65]. Bereits vor der Reformation hatte sich so auch in Bayern ‚Arbeitsfähigkeit' als entscheidendes Kriterium der individuellen Zuteilung von Fürsorgeberechtigungen (in Form von Almosen- und Bettelerlaubnis) etabliert. Im Laufe des 16. Jahrhunderts und vor allem unter Maximilian I. intensivierte sich die Armenpolitik nicht nur durch Ausdifferenzierung der Normen und Verschärfung von Aufsicht und Kontrolle, sondern es erweiterte sich auch die Funktion des Kriteriums der Arbeitsfähigkeit. Zum einen wurde die Verweigerung der Bettelerlaubnis durch zusätzliche Strafandrohungen bis zum Landesverweis und durch Arbeitszwangsmaßnahmen ergänzt, zum anderen wurde der betroffene Personenkreis erweitert. Auch arbeitsfähige sog. ‚alte müßiggehende Personen', die „von jrem gut die underhaltung nit haben, in Statn, Märcktn und auffm Land, [sich] vilfeltig in die Winckl setzen, Unnd zu kainem dienst oder arbait, denen sie doch außzewartn wol vermögenlich, verdingen oder bestellen lassen wöllen", sollen „durch die Obrigkait zearbeitn vermant, und wo sie das auff solche vermanung nit thun wöllen, alßdann von stundan außgeschafft, und sovern sie sich nit als bald in dienst begeben und verdingen, alßdann in unserm Land weiter nicht gedult werden"[66].

Damit ist im Grunde schon gesagt, daß eine Existenzberechtigung im Land nur der hat, der buchstäblich nach Leibeskräften arbeitet, während Müßiggänger nicht geduldet werden. Diese negativ besetzte Verwendung des Begriffs ‚Müßiggang' ist nicht so selbstverständlich, wie sie uns heute erscheint. Im Mittelalter, teilweise auch noch in der Frühen Neuzeit, wurde ‚Müßiggang' bzw. ‚müßig' in gleicher Bedeutung wie

[64] Polizeigebot 15.8.1501, in: Krenner, Landtags-Handlungen (wie Anm. 63) Bd. 13, 261–313, hier 266.

[65] Das buech der gemeinen landpot. landsordnung. Satzüng. und Gebreüch. des fürstemthumbs. in Obern- und Nidern Bairn. Im fünftzehnhundert und Sechtzehendem Jar aufgericht, Blatt XVII. Der Zusatz „oder zu arbaiten geschickt" ist weder im entsprechenden Satz des Reichsabschieds von 1497, noch in seinen Wiederholungen in den Reichspolizeiordnungen von 1530, 1548 und 1577 enthalten, sondern stammt offenbar aus dem oben (Anm. 63) zitierten Landgebot von 1483.

[66] Bairische Landtsordnung 1553, Buch V, Tit.11, Art. 3.

‚Muße' bzw. ‚otium' im Sinne von ‚Spielraum, freie Zeit (haben)' verwendet. Ein Fensterladen ist müßig geworden, heißt, er ist los geworden; einen Nagel müßig machen, heißt, ihn locker machen, einen Gefangenen müßig machen, heißt, ihn befreien; mit der Arbeit ist es müßig, heißt, es gibt nicht viel zu tun. Johann Andreas Schmeller, aus dessen Bayerischem Wörterbuch diese Beispiele stammen, führt nur solche ‚neutralen' Bedeutungen an[67]. In den frühneuzeitlichen Polizeiordnungen wird Müßiggang jedoch kaum noch neutral verwendet[68], sondern in der seit dem Spätmittelalter hervorgetretenen neuen Bedeutung als Vorwurf, und zwar als Vorwurf des Nichtarbeitens. So wird in einem bayerischen Mandat von 1626 das Phänomen des Bettelns von so vielen aus- und inländischen „vngepresthafft[en] Personen„ hauptsächlich darauf zurückgeführt, daß sie „dem stetten Müessiggang, vnd Faulkeit obligen, vnd keiner Handtarbeit, die sie sonsten Leibskraefften halber zuthuen wol vermöchten, wöllen vorstehen"[69].

Aber wird damit nicht lediglich eine ständische Arbeitspflicht festgeschrieben? Betrachtet man die Motive der policeylichen Arbeitspolitik, so ist der Bezug auf die Ständeordnung offensichtlich. Von grundlegender Bedeutung war der Problemzusammenhang von struktureller Arbeitslosigkeit und permanentem – oder doch saisonal immer wiederkehrendem – Arbeitskräftemangel. So entstand mit dem anhaltenden Bevölkerungswachstum seit der 2. Hälfte des 15. Jahrhunderts ein Heer von bettelnden und vagierenden Armen, die nur teilweise in den agrarisch dominierten Wirtschaftsprozeß eingegliedert werden konnten[70] und mit den überkommenen Mitteln der Armenfürsorge nicht mehr versorgbar waren. Gleichzeitig zählte zu den frühneuzeitlichen Topoi ständischer und obrigkeitlicher Stellungnahmen zur Arbeitsordnung die Klage über den Mangel an ländlichen Dienstboten, den ‚Ehehalten', der zum einen mit vor allem die Erntezeit betreffenden saisonalen Wanderungen zu tun hat, zum anderen mit dem anhaltenden Bestreben, aus dem herrschaftlich gebundenen Dienstverhältnis in das freiere, besser bezahlte und eine Familiengründung ermöglichende Tagelöhnerdasein überzuwechseln[71].

[67] Art. ‚Mueß', in: *Johann Andreas Schmeller*, Bayerisches Wörterbuch. Sonderausgabe (München 1996) Bd. 1/2, Sp. 1677 f.

[68] Ein Gegenbeispiel ist das durch und durch auf den Müßiggangvorwurf gegen Bettler und Vaganten bezogene Mandat vom 1.3.1614, BayHStA GR 39 Nr. 19, in dem dennoch an einer Stelle ‚müßig' im alten, neutralen Sinn verwendet wird: Die Beamten sollen ihr jeweiliges Gericht „vor der verdächtigen Leuten müssig vnd rain halten".

[69] Mandat 28.8.1626, BayHStA Kurbayern Hofkammer 1348.

[70] Für Bayern: *Schremmer*, Wirtschaft (wie Anm. 4) 104–111 und 137 f.

[71] *Platzer*, Arbeitsverhältnisse (wie Anm. 52); *Friedrich Lütge*, Die bayerische Grundherr-

Seit dem 16. Jahrhundert reagierte der Staat auf dieses doppelte Problem der Arbeitslosigkeit und des Arbeitskräftemangels mit einer Politik der Zwangsausgrenzung all derjenigen, die in die ständische Ordnung nicht mehr integrierbar erschienen, und der Zwangsintegration derjenigen, die für die Aufrechterhaltung dieser Ordnung gebraucht wurden. Auf der einen Seite wurde also eine Fülle von Gesetzen erlassen, die auf eine Differenzierung von zu versorgenden und zu bestrafenden bzw. auszuweisenden Armen abzielten. „Die starckhen und frembden Pettler", heißt es in der Landesordnung von 1516, sind „im lannd nit zugedullden"[72]. Auf der anderen Seite versuchte der Staat in Ehehalten- und Tagelöhnerordnungen alle arbeitsfähigen Männer und Frauen, die nicht von eigenem Gut oder Gewerbe leben konnten, „in ein Ehehaltenverhältnis zu zwingen und darin festzuhalten"[73]. Dabei war der Versuch, diese Gesindeverhältnisse durch Lohnbegrenzungen, Kündigungsbeschränkungen, Heiratsverbote usw. zu verfestigen, eng verbunden mit einem Verbot der Tagelöhnerei und des Baus von sog. ‚Söldenhäusern'[74].

Hinter den diesen Gesetzen zugrunde liegenden konkreten Zielen der Steuerung des Armenproblems aus bevölkerungspolitischen und vor allem sicherheitspolitischen Gründen[75] sowie der Sicherstellung des ländlichen Arbeitskräftepotentials unter Wahrung der wirtschaftlichen Potenz – und damit auch Steuerkraft – der Bauern[76] erkennt man leicht das übergreifende Motiv der Eindämmung sozialer Dynamik und der konservativen Konsolidierung der Ständegesellschaft[77]. Gerade unter ar-

schaft. Untersuchungen über die Agrarverfassung Altbayerns im 16.-18. Jahrhundert (Stuttgart 1949) 162–177; *Walter Hartinger*, Bayerisches Dienstbotenleben auf dem Land vom 16. bis 18. Jahrhundert, in: ZBLG 38 (1975) 598–638; *Ay*, Land (wie Anm. 4) 52–65.

72 Landesordnung 1516 (wie Anm. 65) Teil 1. Daß kein Landläufer, der „zur Arbeit geschickt sey", Allmosen erhalten und frei herumziehen dürfe, verfügt bereits ein Landgebot Albrechts IV. von Bayern-München vom 17.3.1483 (*Krenner*, Landtags-Handlungen [wie Anm. 61] Bd. 8, 392f.). Zur Reichspolizeigesetzgebung vgl. *Härter*, Policeygesetzgebung (wie Anm. 62) 102–116.

73 *Ay*, Land (wie Anm. 4) 53. Außerdem *Platzer*, Arbeitsverhältnisse (wie Anm. 50) 87–103; *Hartinger*, Dienstbotenleben (wie Anm. 71).

74 Söldner waren unterbäuerliche Dorfbewohner, die ein kleines Haus besaßen und von Tagelöhnerei, kleiner Landwirtschaft und später, im 17. und 18. Jahrhundert, zunehmend von protoindustriellem Gewerbe lebten. Vgl. *Schremmer*, Wirtschaft (wie Anm. 4) 130–137, 349–381.

75 Zur Dominanz sicherheitspolitischer Motive in der bayerischen Policeygesetzgebung des frühen 16. Jahrhunderts vgl. *Lieberich*, Anfänge (wie Anm. 4) 365 und 377.

76 Vgl. *Schremmer*, Wirtschaft (wie Anm. 4) 106–115, 137f.; *Hartinger*, Dienstbotenleben (wie Anm. 71) 634 und 636f.; *Lieberich*, Anfänge (wie Anm. 4) 345; *Platzer*, Arbeitsverhältnisse (wie Anm.52) 67f.

77 Vgl. *Roland Axtmann*, „Police" and the Formation of the Modern State. Legal and Ideo-

beitspolitischen Gesichtspunkten tritt dieser Konservativismus besonders deutlich hervor, richtete sich die beschriebene Arbeitsordnungspolitik im ländlichen Bereich – ebenso auch im Bereich städtischer Arbeitsverhältnisse – doch dezidiert gegen Tendenzen der Entstehung eines freien Arbeitsmarktes, die die herrschaftsständische Arbeitsverfassung zu bedrohen schienen[78]. Eine „Politik des offenen Arbeitsmarktes“[79] betrieben in Bayern nur die Hofmarksherrschaften, die in striktem Gegensatz zur landesherrlichen Gesetzgebung Gewerbekonzessionen und Ansiedlungsrechte in großem Umfang vergaben und so die von Schremmer so genannte, für Bayern charakteristische ‚Territorialisierung des Gewerbes‘ in ihren Herrschaftsbereichen ermöglichten.

Auf der anderen Seite zeigt die Art der Verwendung des Müßiggangvorwurfs, daß hier doch mehr als eine ständische Arbeitspflicht, nämlich eine tendenziell gesamtgesellschaftliche Grundnorm zum Ausdruck kommt. So wird der Vorwurf der Nichtarbeit im 16. und 17. Jahrhundert zum einen nicht nur auf den Bereich der Arbeit, sondern auf Regelverstöße überhaupt angewandt und zum zweiten in seiner Anwendung auf gesellschaftliche Gruppen zunehmend ausgeweitet.

Daß es nicht nur um eine Arbeitspflicht im engeren Sinn ging, zeigt sich schon am Beginn des 16. Jahrhunderts in der Anwendung auf Vaganten, die sich ja nicht nur aus Arbeitslosen, wie z.B. Bettlern und garttenden Landsknechten, sondern aus einer Vielfalt von mobilen Berufsgruppen zusammensetzten. In der auf sie bezogenen charakteristischen Verknüpfung zweier Attribute, des Verdachts auf kriminelle Handlungen[80] und des Müßiggangvorwurfs, zu der Sammelbezeichnung „verdechtlich müessiggeend person[en]“ (so zuerst in der Landesordnung von 1516) wird gleichzeitig Nichtarbeit mit Kriminalität assoziiert und jede Art der mobilen Berufsausübung vom Standpunkt des professionalisierten, seßhaft gewordenen Handwerks und Gewerbes aus als Müßiggang denunziert und damit kriminalisiert[81]. Auch andere Regelverstöße,

logical Assumtions on State Capacity in the Austrian Lands of the Habsburg Empire 1500–1800, in: German History 10 (1992) 39–61; *Maier*, Verwaltungslehre (wie Anm. 59) 63–78.

[78] *Hartinger*, Dienstbotenleben (wie Anm. 71) 634 und 636f.

[79] *Dietmar Stutzer*, Ein Bauernland, das keines war. Bayern hatte im alten Reich die höchste Gewerbedichte, in: Unser Bayern. Heimatbeilage. Bayerische Staatszeitung 27/Nr. 11 (1978) 83.

[80] Vgl. *Monika Spicker-Beck*, Räuber, Mordbrenner, umschweifendes Gesind. Zur Kriminalität im 16. Jahrhundert (Freiburg i. Br. 1995) 187–195.

[81] Dazu *Ernst Schubert*, Mobilität ohne Chance: Die Ausgrenzung des fahrenden Volkes, in: *Winfried Schulze* (Hrsg.), Ständische Gesellschaft (wie Anm. 1) 113–164, v.a. 148–154;

wie etwa das für Bayern typische ,Wildpretschießen', aber auch unredliche Geschäftspraktiken wie der ,Fürkauf', also der spekulative Warenhandel außerhalb der Märkte, werden als Müßiggang bezeichnet[82].

Dem entsprach es auch, daß Arbeit als gesellschaftlicher Wert hinter vielen Normen stand, die das sittliche und religiöse Verhalten der Menschen betrafen. Die im 16. Jahrhundert einsetzenden intensiven Bemühungen um eine an Zucht und Religiosität orientierte Verhaltenskontrolle, etwa im Hinblick auf Eheführung, Kindererziehung, privates Konsumverhalten und Fest- und Feiertagsbräuche, war immer auch verbunden mit der Durchsetzung einer an Arbeitsamkeit und Fleiß orientierten Lebensführung. So wurden Glücksspiel und übermäßiger Alkoholkonsum einerseits als Gotteslästerung verboten, andererseits aber auch als „unnützlich verschwendung der zeit"[83] bzw. als ein Laster, „dardurch ainem sein vernunfft enntweicht, unnd des guets halb verarmbt"[84]. Die Beschränkung von Tänzen auf Kirchweih und an Festtagen zielte zugleich auf eine Zurückdrängung von nun als ,unzüchtig' empfundenen Bräuchen und darauf, daß vor allem Ehehalten wieder rechtzeitig an ihre Arbeit zurückkehrten und am nächsten Tag arbeitsfähig waren[85].

Im 17. Jahrhundert taucht Müßiggang dann zunehmend auch als selbständiges Delikt auf, nicht mehr nur als Beiwort oder Sammelbegriff für bestimmte soziale Gruppen oder Vergehen. Ich will als Beispiel für die damit verbundene gesellschaftliche Ausweitung die Instruktion von 1655 für den Hofoberrichter zitieren, der für die Münchner Policeyaufsicht zuständig war[86]. Weil „bey dieser Stadt ein grosser Müssigang" sei, wird der Hofoberrichter beauftragt, „alßbald er ein allhiesig haußhäbige Manns- oder Weibsperson müssig gehend, sie sei seye beschaffen, wie sie wolle, befindet", dem nachzugehen. Es heißt nun weiter, „es habe nun solche Person dem Müssigang abzuwarten das Vermögen oder nicht, soll er dieselbe anfangs durch dero Obrigkeit von dem Missigang abzustehen

ders., Fahrendes Volk im Mittelalter (Bielefeld 1995) v.a. 351–385 und 428–436. – Hausierer werden ausdrücklich als Müßiggänger bezeichnet in der Bettelordnung 19.11.1627, BayHStA GR 1565.

82 ,Wildpretschießen': z. B. Mandat 14.7.1581, BayHStA Kurbayern Mandatensammlung. Fürkauf: z. B. Landesordnung 13.3.1598, Fol XVI, BayHStA StV 2288.

83 Landesordnung 1516 (wie Anm. 65) 3. Teil, „Verpot des Spills", Bl. XXXIIf.

84 Landesordnung 1516 (wie Anm. 65) 3. Teil, „Von straff unzymlicher Trunckenhait", Bl. XXXII.

85 Bairische Landtsordnung 1553, Buch IV, Tit. 7, Art. 6.

86 Sammlung der Churpfalz-Baierischen allgemeinen und besondern Landes-Verordnungen von Justiz- Finanz- Landschafts- Mauth- Polizey- Religions- Militär- und vermischten Sachen, hrsg. von *Georg Karl Mayr,* Bd. 5 (München 1797) 720–728, Zitate 723 f.

auferladen lassen" und später mit schärferen Mitteln dagegen vorgehen. Hier wird Müßiggang nicht nur im Zusammenhang mit Armut, sondern generell zum Delikt erklärt. Dies geht auch aus der gleich anschließenden Anweisung zum Umgang mit fremden Müßiggängern hervor: „Sodann den hiesigen und Bekannten den Müssiggang forthin zugestatten, uns nicht gemeint, vielweniger soll es den Fremden und Unbekannten von nun an gestattet werden, und wollen derowegen in allweg, daß unser Hofoberrichter auf dieselben gar gute, und fleißige Acht gebe, und sobald er eine fremde, und unbekannte Person, so einen Verdacht eines Müssiggehers auf sich haben kann, sie seye gleich von Person, oder sönsten gekleidet, und beschaffen, wie sie wolle, müssiggehend befindet, dieselbe gestracks zu sich fordern, und alsobald [befragen], wer sie seye, wie sie heiße, woher sie komme, von wannen sie seye, wohin sie wolle, was ihr Thun, wie lang sie allhier seye, bey wem sie gewesen, was ihr Vorhaben allhier, und was dergleichen nothwendige Umständ mehr seynd." Wenn er nun befinde, „daß diese Person allein müssig, und nichts Erhebliches allhier zu schaffen" habe, solle er sie „durch den Stadtoberrichter gestracks wegschaffen" lassen.

Neben der Verwendung als gesellschaftlichem Ausschlußkriterium und der damit verbundenen Formulierung einer Arbeitspflicht ist im Hinblick auf die Frage nach der Verallgemeinerung des normativen Arbeitsbegriffs in der Policey als drittes auf die Funktion des Arbeitsbegriffs als Strafkategorie einzugehen. Dies ist der die Realität der Arbeitspolitik mit am meisten prägende Aspekt, der zugleich hinsichtlich der zugrundeliegenden Arbeitsauffassung den deutlichsten Gegenpol zur These der Rezeption des modernen Arbeitsbegriffs zu bilden scheint. Teilweise verbinden sich mit der Arbeitsstrafe mittelalterliche Spiegelungsvorstellungen, etwa wenn sie auf Müßiggänger angewandt wird. Oft ist sie bewußt als öffentliche und entehrende Strafe gedacht. Auf jeden Fall wird sie als Körperstrafe verstanden. Zu den schärfsten Formen der Arbeitsstrafe gehört die seit Mitte des 16. Jahrhunderts praktizierte Galeerenstrafe, die als besonders abschreckend galt und mit Vorliebe auf als gefährlich angesehene Delinquenten angewandt wurde, die man auf diese Weise besser als mit dem Landesverweis vom Land fern halten konnte[87]. Die eigentliche öffentliche Zwangsarbeit (opus publi-

[87] *Hans Schlosser*, Der Mensch als Ware: Die Galeerenstrafe in Süddeutschland als Reaktion auf Preisrevolution und Großmachtpolitik (16.-18. Jahrhundert), in: *Reinhard Blum*, *Manfred Steiner* (Hrsg.), Aktuelle Probleme der Marktwirtschaft in gesamt- und einzelwirtschaftlicher Sicht. Festgabe zum 65. Geburtstag von Louis Perridon (Berlin 1984)

cum), also der Einsatz beim Festungs- und Straßenbau, begann Ende des 16. Jahrhunderts und wurde seit den 1630er Jahren mit der Intensivierung des Festungsbaus zur den Landesverweis ersetzenden Standardstrafe[88]. Dabei wurden einerseits die Gerichte angewiesen, zur Versorgung des Festungsbaus die Zwangsarbeitsstrafe bevorzugt zu verhängen, andererseits forderten Mandate die Unterbehörden auf, gezielt „alle feyrende und müssiggehende Stationierer, starcke Bettler, Herrnloß Gesind, Mann: und WeibsPersonen, vagierende HandtwercksGesellen, und dergleichen"[89], aufzugreifen, um sie direkt zum Festungsbau zu schicken. Es vermischen sich also Kriminalstrafe und polizeilicher Zwangsarbeitseinsatz von [sog.] ‚Müßiggängern'. Wie beides miteinander kombiniert werden konnte, zeigt das Beispiel zweier zur Schanzarbeit verurteilter Falschspieler aus dem Jahr 1664. Der Kastner von Ingolstadt erhielt vom Hofrat die Anweisung, daß er die beiden zur Abbüßung ihrer Strafe beim Ingolstädter Festungsbau für zwei Monate anstellen „und nach solch ausgestandener Zeit, als müessiggehende Leuth bei der Schanzarbeit um den gewohnlichen Lohn weiter behalten solle"[90].

Trotz der antimodernen Momente der Arbeitsstrafe, steht sie also nicht völlig außerhalb des modernen Arbeitsbegriffs. Die öffentliche Zwangsarbeit fußt zwar insofern auf einem dezidiert vormodernen Arbeitsverständnis, als sie Arbeit eben als Strafe, also durch und durch negativ bewertet, ist aber in dieser Form ohne die Voraussetzung einer allgemeinen Arbeitspflicht nicht denkbar. Sowohl in ihrer Abschrekkungsintention als auch im Versuch der ökonomischen Nutzbarmachung der Arbeitskraft derjenigen, die die öffentliche Ordnung gestört hatten, bezog sie sich auf die Arbeitspflicht als Grundnorm des gemeinen Wesens. Seit den Mitte des 17. Jahrhunderts einsetzenden Reformüberlegungen zur Kriminalpolitik, die 1682 in die Gründung des Münchner Zucht- und Arbeitshauses mündeten, waren ökonomische und pädagogische Überlegungen von der Arbeitsstrafe nicht zu trennen[91].

87–114; *ders.*, Die infamierende Strafe der Galeere, in: *Karl Kroeschell* (Hrsg.), Festschrift für Hans Thieme zu seinem 80. Geburtstag (Sigmaringen 1986) 253–263.

[88] *Wolfgang Behringer*, Mörder, Diebe, Ehebrecher. Verbrechen und Strafen in Kurbayern vom 16. bis 18. Jahrhundert, in: *Richard van Dülmen* (Hrsg.), Verbrechen, Strafen und soziale Kontrolle (Frankfurt a.M. 1990) 85–132, hier 102f.; *Heinz W. L. Doering*, Das alte Münchener Zuchthaus. Eine Studie zur Entwicklung des Gefängniswesens in Bayern von der Carolina bis Feuerbach (Diss. Masch. München 1926) 66–10.

[89] Mandat 17.2.1632, BayHStA Kurbayern Hofkammer 1348.

[90] Hofrat an Hofkammer 19.7.1664, BayHStA GR 325 Nr. 36.

[91] *Doering*, Zuchthaus (wie Anm. 88); *Wolfram Peitzsch*, Kriminalpolitik in Bayern unter der Geltung des Codex Juris Criminalis Bavarici von 1751 (München 1968).

Deutlich wird, daß die auf die Ständeordnung bezogene policeyliche Zielvorstellung der ‚guten Ordnung' mit der Vorstellung einer auf Arbeit beruhenden Gesellschaft eng verknüpft ist.

Die in den Policeynormen durch Anwendung des Kriteriums der Arbeitsfähigkeit im Armenwesen und durch den Vorwurf und die Verfolgung von Müßiggang formulierte und in der Arbeitsstrafe implizierte Arbeitspflicht wird zwar praktisch vor allem auf Angehörige des dritten Standes bzw. auf unterständische Schichten angewandt, aber nicht ständisch begründet. Als Gebot mit Allgemeinheitsanspruch hebt sich diese Arbeitspflicht etwa von der Scharwerkspflicht (oder ähnlichen Arbeitsdiensten) ab, die eine jeweils konkrete Pflicht bezeichnet, die zwar historisch dazu tendierte, regelmäßig zu werden, im Kern aber als ‚außerordentliche Hilfe' zu verstehen war, deren Pflichtcharakter nicht auf dem herrscherlichen Willen, sondern auf der Vorstellung eines in Sitte und Herkommen begründeten Anspruchs auf nachbarliche Hilfe der niederen Obrigkeit gegenüber beruhte[92].

Die policeyliche Arbeitspflicht beruhte demgegenüber überhaupt nicht auf Herkommen, sondern allein auf obrigkeitlicher Setzung und bezog wie jede Policeynorm ihre Legitimität letztlich nur „aus der [Annahme der] Unhaltbarkeit und Unzumutbarkeit bestimmter faktischer gesellschaftlicher Zustände"[93], die eben – und das ist der entscheidende Punkt – durch die Policey auf den Begriff des Müßiggangs als Differenzbegriff zu Arbeit gebracht wurden. Begründet wurde die policeyliche Arbeitspflicht letztlich also durch nichts anderes, als die Verurteilung der Nichtarbeit als Müßiggang. Der Arbeitsbegriff bezeichnet demnach zugleich eine normative Zielvorstellung policeylicher Ordnungsgebung und deren Legitimation, wobei ersteres funktional auf herrschaftliche Interessen im Rahmen der Ständeordnung bezogen ist, letzteres aber notwendig den Bezug auf seine sozialen Grundlagen weiter behält, da der Arbeitsbegriff nur aus diesem Kontext heraus seine Normativität – und damit seine legitimatorische Kraft – beziehen konnte.

Inwiefern kann man also für das 16. und 17. Jahrhundert von einer Verallgemeinerung des im Spätmittelalter entstandenen, sozial vor allem in Wertvorstellungen des Bürgertums verankerten modernen Arbeitsdenkens durch die Policey sprechen? Wohl nicht in Analogie zum Übergang

[92] *Renate Blickle*, Scharwerk in Bayern. Fronarbeit und Untertänigkeit in der Frühen Neuzeit, in: Geschichte und Gesellschaft 17 (1991) 407–433, hier 413 und 430–433; vgl. auch *G. Theuerkauf*, Art. ‚Frondienst', in: HRG, Bd. 1, Sp. 1306–1309.

[93] *Thomas Simon*, Recht und Ordnung in der frühen Neuzeit, in: Rechtshistorisches Journal 13 (1994) 372–392, Zitat 387.

zum 19. Jahrhundert, als der Arbeitsbegriff dazu diente, „den bürgerlichen Leistungseliten zum Durchbruch zu verhelfen und gleichzeitig eine veränderte Sozialordnung zu legitimieren“[94]. Eher analog zur defensiven Verarbeitung des Arbeitsbegriffs in der Reformation. Grob zusammengefaßt kann man sagen, daß Luther aus seinem religiösen Erneuerungsansatz heraus ein Konzept von christlicher Arbeitspflicht formuliert, das die neuen Momente eines sozial fundierten Arbeitsverständnisses in einen christlichen Werte- und Begründungskontext einbindet. Dabei zielt die Rückbindung an die Religion auf die Abwehr der säkularen, tendenziell systemsprengenden Implikationen des Arbeitsbegriffs und gibt der Lutherschen Arbeitslehre so ihr ständisch-konservatives, ja dezidiert antimodernes Gepräge. Andererseits erlangt der Arbeitspflichtgedanke gerade durch seine Verchristlichung eine neue gesellschaftliche Allgemeinheit, wird „aus dem Status ‚subkultureller Werte zum allgemein verbindlichen Maßstab‘ erhoben“[95] und wird dadurch gewissermaßen zu einem konstitutiven Moment der herrschenden Ordnungslehre.

Ähnlich ambivalent verhält es sich mit der Verwendung des Arbeitsbegriffs in der Policey. Mit dem Bezug auf Arbeit als Leitkategorie für weite Bereiche der policeylichen Gesellschaftspolitik stützt sich diese Ordnungsgebung auf den Begriff, der die über die Ständeordnung hinausweisende gesellschaftliche Dynamik am schärfsten zum Ausdruck brachte. Dies läßt sich nicht allein auf ein wachsendes Bewußtsein der ökonomischen Bedeutung der Arbeit zurückführen und ist mit dem Hinweis auf einen allgemeinen Einstellungswandel um 1500 nicht erklärt, sondern hat auch mit dem Ordnungskonzept der Policey selbst zu tun. Bedenkt man das ungeheuere Legitimationsdefizit, das policeylicher Normsetzung im Gegensatz zum durch Herkommen begründeten Recht – etwa vom Typus der Landrechte – eignete, so wird deutlich, wie wichtig der Bezug auf verallgemeinerungsfähige Werte war. Dies drückt sich nicht nur in den oft ausführlichen Begründungen in den Einleitungen der Gesetze sowie in der formelhaften Berufung auf den gemeinen Nutzen oder die Interessen des gemeinen Mannes aus, sondern auch im Normensystem selbst, wie die Funktion des Arbeitsbegriffs verdeutlicht.

94 *Lothar Gall*, Vom Stand zur Klasse? Zu Entstehung und Struktur der modernen Gesellschaft, in HZ 261 (1995) 1–21, hier 10.

95 *Sachße*, *Tennstedt*, Armenfürsorge (wie Anm. 55) 38, eingeschl. Zitat: *Heinz Steinert*, *Hubert Treiber*, Versuch, die These von der strafrechtlichen Ausrottungspolitik im Spätmittelalter ‚auszurotten‘. Eine Kritik an Rusche / Kirchheimer und dem Ökonomismus in der Theorie der Strafrechtsentwicklung, in: Kriminologisches Journal (1978) 81–106, hier 96.

Das Spannungsverhältnis von Statik und Dynamik in der Ständegesellschaft ist also nicht nur eines zwischen statischem Normensystem und gesellschaftlicher Dynamik. Um seine Aufgabe – Kontrollierung und Regulierung gesellschaftlicher Dynamik im Rahmen der engen ökonomischen Leistungsgrenzen[96] – erfüllen zu können, mußte dieses Normensystem selbst sich auf dynamische Prinzipien stützen. Otto Gerhard Oexle hat dies schon für das mittelalterliche, christliche Ständedenken als charakteristisch hervorgehoben, daß es im Unterschied zum antiken die „polare Spannung von Statik und Dynamik" und damit auch von „Stände-Denken und Stände-Negierung" in sich enthält[97]. Dies gilt in schärferer Form noch für das auf säkularen Grundlagen beruhende Normensystem der frühneuzeitlichen Policey, das mit dem Arbeitsbegriff die Kategorie politischer, ökonomischer und ideologischer Dynamik in der Moderne schlechthin zu einer ihrer Grund- und Leitnormen machte.

96 *Schulze*, Die ständische Gesellschaft (wie Anm. 1) 15f.
97 *Oexle*, Statik (wie Anm. 54) 64 und 67.

Aufgaben, Stipendiaten, Schriften

Aufgaben des Historischen Kollegs

Das Historische Kolleg, vom Stiftungsfonds Deutsche Bank zur Förderung der Wissenschaft in Forschung und Lehre und vom Stifterverband für die Deutsche Wissenschaft als „Stiftung Historisches Kolleg" errichtet und getragen, hat zur Aufgabe, namhafte, durch herausragende Leistungen ausgewiesene Gelehrte aus dem gesamten Bereich der historisch orientierten Wissenschaften zu fördern. Das Kolleg nahm seine Tätigkeit 1980 in München auf und hat seit dem Kollegjahr 1988/89 seinen Sitz in der Kaulbach-Villa, die der Freistaat Bayern gemeinsam mit den Trägern der Stiftung für das Historische Kolleg wiederhergestellt hat.

Den an das Historische Kolleg Berufenen wird die Möglichkeit geboten, frei von Lehr- und sonstigen Verpflichtungen in ungestörter Umgebung eine größere wissenschaftliche Arbeit („opus magnum") abzuschließen. Es werden jährlich bis zu drei Forschungsstipendien vergeben, deren Verleihung zugleich eine Würdigung der bisherigen Leistungen der Berufenen darstellen soll. Im Vordergrund der Förderidee steht nicht die Unterstützung bestimmter Forschungsthemen, sondern die von Forscherpersönlichkeiten. Die ins Kolleg berufenen Wissenschaftler haben Residenzpflicht in der Kaulbach-Villa. Mit deren Bezug 1988 wurde zusätzlich ein Stipendium für besonders qualifizierte Nachwuchswissenschaftler eingerichtet, die das 35. Lebensjahr noch nicht erreicht oder nicht wesentlich überschritten haben. Dieses Förderstipendium soll vornehmlich dem Abschluß von Habilitationsschriften dienen.

In Ergänzung der ursprünglichen Förderungskonzeption hat der Stiftungsfonds Deutsche Bank im Jahre 1982 einen deutschen Historikerpreis ausgesetzt, der als „Preis des Historischen Kollegs" vergeben wird. Mit diesem Preis wird das wissenschaftliche Gesamtschaffen eines Historikers im Sinne der Zielsetzungen des Historischen Kollegs gewürdigt, wobei die Grundlage für die Auszeichnung ein herausragendes Werk bilden soll, das wissenschaftliches Neuland erschließt, über die Fachgrenzen hinaus wirkt und in seiner sprachlichen Gestaltung vorbildhaft ist. Der mit 50 000 DM dotierte Preis wird alle drei Jahre vergeben; verliehen wird er vom Bundespräsidenten als dem Schirmherrn des Stifterverbandes für die Deutsche Wissenschaft.

Das Historische Kolleg läßt es sich auch sonst angelegen sein, über fachliche Grenzen hinaus zu wirken. Jeder Stipendiat ist verpflichtet, Ziele und Ergebnisse seiner Arbeit in einem Vortrag der Öffentlichkeit vorzustellen; jeder Forschungsstipendiat hat im Bereich seines Forschungsvorhabens ein internationales Kolloquium abzuhalten. Die an den Gründungsvorsitzenden des Kuratoriums erinnernden Theodor-Schieder-Gedächtnisvorlesungen zur Eröffnung der Kollegjahre und die Veranstaltungen zur Verleihung des Historikerpreises wenden sich in besonderer Weise an die geschichtlich interessierte Öffentlichkeit. Mit den „Schriften des Historischen Kollegs“ kommen die wissenschaftlichen Erträge zur Publikation, die aus Kolloquien und Vortragsveranstaltungen des Kollegs hervorgehen. Die geförderten „opera magna“ der Stipendiaten dagegen werden unabhängig und getrennt von den „Schriften des Historischen Kollegs“ veröffentlicht.

Kollegjahr 1996/97

Forschungsstipendiaten

Aharon Oppenheimer

Geboren 1940 in Tel Aviv, Studium der jüdischen Geschichte und des Talmud in Jerusalem, Ph.D. 1972, seit 1965 in verschiedenen Positionen am Department of Jewish History and Talmud der Tel Aviv University tätig, seit 1989 dort Full Professor, Inhaber des Sir Isaac Wolfson Chair of Jewish Studies, seit 1997 Head of the Diaspora Research Institute.

Mitglied der World Union of Jewish Studies, der Association for Jewish Studies (USA), der European Association of Jewish Studies und anderer wissenschaftlicher Einrichtungen; Mitarbeiter am Tübinger Atlas des Vorderen Orients. Gastprofessuren in Deutschland, England und den USA. Fellow am Institute for Advanced Studies der Hebrew University of Jerusalem.

Veröffentlichungen

The 'Am ha-Aretz – A Study in the Social History of the Jewish People in the Hellenistic-Roman Period (Arbeiten zur Literatur und Geschichte des hellenistischen Judentums, VIII), 1977

(Zus. mit B. Isaac and M. Lecker), Babylonia Judaica in the Talmudic Period (Beihefte zum Tübinger Atlas des Vorderen Orients B/47), 1983

Galilee in the Mishnaic Period, 1991 (hebräisch)

(Zus. mit B. Isaac) The Revolt of Bar-Kokhba: Ideology and Modern Scholarship, in: Journal of Jewish Studies 36 (1985) S. 33–60

(Zus. mit M. Lecker) Lineage Boundaries of Babylonia, in: Zion (Jubilee Volume) 50 (1985) (hebräisch) S. 173–187

Roman Rule and the Cities of the Galilee in Talmudic Literature, in: The Galilee in Late Antiquity, ed. I.L. Levine, 1992, S. 115–126

Nehardea und Nisibis bei Josephus (Ant. 18), in: Begegnungen zwischen Christentum und Judentum in Antike und Mittelalter (Festschrift für Heinz Schreckenberg, hrsg. v. D.-A. Koch u. H. Lichtenberger) 1993, S. 313–333

Relations between Jews and Arabs in the Mishnaic and Talmudic Period (Proceedings of the Eleventh World Congress of Jewish Studies, Division B, Vol. I) 1994 (hebräisch) S. 17–23
Babylonian Synagogues with Historical Associations, in: Ancient Synagogues, eds. D. Urman and P.V.M. Flesher, 1995, S. 40–51
Urbanisation and City Territories in Roman Palestine, in: The Jews in the Hellenistic-Roman World – Studies in Memory of Menahem Stern, 1996, S.209–229

Gefördertes Forschungsvorhaben

The History of Jewish People from Bar Kokhba till the Moslem Conquest

Vortrag (9. Juni 1997)

Messianismus in römischer Zeit
Zur Pluralität eines Begriffes bei Juden und Christen

Kolloquium (17.–20. März 1997)

The Study of Jewish History in the First and Second Centuries CE
From Schürer to the Revised Schürer – a Century of Scholarship

Stephen A. Schuker

Geboren 1939, Ph.D. an der Harvard University 1969; Associate Professor an der Brandeis University 1977–82, Full Professor ebendort 1982–91, Commonwealth Professor of History an der University of Virginia in Charlottesville/VA 1991–92, dort seit 1992 William W. Corcoran Professor.
Wiederholte Aufenthalte in Europa zu Forschungs- und Vortragszwekken. Stipendien u.a. der John D. and Catherine T. MacArthur Foundation, des American Concil of Learned Societies, der Fulbright Commission.
1976 Gewinner des George Louis Beer Prize of the American Historical Association; 1977 Gewinner des Gilbert Chinard Prize of the Society for French Historical Studies.

Veröffentlichungen

The End of French Predominance in Europe: The Financial Crisis of 1924 and the Adoption of the Dawes Plan, 1976, [2]1978, [3]1988; TB 1988
American „Reparations“ to Germany, 1919–33; Implications for the Third-World Debt Crisis (Princeton Studies in International Finance No. 61) 1988
Finance and Foreign Policy in the Era of the German Inflation: British, French, and German Strategies for Economic Reconstruction after the First World War, in: G. D. Feldman, 0. Büsch (eds.), Historische Prozesse der deutschen Inflation, 1914–1924, 1978, S. 343–361
Frankreich und die Weimarer Republik, in: M. Stürmer (Hrsg.), Die Weimarer Republik: Belagerte Civitas, 1980, rpt. 1985, S. 93–112
France and the Remilitarization of the Rineland, 1936, in: French Historical Studies 14 (June 1986) S. 299–339
Origins of American Stabilization Policy in Europe: The Financial Dimension, 1918–1924, in: H.-J. Schröder (ed.), Confrontation and Cooperation: Germany and the United States in the Era of World War I, 1900–1924, 1993, S. 377–407
Ambivalent Exile: Heinrich Brüning and America's Good War, in: Chr. Buchheim, M. Hutter, H. James (eds.), Zerrissene Zwischenkriegszeit. Wirtschaftshistorische Beiträge: Knut Borchardt zum 65. Geburtstag, 1994, S. 329–356
The Rhineland Question and the Paris Peace Conference, in: G. D. Feldman, E. Glaser-Schmidt, M. Boemeke (eds.), Germany and Versailles: Seventy-Five Years After (in Vorbereitung)

Gefördertes Forschungsvorhaben

Die Wacht am Rhein: Das Rheinland und das westliche Sicherheitssystem 1914–1949

Vortrag (7. Juli 1997)

Bayern und der rheinische Separatismus 1923–1924

Kolloquium (8.–9. Juli 1997)

Die westeuropäische Sicherheit und die deutsch-französischen Beziehungen, 1914–1963

Dietmar Willoweit

Geboren 1936 in Memel (Klaipeda), Studium der Rechtswissenschaft an den Universitäten Heidelberg und Freiburg (Brsg.), 1961 erstes juristisches Staatsexamen in Heidelberg, 1965 zweites juristisches Staatsexamen in München; 1965/66 Rechtsanwalt bei der Deutschen Bank, 1966 Promotion in Heidelberg, 1971 Habilitation, 1973 Ernennung zum apl. Professor, 1974–1979 ordentlicher Professor für Deutsche Rechtsgeschichte und Privatrecht an der FU Berlin; 1979–1984 ordentlicher Professor für Deutsche Rechtsgeschichte, Bürgerliches Recht und Kirchenrecht an der Universität Tübingen, seit 1984 in eben dieser Funktion an der Universität Würzburg.
Mitglied diverser wissenschaftlicher Vereinigungen so u.a.: des Johann-Gottfried-Herder-Forschungsrates in Marburg (seit 1986), der Bayerischen Akademie der Wissenschaften, phil.hist. Klasse, in München (seit 1988), der Preußischen Historischen Kommission in Berlin (seit 1989), des Collegium Europaeum Jenense in Jena (seit 1991), der Kommission für Bayerische Landesgeschichte bei der Bayerischen Akademie der Wissenschaften in München (seit 1996).

Veröffentlichungen

Rechtsgrundlagen der Territorialgewalt – Landesobrigkeit, Herrschaftsrecht und Territorium in der Rechtswissenschaft der Neuzeit (Forschungen zur Deutschen Rechtsgeschichte, Bd. 11) 1975

Deutsche Verfassungsgeschichte – Ein Studienbuch, 1990, ^{2}1992, 3. erweiterte Aufl. 1997

Die öffentlichrechtlichen Gemeindenutzungsrechte in Bayern – Historische Genese und dogmatische Konsequenzen eines juristischen Interpretationsmodells, 1994

Dominium und Proprietas – Zur Entwicklung des Eigentumsbegriffs in der mittelalterlichen und neuzeitlichen Rechtswissenschaft, in: HJ 94 (1974) S. 131–156

Entwicklung und Verwaltung der spätmittelalterlichen Landesherrschaft, in: Deutsche Verwaltungsgeschichte, Bd. 1, hrsg. v. K.G.A. Jeserich, H. Pohl, G.-Chr. v. Unruh, 1983, Kap. I § 5, S. 66–142

Allgemeine Merkmale der Verwaltungsorganisation in den Territorien, ebda. Kap. IV § 3, S. 289–346

Rezeption und Staatsbildung im Mittelalter, in: Akten des 26. Dt. Rechtshistorikertages in Frankfurt a.M. 1986, hrsg. v. D. Simon (Ius commune, Sonderheft 30) 1987, S. 19–44

Vom Königsschutz zur Kammerknechtschaft. Anmerkungen zum Rechtsstatus der Juden im Hochmittelalter, in: Geschichte und Kultur des Judentums (Quellen und Forschungen zur Geschichte des Bistums und Hochstifts Würzburg 38) 1988, S. 71–89

Juristen im mittelalterlichen Franken – Ausbreitung und Profil einer neuen Elite –, in: Gelehrte im Reich. Zur Sozial- und Wirkungsgeschichte akademischer Eliten des 14. bis 16. Jahrhunderts (ZHF, Beiheft) 1996, S. 225–269

Gefördertes Forschungsvorhaben

Recht und Gesellschaft
Grundzüge einer Kulturgeschichte des Rechts

Vortrag (12. Mai 1997)

Vom alten guten Recht
Normensuche zwischen Erfahrungswissen und Ursprungslegenden

Kolloquium (9.–12. April 1997)

Die Begründung des Rechts als historisches Problem

Förderstipendiat

Gerhard Schuck

Geboren 1959 in Wenigumstadt, Studium der Geschichte, der Soziologie und Germanistik an der Johann Wolfgang Goethe-Universität Frankfurt a.M., Magister Artium 1987, Promotion 1993, seit 1995 wissenschaftlicher Mitarbeiter am Max-Planck-Institut für europäische Rechtsgeschichte in Frankfurt a.M.

Veröffentlichungen

Rheinbundpatriotismus und politische Öffentlichkeit zwischen Aufklärung und Frühliberalismus. Kontinuitätsdenken und Diskontinuitätserfahrung in den Staatsrechts- und Verfassungsdebatten der Rheinbundpublizistik (Frankfurter Historische Abhandlungen 36) 1994
Überlegungen zum Verhältnis von Arbeit und Policey in der Frühen Neuzeit, in: Ius Commune 22 (1995) S. 121–150
1815/16: Die Konstitution der Freien Stadt – Zwischen Ancien Régime und Liberalisierung, in: Archiv für Frankfurts Geschichte und Kunst 63 (in Vorbereitung)
Gemeinschaft und Moderne im Kontext des Neuen Bauens, in: Walter Müller-Wulckow: Architektur 1900–1929. Bd. 2: KonTEXTe. Hrsg. v. R.Höpfner u. G. Kuhn (Erscheinen angekündigt für Ende 1995)
Theorien moderner Vergesellschaftung in den historischen Wissenschaften um1900. Zum Entstehungszusammenhang des Sozialdisziplinierungskonzeptes im Kontext der Krisenerfahrungen der Moderne, in: Hóseishi Kenkyú (Legal History Review XLV) 1996 (in Vorbereitung)

Gefördertes Forschungsvorhaben

Arbeitspolitik und Arbeitsdiskurs in Bayern im 17. und 18. Jahrhundert

Vortrag (28. Juli 1997)

Zwischen Ständeordnung und Arbeitsgesellschaft
Der Arbeitsbegriff in der frühneuzeitlichen „Policey“
am Beispiel Bayerns

Kollegjahr 1997/98

Die Forschungsstipendien für das 18. Kollegjahr wurden vergeben an:

Professor Dr. Dr. Gerhard Besier, Universität Heidelberg, für das Forschungsvorhaben „Gespaltene Kirchen im totalen Staat, 1934–1939“;

Professor Dr. David Cohen, University of Chicago, für das Forschungsvorhaben „Crime, Law, and Social Control in Classical Athens“;

Professor Dr. Wolfgang Reinhard, Universität Freiburg, für das Forschungsvorhaben „Geschichte der Staatsgewalt in Europa. Vergleichende Verfassungsgeschichte“.

Das Förderstipendium wurde vergeben an:

Dr. Lutz Klinkhammer, Universität zu Köln, für das Forschungsvorhaben „‚Verbürgerlichung‘ durch Disziplinierung. Die französische Herrschaft in den rheinischen, belgischen und piemontesischen Departements zwischen 1795 und 1814“.

Geförderte Veröffentlichungen der Stipendiaten

(„opera magna“)

Heinrich Lutz
Das Ringen um deutsche Einheit und kirchliche Erneuerung. Von Maximilian I. bis zum Westfälischen Frieden 1490 bis 1648 (Propyläen Geschichte Deutschlands, Bd. 4) Berlin: Propyläen Verlag, 1983, 504 S. ISBN 3–549–05814–4

Heinz Angermeier
Die Reichsreform 1410–1555. Die Staatsproblematik in Deutschland zwischen Mittelalter und Gegenwart. München: Verlag C.H. Beck, 1984, 344 S. ISBN 3–406–30278–5

Hartmut Hoffmann
Buchkunst und Königtum im ottonischen und frühsalischen Reich. Textband: XX, 566 S.; Tafelband: 360 S. mit 310 Abbildungen (Schriften der Monumenta Germaniae Historica, Bd. 30, 2 Teile) Stuttgart: Anton Hiersemann, 1986 ISBN 3–7722–8638–9 und 3–7772–8639–7

Antoni Mączak
Rzadzacy i rzadzeni. Wladza i spolecznstwo w Europie wczesnonowozytnej. Warszawa: Panstwowy Instytut Wydawniczy, 1986, 327 S. ISBN 83–06–01417–0

Hans Conrad Peyer
Von der Gastfreundschaft zum Gasthaus. Studien zur Gastlichkeit im Mittelalter (Schriften der Monumenta Germaniae Historica, Bd. 31) Hannover: Hahnsche Buchhandlung, 1987, XXXIV, 307 S. ISBN 3–7752–5153–7.
Italienische Übersetzung: Viaggiare nel medioevo dall'ospitalità alla locanda. Rom, Bari: Editori Laterza, 1990, 397 S. ISBN 88–420–3661–7.
Japanische Übersetzung 1997, ISBN 4–938551–34–9

Eberhard Kolb
Der Weg aus dem Krieg. Bismarcks Politik im Krieg und die Friedensanbahnung 1870/71. München: Oldenbourg Verlag, 1989 (2. Auflage 1990), XII, 408 S. ISBN 3–486–54642–2

Otto Pflanze
Bismarck and the Development of Germany
Vol. 1: The Period of Unification, 1815–1871, XXX, 518 S. ISBN 0–691–05587–4,
Vol. 2: The Period of Consolidation, 1871–1880, XVII, 554 S. ISBN 0–691–0588–2,
Vol. 3: The Period of Fortification, 1880–1898, VIII, 474 S. ISBN 0–691–05587–4.
Princeton, N.J.: Princeton University Press, 1990.
Deutsche Übersetzung in 2 Bänden. München: Verlag C.H. Beck
Bd. 1: Bismarck. Der Reichsgründer, 860 S. mit 40 Abbildungen, 1997, ISBN 3–406–42725–1
Bd. 2: Bismarck. Der Reichskanzler, 808 S. mit 79 Abbildungen und 1 Karte, 1998, ISBN 3–406–42726-X

Jürgen Kocka
Weder Stand noch Klasse. Unterschichten um 1800 (Geschichte der Arbeiter und Arbeiterbewegung in Deutschland seit dem Ende des 18. Jahrhunderts, hrsg. v. Gerhard A. Ritter, Bd. 1) Bonn: Verlag J.H.W. Dietz Nachf., 1990, 320 S. ISBN 3–8012–0152-X
Arbeitsverhältnisse und Arbeiterexistenzen. Grundlagen der Klassenbildung im 19. Jahrhundert (Geschichte der Arbeiter und Arbeiterbewegung in Deutschland seit dem Ende des 18. Jahrhunderts, hrsg. v. Gerhard A. Ritter, Bd. 2) Bonn: Verlag J.H.W. Dietz Nachf., 1990, XIII, 722 S. ISBN 3–8012–0153–8

Gerhard A. Ritter (gemeinsam mit Klaus Tenfelde)
Arbeiter im Deutschen Kaiserreich 1871–1914 (Geschichte der Arbeiter und Arbeiterbewegung in Deutschland seit dem Ende des 18. Jahrhunderts, hrsg. v. Gerhard A. Ritter, Bd. 5) Bonn: Verlag J.H.W. Dietz Nachf., 1992, XI, 890 S. ISBN 3–8012–0168–6

Paolo Prodi
Il sacramento del potere. Il giuramento politico nella storia costituzionale dell'occidente. Bologna: Società editriceil Mulino, 1992, 602 S. ISBN 88–15–03443–9.
Deutsche Übersetzung: Das Sakrament der Herrschaft. Der politische Eid in der Verfassungsgeschichte des Okzidents (Schriften des Italienisch-Deutschen Instituts in Trient, Bd. 11) Berlin: Duncker & Humblot, 1997, 555 S. ISBN 3–438–09245–7

Hartmut Boockmann
Ostpreußen und Westpreußen (Deutsche Geschichte im Osten Europas) Berlin: Wolf Jobst Siedler Verlag, 1992, 475 S. ISBN 3–88680–212–4

John C.G. Röhl
Wilhelm II. Die Jugend des Kaisers 1859–1888. München: Verlag C.H. Beck, 1993, 980 S. ISBN 3–406–37668–1

Heinrich August Winkler
Weimar 1918–1933. Die Geschichte der ersten deutschen Demokratie. München: Verlag C.H. Beck, 1993, 709 S. ISBN 3–406–37646–0

Gerald D. Feldman
The Great Disorder. Politics, Economics, and Society in the German Inflation, 1914–1924. New York/Oxford: Oxford University Press, 1993, XIX, 1011 S. mit Abb. ISBN 503791-X

Johannes Fried
Der Weg in die Geschichte. Die Ursprünge Deutschlands bis 1024 (Propyläen Geschichte Deutschlands, Bd. 1) Berlin: Propyläen Verlag, 1994, 922 S. ISBN 3–549–05811-X

Ludwig Schmugge
Kirche, Kinder, Karrieren. Päpstliche Dispense von der unehelichen Geburt im Spätmittelalter. Zürich: Artemis & Winkler Verlag, 1995, 511 S. ISBN 3–7608–1110–8

Klaus Hildebrand
Das vergangene Reich. Deutsche Außenpolitik von Bismarck bis Hitler 1871–1945. Stuttgart: Deutsche-Verlags-Anstalt, 1995, 1054 S. ISBN 3–421–06691–4

Wolfgang J. Mommsen
Bürgerstolz und Weltmachtstreben. Deutschland unter Wilhelm II. 1890 bis 1918 (Propyläen Geschichte Deutschlands, Bd. 7, 2. Teil) Berlin: Propyläen Verlag, 1995, 946 S. ISBN 3–549–05820–9

Hans Eberhard Mayer
Die Kanzlei der lateinischen Könige von Jerusalem (Schriften der Monumenta Germaniae Historica, Bd. 40, 2 Teile) Teil 1: 906 S., Teil 2: 1027 S. Hannover: Hahnsche Buchhandlung, 1996, ISBN 3–7752–5440–4

Manfred Hildermeier
Geschichte der Sowjetunion 1917–1991. Entstehung und Niedergang des ersten sozialistischen Staates. München: Verlag C.H. Beck, 1998, 1206 S. ISBN 3–406–43588–2

Schriften des Historischen Kollegs

Kolloquien

1 *Heinrich Lutz* (Hrsg.)
Das römisch-deutsche Reich im politischen System Karls V., 1982, XII, 288 S. ISBN 3–486–51371–0

2 *Otto Pflanze* (Hrsg.)
Innenpolitische Probleme des Bismarck Reiches, 1983, XII, 304 S. ISBN 3–486–51481–4 *vergriffen*

3 *Hans Conrad Peyer* (Hrsg.)
Gastfreundschaft, Taverne und Gasthaus im Mittelalter, 1983, XIV, 275 S. ISBN 3–486–51661–2 *vergriffen*

4 *Eberhard Weis* (Hrsg.)
Reformen im rheinbündischen Deutschland, 1984, XVI, 310 S. ISBN 3–486–51671-X

5 *Heinz Angermeier* (Hrsg.)
Säkulare Aspekte der Reformationszeit, 1983, XII, 278 S. ISBN 3–486–51841–0

6 *Gerald D. Feldman* (Hrsg.)
Die Nachwirkungen der Inflation auf die deutsche Geschichte 1924–1933, 1985, XII, 407 S. ISBN 3–486–52221–3 *vergriffen*

7 *Jürgen Kocka* (Hrsg.)
Arbeiter und Bürger im 19. Jahrhundert. Varianten ihres Verhältnisses im europäischen Vergleich, 1986, XVI, 342 S. ISBN 3–486–52871–8 *vergriffen*

8 *Konrad Repgen* (Hrsg.)
Krieg und Politik 1618–1648. Europäische Probleme und Perspektiven, 1988, XII, 454 S. ISBN 3–486–53761-X *vergriffen*

9 *Antoni Mączak* (Hrsg.)
Klientelsysteme im Europa der Frühen Neuzeit, 1988, X, 386 S. ISBN 3–486–54021–1

10 *Eberhard Kolb* (Hrsg.)
Europa vor dem Krieg von 1870. Mächtekonstellation – Konfliktfelder – Kriegsausbruch, 1987, XII, 214 S. ISBN 3–486–54121–8

11 *Helmut Georg Koenigsberger* (Hrsg.)
Republiken und Republikanismus im Europa der Frühen Neuzeit, 1988, XII, 323 S. ISBN 3–486–54341–5

12 *Winfried Schulze* (Hrsg.)
Ständische Gesellschaft und soziale Mobilität, 1988, X, 416 S. ISBN 3–486–54351–2

13 *Johanne Autenrieth* (Hrsg.)
Renaissance- und Humanistenhandschriften, 1988, XII, 214 S. mit Abbildungen ISBN 3–486–54511–6

14 *Ernst Schulin* (Hrsg.)
Deutsche Geschichtswissenschaft nach dem Zweiten Weltkrieg (1945–1965), 1989, XI, 303 S. ISBN 3–486–54831-X

15 *Wilfried Barner* (Hrsg.)
Tradition, Norm, Innovation. Soziales und literarisches Traditionsverhalten in der Frühzeit der deutschen Aufklärung, 1989, XXV, 370 S. ISBN 3–486–54771–2

16 *Hartmut Boockmann* (Hrsg.)
Die Anfänge der ständischen Vertretungen in Preußen und seinen Nachbarländern, 1992, X, 264 S. ISBN 3–486–55840–4

17 *John C. G. Röhl* (Hrsg.)
Der Ort Kaiser Wilhelms II. in der deutschen Geschichte, 1991, XIII, 366 S. ISBN 3–486–55841–2 *vergriffen*

18 *Gerhard A. Ritter* (Hrsg.)
Der Aufstieg der deutschen Arbeiterbewegung. Sozialdemokratie und Freie Gewerkschaften im Parteiensystem und Sozialmilieu des Kaiserreichs, 1990, XXI, 461 S. ISBN 3–486–55641-X

19 *Roger Dufraisse* (Hrsg.)
Revolution und Gegenrevolution 1789–1830. Zur geistigen Auseinandersetzung in Frankreich und Deutschland, 1991, XVIII, 274 S. ISBN 3–486–55844–7

20 *Klaus Schreiner* (Hrsg.)
Laienfrömmigkeit im späten Mittelalter. Formen, Funktionen, politisch-soziale Zusammenhänge, 1992, XII, 411 S. ISBN 3–486–55902–8

21 *Jürgen Miethke* (Hrsg.)
Das Publikum politischer Theorie im 14. Jahrhundert, 1992, IX, 301 S. ISBN 3–486–55898–6

22 *Dieter Simon* (Hrsg.)
Eherecht und Familiengut in Antike und Mittelalter, 1992, IX, 168 S. ISBN 3–486–55885–4

23 *Volker Press* (Hrsg.)
Alternativen zur Reichsverfassung in der Frühen Neuzeit? 1995, XII, 254 S. ISBN 3–486–56035–2

24 *Kurt Raaflaub* (Hrsg.)
Anfänge politischen Denkens in der Antike. Griechenland und die nahöstlichen Kulturen, 1993, XXIV, 454 S. ISBN 3–486–55993–1

25 *Shulamit Volkov* (Hrsg.)
Deutsche Juden und die Moderne, 1994, XXIV, 170 S. ISBN 3–486–56029–8

26 *Heinrich A. Winkler* (Hrsg.)
Die deutsche Staatskrise 1930–1933. Handlungsspielräume und Alternativen, 1992, XIII, 296 S. ISBN 3–486–55943–5

27 *Johannes Fried* (Hrsg.)
Dialektik und Rhetorik im früheren und hohen Mittelalter. Rezeption, Überlieferung und gesellschaftliche Wirkung antiker Gelehrsamkeit vornehmlich im 9. und 12. Jahrhundert (mit Beiträgen von J. Van Engen, J. Fried, W. Hartmann, F. Kerff, L. Kuchenbuch, C. Leonardi, D. E. Luscombe, J. Marenbon, P. von Moos, G. Otte, G. Schrimpf) 1997, XXI, 304 S. ISBN 3–486–56o28-X

28 *Paolo Prodi* (Hrsg.)
Glaube und Eid. Treueformeln, Glaubensbekenntnisse und Sozialdisziplinierung zwischen Mittelalter und Neuzeit, 1993, XXX, 246 S. ISBN 3–486–55994-X

29 *Ludwig Schmugge* (Hrsg.)
Illegitimität im Spätmittelalter, 1994, X, 314 S. ISBN 3–486–56069–7

30 *Bernhard Kölver* (Hrsg.)
Recht, Staat und Verwaltung im klassischen Indien (mit Beiträgen von H. Bechert, G. Berkemer, B. Chattopadhyaya, Ch. Gupta, B. Kölver, H. Kulke, R. W. Lariviere, M. Njammasch, D. R. Pant, M. R. Pant, E. Rischl, M. Schetelich, B. Stein, M. Witzel) 1997, XVIII, 257 S. ISBN 3–486–56193–6

31 *Elisabeth Fehrenbach* (Hrsg.)
Adel und Bürgertum in Deutschland 1770–1848, 1994, XVI, 251 S. ISBN 3–486–56027–1

32 *Robert E. Lerner* (Hrsg.)
Neue Richtungen in der hoch- und spätmittelalterlichen Bibelexegese (mit Beiträgen von R. Berndt, D. Burr, G. Dahan, J. Van Engen, R. E. Lerner, D. Luscombe, Chr. Meier, A. J. Minnis, G. L. Potestà, S. Schmolinsky, L. Smith) 1996, XI, 191 S. ISBN 3–486–56083–2

33 *Klaus Hildebrand* (Hrsg.)
Das Deutsche Reich im Urteil der Großen Mächte und europäischen Nachbarn (1871–1945), 1995, X, 232 S. ISBN 3–486–56084–0

34 *Wolfgang J. Mommsen* (Hrsg.)
Kultur und Krieg. Die Rolle der Intellektuellen, Künstler und Schriftsteller im Ersten Weltkrieg, 1995, X, 282 S. ISBN 3–486–56085–9

35 *Peter Krüger* (Hrsg.)
Das europäische Staatensystem im Wandel. Strukturelle Bedingungen und bewegende Kräfte seit der Frühen Neuzeit (mit Beiträgen von J. Bérenger, W. von Bredow, A. Doering-Manteuffel, H. Duchhardt, H. Th. Gräf, W. D. Gruner, H. H. Hahn, L. Herbst, P. Krüger, J. Kunisch, H. Lemberg, K. Malettke, E. Nolte, H.-J. Rupieper, P. Schroeder, K. Zernack) 1996, XV, 272 S. ISBN 3–486–5617 1–5

36 *Peter Blickle* (Hrsg.)
Theorien kommunaler Ordnung in Europa (mit Beiträgen von A. Black, P. Blickle, L. Gall, H. Maier, H. Nader, W. Nippel, O. G. Oexle, H. R. Schmidt, K. Schreiner, J. Tracy, M. Walther, J. Weitzel) 1996, IX, 268 S, ISBN 3–486–56192–8

37 *Hans Eberhard Mayer* (Hrsg.)
Die Kreuzfahrerstaaten als multikulturelle Gesellschaft. Einwanderer und Minderheiten im 12. und 13. Jahrhundert (mit Beiträgen von G. Dédéyan, P. W. Edbury, M.-L. Favreau-Lilie, B. Hamilton, R. Hiestand, D. Jacoby, B. Z. Kedar, N. Kenaan-Kedar, H. E. Mayer, J. Richard, J. Riley-Smith) 1997, XI, 187 S. ISBN 3–486–56257–6

38 *Manlio Bellomo* (Hrsg.)
Die Kunst der Disputation. Probleme der Rechtsauslegung und Rechtsanwendung im 13. und 14. Jahrhundert (mit Beiträgen von M. Bellomo, M. Bertram, A. Giuliani, P. Landau, F. Martino, E. Montanos Ferrín, K. Pennington, A. Pérez Martín, P. Peruzzi, L. Sorrenti) 1997, 248 S. ISBN 3–486–56258–4

39 *František Šmahel* (Hrsg.)
Häresie und vorzeitige Reformation im Spätmittelalter (mit Beiträgen von H. Boockmann, St. Bylina, W. Eberhard, K. Elm, V. Herold, I. Hlavácek, A. Hudson, H. Kaminsky, M. D. Lambert, J. Miethke, A. Patschovsky, F. Seibt, F. Šmahel, B. Töpfer, K. Walsh) 1998, XV, 304 S. ISBN 3–486–56259–2

40 *Alfred Haverkamp* (Hrsg.)
Information, Kommunikation und Selbstdarstellung in mittelalterlichen Gemeinden (mit Beiträgen von G. Bönnen, R. Bordone, G. Fouquet, Chr. Hannick, A. Heinz, A. Linder, W. Meyer, M. Schwarz, R. van Uytven, J. Weitzel) 1998, XXII, 288 S. ISBN 3–486–56260–6

41 *Knut Schulz* (Hrsg.)
Verflechtungen des europäischen Handwerks vom Spätmittelalter bis zur Frühen Neuzeit (mit Beiträgen von W. Blockmans, R. S. Elkar, A. Esch, S. Faroqhi, R. Holbach, F. Irsigler, M. Kintzinger, D. Kurze, P. Lourens, J. Lucassen, W. Reininghaus, J. Röhrkasten, L. Schmugge, Chr. Schuchard, K. Schulz) (in Vorbereitung)

42 *Werner Eck* (Hrsg.)
Lokale Autonomie und römische Ordnungsmacht in den kaiserzeitlichen Provinzen vom 1. bis 3. Jahrhundert (mit Beiträgen von H. M. Cotton, H. Galsterer, J. Gascou, R. Haensch, H. Horstkotte, A. Jördens, E. LoCascio, S. Mitchell, D. Nörr, J. Nollé, M. Sharp, D. Thomas, H. Wolff) (in Vorbereitung)

43 *Manfred Hildermeier* (Hrsg.)
Stalinismus vor dem Zweiten Weltkrieg. Neue Wege der Forschung / Stalinism before the Second World War. New Avenues of Research (mit Beiträgen von J. Baberowski, D. Beyrau, S. Fitzpatrick, G. L. Freeze, J. A. Getty, J. Hellbeck, M. Hildermeier, H. Kuromiya, S. Merl, D. Neutatz, S. Plaggenborg, G. T. Rittersporn, J. Šapoval, K. Schlögel, M. V. Škarovskij, R. C. Tucker) 1998, ca. 345 S. ISBN 3–486–56350–5

44 *Aharon Oppenheimer* (Hrsg.)
The Study of Jewish History in the First and Second Centuries CE. From Schürer to the Revised Schürer – A Century of Scholarship (mit Beiträgen von H. M. Cotton, W. Eck, I. M. Gafni, D. M. Goodblatt, M. Goodman, M. Hengel, B. H. Isaac, H. Lichtenberger, M. Niehoff, A. Oppenheimer, P. Schäfer, L. H. Schiffman, M. Schlüter, D. R. Schwartz, G. Stemberger, G. Vermes) (in Vorbereitung)

45 *Dietmar Willoweit* (Hrsg.)
Die Begründung des Rechts als historisches Problem (mit Beiträgen von O. Behrends, R. Brandt, S. Breuer, G. Dilcher, H. Hofmann, W. Kersting, P. Landau, J. Miethke, K. Seelmann, J. Weitzel, D. Willoweit) (in Vorbereitung)

46 *Stephen A. Schuker* (Hrsg.)
Die westeuropäische Sicherheit und die deutsch-französischen Beziehungen, 1914–1963 (mit Beiträgen von M. Alexander, J. Bariéty, C. Buffet, G. D. Feldman, R. Frank, J. Gillingham, E. Glaser, D. Hüser, L. Kettenacker, M. Kipping, F. Knipping, P. Krüger, H.-J. Rupieper, G. Schmidt, K. Schwabe, A. Sharp, D. Stevenson, M. Trachtenberg, C. Wurm) (in Vorbereitung)

Vorträge

1 *Heinrich Lutz*
Die deutsche Nation zu Beginn der Neuzeit. Fragen nach dem Gelingen und Scheitern deutscher Einheit im 16. Jahrhundert, 1982, IV, 31 S. *vergriffen*

2 *Otto Pflanze*
Bismarcks Herrschaftstechnik als Problem der gegenwärtigen Historiographie, 1982, IV, 39 S. *vergriffen*

3 *Hans Conrad Peyer*
Gastfreundschaft und kommerzielle Gastlichkeit im Mittelalter, 1983, IV, 24 S. *vergriffen*

4 *Eberhard Weis*
Bayern und Frankreich in der Zeit des Konsulats und des ersten Empire (1799–1815), 1984, 41 S. *vergriffen*

5 *Heinz Angermeier*
Reichsreform und Reformation, 1983, IV, 76 S. *vergriffen*

6 *Gerald D. Feldman*
Bayern und Sachsen in der Hyperinflation 1922/23, 1984, IV, 41 S. *vergriffen*

7 *Erich Angermann*
Abraham Lincoln und die Erneuerung der nationalen Identität der Vereinigten Staaten von Amerika, 1984, IV, 33 S. *vergriffen*

8 *Jürgen Kocka*
Traditionsbindung und Klassenbildung. Zum sozialhistorischen Ort der frühen deutschen Arbeiterbewegung, 1987, 48 S.

9 *Konrad Repgen*
Kriegslegitimationen in Alteuropa. Entwurf einer historischen Typologie, 1985, 27 S. *vergriffen*

10 *Antoni Mączak*
Der Staat als Unternehmen. Adel und Amtsträger in Polen und Europa in der Frühen Neuzeit, 1989, 32 S.

11 *Eberhard Kolb*
Der schwierige Weg zum Frieden. Das Problem der Kriegsbeendigung 1870/71, 1985, 33 S. *vergriffen*

12 *Helmut Georg Koenigsberger*
Fürst und Generalstände. Maximilian I. in den Niederlanden (1477–1493), 1987, 27 S. *vergriffen*

13 *Winfried Schulze*
Vom Gemeinnutz zum Eigennutz. Über den Normenwandel in der ständischen Gesellschaft der Frühen Neuzeit, 1987, 40 S. *vergriffen*

14 *Johanne Autenrieth*
„Litterae Virgilianae". Vom Fortleben einer römischen Schrift, 1988, 51 S.

15 *Tilemann Grimm*
Blickpunkte auf Südostasien. Historische und kulturanthropologische Fragen zur Politik, 1988, 37 S.

16 *Ernst Schulin*
Geschichtswissenschaft in unserem Jahrhundert. Probleme und Umrisse einer Geschichte der Historie, 1988, 34 S.

17 *Hartmut Boockmann*
Geschäfte und Geschäftigkeit auf dem Reichstag im späten Mittelalter, 1988, 33 S. *vergriffen*

18 *Wilfried Barner*
Literaturwissenschaft – eine Geschichtswissenschaft? 1990, 42 S.

19 *John C. G. Röhl*
Kaiser Wilhelm II. Eine Studie über Cäsarenwahnsinn, 1989, 36 S. *vergriffen*

20 *Klaus Schreiner*
Mönchsein in der Adelsgesellschaft des hohen und späten Mittelalters. Klösterliche Gemeinschaftsbildung zwischen spiritueller Selbstbehauptung und sozialer Anpassung, 1989, 68 S.

21 *Roger Dufraisse*
Die Deutschen und Napoleon im 20. Jahrhundert, 1991, 43 S.

22 *Gerhard A. Ritter*
Die Sozialdemokratie im Deutschen Kaiserreich in sozialgeschichtlicher Perspektive, 1989, 72 S.

23 *Jürgen Miethke*
Die mittelalterlichen Universitäten und das gesprochene Wort, 1990, 48 S.

24 *Dieter Simon*
Lob des Eunuchen, 1994, 27 S.

25 *Thomas Vogtherr*
Der König und der Heilige. Heinrich IV., der heilige Remaklus und die Mönche des Doppelklosters Stablo-Malmedy, 1990, 29 S.

26 *Johannes Schilling*
Gewesene Mönche. Lebensgeschichten in der Reformation, 1990, 36 S.

27 *Kurt Raaflaub*
Politisches Denken und Krise der Polis. Athen im Verfassungskonflikt des späten 5. Jahrhunderts v. Chr., 1992, 63 S.

28 *Volker Press*
Altes Reich und Deutscher Bund. Kontinuität in der Diskontinuität, 1995, 31 S.

29 *Shulamit Volkov*
Die Erfindung einer Tradition. Zur Entstehung des modernen Judentums in Deutschland, 1992, 30 S.

30 *Franz Bauer*
Gehalt und Gestalt in der Monumentalsymbolik. Zur Ikonologie des Nationalstaats in Deutschland und Italien 1860–1914, 1992, 39 S.

31 *Heinrich A. Winkler*
Mußte Weimar scheitern? Das Ende der ersten Republik und die Kontinuität der deutschen Geschichte, 1991, 32 S.

32 *Johannes Fried*
Kunst und Kommerz. Über das Zusammenwirken von Wissenschaft und Wirtschaft im Mittelalter vornehmlich am Beispiel der Kaufleute und Handelsmessen, 1992, 40 S.

33 *Paolo Prodi*
Der Eid in der europäischen Verfassungsgeschichte, 1992, 35 S.

34 *Jean-Marie Moeglin*
Dynastisches Bewußtsein und Geschichtsschreibung. Zum Selbstverständnis der Wittelsbacher, Habsburger und Hohenzollern im Spätmittelalter, 1993, 47 S.

35 *Bernhard Kölver*
Ritual und historischer Raum. Zum indischen Geschichtsverständnis, 1993, 65 S.

36 *Elisabeth Fehrenbach*
Adel und Bürgertum im deutschen Vormärz, 1994, 31 S.

37 *Ludwig Schmugge*
Schleichwege zu Pfründe und Altar. Päpstliche Dispense vom Geburtsmakel 1449–1533, 1994, 35 S.

38 *Hans-Werner Hahn*
Zwischen Fortschritt und Krisen. Die vierziger Jahre des 19. Jahrhunderts als Durchbruchsphase der deutschen Industrialisierung, 1995, 47 S.

39 *Robert E. Lerner*
Himmelsvision oder Sinnendelirium? Franziskaner und Professoren als Traumdeuter im Paris des 13. Jahrhundert, 1995, 35 S.

40 *Andreas Schulz*
Weltbürger und Geldaristokraten. Hanseatisches Bürgertum im 19. Jahrhundert, 1995, 38 S.

41 *Wolfgang J. Mommsen*
Die Herausforderung der bürgerlichen Kultur durch die künstlerische Avantgarde. Zum Verhältnis von Kultur und Politik im Wilhelminischen Deutschland, 1994, 30 S.

42 *Klaus Hildebrand*
Reich – Großmacht – Nation. Betrachtungen zur Geschichte der deutschen Außenpolitik 1871–1945, 1995, 25 S.

43 *Hans Eberhard Mayer*
Herrschaft und Verwaltung im Kreuzfahrerkönigreich Jerusalem, 1996, 38 S.

44 *Peter Blickle*
Reformation und kommunaler Geist. Die Antwort der Theologen auf den Wandel der Verfassung im Spätmittelalter, 1996, 42 S.

45 *Peter Krüger*
Wege und Widersprüche der europäischen Integration im 20. Jahrhundert, 1995, 39 S.

46 *Werner Greiling*
„Intelligenzblätter" und gesellschaftlicher Wandel in Thüringen. Anzeigenwesen, Nachrichtenvermittlung, Räsonnement und Sozialdisziplinierung, 1995, 38 S.

Dokumentationen

1 Stiftung Historisches Kolleg im Stifterverband für die Deutsche Wissenschaft: Erste Verleihung des Preises des Historischen Kollegs. Aufgaben, Stipendiaten, Schriften des Historischen Kollegs, 1984, VI, 70 S., mit Abbildungen *vergriffen*

2 Theodor-Schieder-Gedächtnisvorlesung: Horst Fuhrmann, Das Interesse am Mittelalter in heutiger Zeit. Beobachtungen und Vermutungen – Lothar Gall, Theodor Schieder 1908 bis 1984, 1987, 65 S. *vergriffen*

3 Leopold von Ranke: Vorträge anläßlich seines 100. Todestages. Gedenkfeier der Historischen Kommission bei der Bayerischen Akademie der Wissenschaften und der Stiftung Historisches Kolleg im Stifterverband für die Deutsche Wissenschaft am 12. Mai 1986, 1987, 44 S. *vergriffen*

4 Stiftung Historisches Kolleg im Stifterverband für die Deutsche Wissenschaft: Zweite Verleihung des Preises des Historischen Kollegs. Aufgaben, Stipendiaten, Schriften des Historischen Kollegs, 1987, 98 S., mit Abbildungen

5 Theodor-Schieder-Gedächtnisvorlesung: Thomas Nipperdey, Religion und Gesellschaft: Deutschland um 1900, 1988, 29 S. *vergriffen*

6 Theodor-Schieder-Gedächtnisvorlesung: Christian Meier, Die Rolle des Krieges im klassischen Athen, 1991, 55 S.

7 Stiftung Historisches Kolleg im Stifterverband für die Deutsche Wissenschaft: Dritte Verleihung des Preises des Historischen Kollegs. Aufgaben, Stipendiaten, Schriften des Historischen Kollegs, 1991, 122 S., mit Abbildungen *vergriffen*

8 Stiftung Historisches Kolleg im Stifterverband für die Deutsche Wissenschaft: Historisches Kolleg 1980–1990. Vorträge anläßlich des zehnjährigen Bestehens und zum Gedenken an Alfred Herrhausen, 1991, 63 S.

9 Theodor-Schieder-Gedächtnisvorlesung: Karl Leyser, Am Vorabend der ersten europäischen Revolution. Das 11. Jahrhundert als Umbruchszeit, 1994, 32 S.

10 Stiftung Historisches Kolleg im Stifterverband für die Deutsche Wissenschaft: Vierte Verleihung des Preises des Historischen Kollegs. Aufgaben, Stipendiaten, Schriften des Historischen Kollegs, 1993, 98 S., mit Abbildungen

11 Theodor-Schieder-Gedächtnisvorlesung: Rudolf Smend, Mose als geschichtliche Gestalt, 1995, 23 S.

12 Stiftung Historisches Kolleg im Stifterverband für die Deutsche Wissenschaft: Über die Offenheit der Geschichte. Kolloquium der Mitglieder des Historischen Kollegs, 20. und 21. November 1992, 1996, 84 S.

Jahrbuch des Historischen Kollegs

Jahrbuch des Historischen Kollegs 1995:

Arnold Esch
Rom in der Renaissance. Seine Quellenlage als methodisches Problem

Manlio Bellomo
Geschichte eines Mannes: Bartolus von Sassoferrato und die moderne europäische Jurisprudenz

Františ̌ek Šmahel
Das verlorene Ideal der Stadt in der böhmischen Reformation

Alfred Haverkamp
„... an die große Glocke hängen". Über Öffentlichkeit im Mittelalter

Hans-Christof Kraus
Montesquieu, Blackstone, De Lolme und die englische Verfassung des 18. Jahrhunderts

1996, VIII, 180 S. ISBN 3-486-56176-6

Jahrbuch des Historischen Kollegs 1996:

Johannes Fried
Wissenschaft und Phantasie. Das Beispiel der Geschichte

Manfred Hildermeier
Revolution und Kultur: Der „Neue Mensch" in der frühen Sowjetunion

Knut Schulz
Handwerk im spätmittelalterlichen Europa. Zur Wanderung und Ausbildung von Lehrlingen in der Fremde

Werner Eck
Mord im Kaiserhaus? Ein politischer Prozeß im Rom des Jahres 20 n. Chr.

Wolfram Pyta
Konzert der Mächte und kollektives Sicherheitssystem: Neue Wege zwischenstaatlicher Friedenswahrung in Europa nach dem Wiener Kongreß 1815
1997, VI, 202 S. ISBN 3–486–56300–9

Jahrbuch des Historischen Kollegs 1997:

Eberhard Weis
Hardenberg un Montgelas. Versuch eines Vergleichs ihrer Persönlichkeiten und ihrer Politik

Dietmar Willoweit
Vom alten guten Recht. Normensuche zwischen Erfahrungswissen und Ursprungslegenden

Aharon Oppenheimer
Messianismus in römischer Zeit. Zur Pluralität eines Begriffes bei Juden und Christen

Stephen A. Schuker
Bayern und der rheinische Separatismus 1923–1924

Gerhard Schuck
Zwischen Ständeordnung und Arbeitsgesellschaft. Der Arbeitsbegriff in der frühneuzeitlichen Policey am Beispiel Bayerns
1998, XXII, 169 S. ISBN 3–486–56375–0

Sonderveröffentlichung

Horst Fuhrmann (Hrsg.)
Die Kaulbach-Villa als Haus des Historischen Kollegs. Reden und wissenschaftliche Beiträge zur Eröffnung, 1989, XII, 232 S. ISBN 3–486–55611–8